好父母好家教系列丛书

好妈妈引导青春期男孩的100个细节

木阳◎编著

中国纺织出版社

内 容 提 要

对每一位父母来讲，看着儿子一天天长大，都会感到非常骄傲与自豪。然而，当男孩进入青春期后，内心却越来越难以捉摸，让不少父母感到不知所措：叛逆，让父母心生失望；恋爱，让父母忐忑不安；网瘾，让父母恨铁不成钢；性问题，让父母难以启齿……

本书针对青春期男孩的心理，从亲子沟通、情商培养、为人处世、品性塑造等方面，通过一个个似曾相识的案例，为父母们提供了一个个行之有效的教子之道，具有很强的可操作性，能及时指导父母们帮男孩拨开心灵的迷雾，解除成长的烦恼，引导男孩健康、快乐地度过人生中最为关键的青春期。

图书在版编目（CIP）数据

好妈妈引导青春期男孩的100个细节 / 木阳编著. --北京：中国纺织出版社，2017.5（2024.4重印）
（好父母好家教系列丛书）
ISBN 978-7-5180-1442-2

Ⅰ.①好… ②木… Ⅲ.①男性—青春期—家庭教育 Ⅳ.①G78

中国版本图书馆CIP数据核字（2015）第050882号

策划编辑：赵晓红　责任编辑：胡　蓉
特约编辑：马凤玲　责任印制：储志伟

中国纺织出版社出版发行
地址：北京市朝阳区百子湾东里A407号楼　邮政编码：100124
销售电话：010—67004422　传真：010—87155801
http: //www.c-textilep. com
E-mail: faxing@c-textilep. com
中国纺织出版社天猫旗舰店
官方微博http://weibo.com/2119887771
北京一鑫印务有限责任公司印刷　各地新华书店经销
2017年5月第1版　2024 年 4 月第 2 次印刷
开本:710 × 1000　1/16　印张:16
字数:206千字　定价:39.80元

前言

妈妈的智慧引导，改变男孩一生的命运

只要听到“青春期”这三个字,就会让许多父母头痛不已。叛逆、早恋、抽烟、染发……各种青春的“暗礁”接踵而来，让原本单纯、乖巧的男孩瞬间变了模样，也让先前美好的亲子关系出现裂痕。

一位妈妈曾发出这样的感慨 :“因为不听话的儿子，我从淑女变成了泼妇。”虽然听起来像一句玩笑，但其中也包含了太多对男孩的无奈。

进入青春期的男孩，个子高了，身材魁梧了，手腕更有力了……种种身体上的变化，都说明他们已不再是昔日那个小男孩。但是，男孩的心理发展和生理发育却不是同步的，具有半成熟半幼稚、叛逆等特点，用“身体已成年，心还在童年”来形容青春期的男孩，真的是再恰当不过了。

在这个时期，男孩最突出的表现就是独立意识增强，他开始不愿承认自己是小孩子，不愿再接受大人“摆布”，希望父母尊重他的个人权利。如果这时父母还把男孩看作什么也不懂、什么事都要父母照管的小孩子，男孩就不愿意按照父母的指示去办事，而是按照自己的意愿行动。他会故意吵闹，故意顶嘴，或者倔强地摔门而出……

对于男孩的叛逆行为，父母既不能放任不管，又不能控制过严，如果处理不好，就会影响男孩的心理发育和行为成长。对此，父母应该以何种方式对待男孩呢？显然，堵不如疏，管不如爱，强制不如引导。只要父母学习并掌握有关青春期教育的知识，并对男孩认真加以引导，就可以避免他们误入歧途，助他们早日成才。反之，如果你还把青春期男孩当小孩子一样管教，用曾经的教育方法对待青春期男孩，那么他们不仅不会接受，还会用反叛、任性等极端方式来表示对抗。

那么，有没有科学、实用的方法可以帮助父母引导处于青春期的男孩呢？

本书就能帮父母排忧解难。书中针对青春期男孩的心理，从亲子沟通、情商培养、为人处世、品性塑造等方面，通过一个个似曾相识的案例，为父母提供了一个个行之有效的教子之道，对男孩的健康成长起到积极的指导作用。概括说来，本书为父母们提出了四大教育方向。

方向一：不唠叨，多信任

寻根究底，青春期男孩为什么讨厌父母唠叨呢？因为父母的唠叨会使男孩感觉自己不被尊重。处于青春期的男孩非常希望依靠个人的力量做事，对父母的指令常产生反感情绪，父母一次次地唠叨，不仅会使男孩厌烦，还容易造成其心理疲劳，形成“爱理不理”“越说越不听”的局面。即使男孩真正犯错误了，父母反复地针对一件事做同样的批评，也会使男孩的心情从内疚不安发展到反感不耐烦。

因此，父母一定要改掉自己爱唠叨的习惯，要相信自己的儿子，让男孩学会管理自己，学会对自己负责。

方向二：不较劲，多引导

由于晚婚晚育的关系，许多妈妈的更年期和儿子的青春期正好“狭路相逢”。更年期的妈妈因生理上的不适而烦躁焦虑，青春期的儿子因有多余的能量而无处发泄，处于心理动荡期的母与子朝夕相处，经常会互相较劲，互相碰撞。

其实，叛逆是男孩从青涩迈向成熟过程中的一个常见表现。太多家庭教育的事实都证明了这一结论：缓解青春期男孩的叛逆，唯一的方法就是妈妈多学习、多理解、多宽容、多引导，千万不要硬碰硬，否则只会火上浇油、两败俱伤。

方向三：不包办，多支持

面对男孩的变化，父母应改变观念，不能再把处于青春期的男孩当作小孩子来看,要尊重男孩的意见。男孩渴望在家庭中扮演“独立一员”的角色，想充分发挥自己的作用，但由于认识水平和能力有限，他们又希望得到父母的关心和帮助。他们的反抗只是反对父母仍然把他当小孩子一样看待，反对过多、过细的照顾、监督或父母的包办代替。

父母如果不能正确对待男孩这种独立性的需求，男孩的反抗情绪和反抗行为就会逐渐演变成逆反性格，为其日后的发展带来影响。相反，如果父母珍视男孩这种渴望独立自主的心理倾向，并积极地支持他们的愿望、想法，鼓励男孩独立自主地处理自己的事务，不过多地约束孩子，不包办代替，就可以让男孩更有独立性，沿着良性的方向发展。

方向四：不疏离，多沟通

青春期是一个充满矛盾与困惑、需要交流与解答的时期。处于青春期的男孩面临着身体发育、性困惑、交友不顺、升学、就业等人生的一些基本问题，常常会产生这样或那样的烦恼。如果这段时期忽视和孩子的交流沟通，不能及时帮助男孩解决这些烦恼，则有可能使男孩的青春期变成“危险期”。

作为父母，应及时发现男孩的“小心事”，多与他们进行“爱的沟通”，帮助男孩正确认识问题的本质，减少他们的逆反心理，避免社会不良因素对男孩的影响，这样一来处于青春期的男孩完全可以顺利度过这段“心理断乳”期，健康地进入成熟期。

一本好书可以影响人的一生。希望我们精心编辑的这本书能够为妈妈们提供帮助，进而拨开男孩心灵上的迷雾，看到他们真实的内心感受，从而更好地陪伴男孩成长。

木阳

2016年8月

目 录

第七章 学海无涯“乐”做舟

第八章 孩子遭遇网络时代

第九章 跳出“流行”的旋涡

——让男孩远离不良社会习气的侵扰 /159

第十章 为叛逆的男孩“护航”

——引领男孩绕过青春期的“险滩” /177

第一章　青春期男孩怎么了

——解密青春期男孩的叛逆心理

进入青春期的男孩，他们的生理、心理特点在不断地发生变化。他们有着“初生牛犊不怕虎”的气势，敢于尝试各种新鲜事物，也开始学会关注、分析、反思生活中遇到的问题。与此同时，他们变得不再像过去那么听话了，甚至会经常对父母发脾气。面对男孩在青春期的变化，父母必须及时与孩子进行心灵上的沟通，学着从他们的角度考虑问题，这样才能有的放矢地解决问题，与青春期男孩一起成长！

细节1 “你能不能别管我！”

——如何看待青春期男孩的叛逆

俗话说：“半大小子，气死老子。”青春期的男孩的确让父母感到头痛：越是你明令禁止的事情，如早恋、逃课、打架、上网等，他们越是要一一去尝试。那么，为什么青春期的男孩浑身都是“刺”？为什么往日听话懂事的儿子变得越来越叛逆了呢？

对此，教育专家们通过与青春期男孩的接触与研究，得出了他们青春期叛逆的主要原因，大概有以下几点。

第一，男孩进入青春期，体内雄性激素分泌过剩。10~18 岁时，男孩体内的雄性激素会快速增多，此时男孩们就会变得情绪起伏不定，进而产生一些叛逆行为。从这一点上来说，青春期男孩的叛逆是不可避免的。

第二，男孩在青春期出现生理与心理发展失衡的问题。男孩在青春期时，内心冲突表现得比较明显。这是因为在身体上已经和成人无异的“小伙子们”，开始渴望独立，渴望自己有支配生活、学习、交友等方面的权利，但由于他们阅历尚浅，所以在很多方面他们又必须依赖成人。因此，这种矛盾使男孩内心深处冲突频现，自然而然便引发了一系列的叛逆行为。

第三，错误的引导方式导致男孩叛逆。中国父母教育不听话儿子的习惯性方式是唠叨、打骂，这种方式可想而知必然会引起青春期男孩的反感，因为他们一直想给成人传递的是这样的信号，即“我长大了”“我有强烈的自尊心”“我渴望理解和信任”“我也要面子”……但是父母批评式的教育方式只会更加激化青春期男孩的叛逆。

在了解了以上青春期男孩叛逆的原因后，妈妈们应该采用哪些正确的引导方式来应对青春期男孩的叛逆行为呢？

理解和宽容儿子的叛逆行为

父母总是说“儿子越大越不听话”，尤其是男孩进入青春期后，他们开始变得喜怒无常、行为出格，难道真是“翅膀硬了”，不把自己放在眼里？事实并非如此。男孩每种情绪背后都有一个理由。例如，儿子回到家之后，一直板着脸，可能是在学校挨了批评，也可能是因为和同学发生了不愉快。所以，当你的儿子突然出现一些叛逆行为时，不要急着去批评和指责他，而是应该以理解和宽容的态度对待孩子，并引导他说出是什么原因导致了他的坏情绪。下面这位妈妈对青春期男孩的引导方法的转变，十分值得其他父母借鉴：

一天，上初一的儿子放学后很晚才回到家，我非常着急。所以，儿子一进家门，我就生气地说：“我告诉过你多少次了，一放学就回家，你怎么把我的话当成耳旁风，整天就知道在外边瞎逛……”儿子看着我一愣，然后低下头什么话也没说，就走进了自己的房间，而且“哐当”一下把房门狠狠地关上了。

晚饭的时候，儿子没有出来，我以为他在写作业，也就没有叫他。可是等到晚上快10点钟了，这孩子房间的灯还在亮着，他也一直没出来。我觉得是我之前的话伤害了儿子，如果我心平气和地询问，也许就不会闹得这么僵。所以，内疚的我轻轻敲响了儿子的房门。

儿子没有给我开门，而是闷闷地说：“如果您还要继续批评我，就在门外说话，我听得见！”

我语气柔和地说：“儿子，对不起！你回家晚一定有自己的原因，妈妈不该不分青红皂白地指责你。饭我已经给你热了两遍，你别忘了吃！”

后来，儿子给我打开了房门，并且告诉我他回家晚的真正原因——路上堵车。了解了这些之后，我向儿子保证以后一定控制自己的情绪，这才重新赢回了儿子的信任。

其实，大多数青春期的男孩都像上述事例中的男孩一样，当他们对父母的教育方式产生抵触情绪时，只会闷在自己心里或者找其他发泄渠道，进而产生更多的叛逆行为，尤其是家长无端的批评和指责，更会让他们选择和家长对着干。

因此，面对青春期男孩的叛逆，作为父母，我们应该给予理解和宽容，允许他们以合理正确的渠道和方式来发泄心中的不良情绪，但也要正确引导他们从叛逆的行为中解脱出来，做一个真正快乐、向上的青春少年。

引导叛逆男孩比抱怨更有效

生活中，我们听到最多的就是父母对青春期男孩的抱怨，诸如：

“我们家儿子无可救药，就知道顶嘴！”

“儿子上了初高中最难管，他们不是上网、打架，就是早恋，根本不知道学习！”

“我儿子就是一个‘小暴君’，脾气太坏，经常对我们怒吼！”

……

青春期的男孩的确会存在各种各样的问题和叛逆行为，但父母的抱怨不但不会消减男孩的叛逆行为，相反还会起到负面效果，让男孩对父母的抱怨产生厌烦感，进而变得消极起来。

因此，父母不要总是抱怨自己的儿子如何不听话、如何叛逆，而是应该多引导他们看到自己哪里做错了、哪里需要改正以及如何完善自己。这样，叛逆的男孩们才会朝着你期望的方向成长，并且变得积极努力起来。

细节2 “我也有话语权！”

——男孩与你顶嘴，你有招吗

一天，青少年心理咨询中心接到了一位妈妈的一封信：

我儿子健健今年12岁了，嘴巴是越来越厉害，我们说一句他就能回十句，我都被他气得没有办法了。

前两天，他放学后没有直接回家，而是和几个同学在外边玩到很晚。到了吃晚饭的时候，我就叫他回家，谁知玩兴正浓的儿子，怎么也不肯听，没办法，我只好强拉硬拽地把他弄了回来。结果，一回到家他就冲我大喊："为什么我要听您的，为什么你们大人就不听我的？我想玩一会儿怎么啦！"

吃饭的时候，爷爷好心给他夹菜，说："健健，好好吃饭，这样才有精神学习，将来考个好大学。"儿子却噘着嘴说："我不上大学，大学有什么好上的。"我接过话茬说："男孩不好好学习，以后会没出息，找不到工作你怎么有饭吃？"儿子听后不以为然地说："我不是你们的孩子吗，你们养我！"我说："等以后爸爸妈妈都老了，就没法挣钱了，那时候你要自己养活自己了。"儿子说："那您不是还没老吗？以后的事情以后再说！"说完，还没好气地白了我一眼。现在的孩子怎么这样啊？我该怎么办呢？

其实，青春期的男孩，已经不再像四五岁的时候那样听话了，他们与父母顶嘴的现象经常发生。现实中，像健健这样和大人顶嘴的男孩有很多，那他们为什么越大越爱顶嘴呢？

一般来说，青春期男孩顶嘴的原因有这样几种：青春期男孩的逆反心理严重；大人不考虑男孩的意愿，独断专行；男孩自尊心过强；父母缺乏与男孩的沟通和交流；父母太过溺爱男孩；父母自己不能以身作则，爱与他人争吵，等等。

那么妈妈们要怎么样解决青春期男孩顶嘴的问题呢？下面这些方法不妨尝试一下：

认真分析青春期男孩顶嘴的原因，对症下药

乐乐刚上初一，因为学校离家较远的缘故，中午他一直在学校吃饭，心疼儿子的妈妈晚上总是会做些好吃的给他。但是乐乐不想吃，因为他觉得晚上吃太多，容易发胖，容易影响体形。但是妈妈觉得乐乐现在正是长身体的时候，不吃点儿好的营养跟不上。于是，两人经常为此发生口角。每次妈妈让乐乐多吃点儿、吃好点儿的时候，乐乐不是大发脾气，就是和妈妈顶嘴，有好几次还把妈妈气哭了。妈妈总是无奈地对别人说："你说，关心孩子我还关心错了吗？"

其实，妈妈对乐乐的关心并没有错，青春期的确是男孩长身体的时候，如果这时候营养跟不上或者营养不匀衡，很容易对青春期男孩的身体健康造成不良影响。那为什么乐乐还要和妈妈顶嘴呢？这是因为乐乐的妈妈没有认真分析乐乐不吃饭的原因，而是一味地让儿子跟着自己的想法走，甚至有些妈妈在发生类似乐乐这样的情况时，对孩子不是批评就是打骂。这些教育方式根本没办法解决男孩顶嘴的问题。

男孩顶嘴时，家长不应该只是责备他，更不能不讲方式方法、不分场合地批评他，这样会招致孩子的埋怨，伤害他的自尊心。所以，你应该先分析清楚孩子顶嘴的原因，然后对症下药。

与青春期男孩说话要有耐心，不要伤害他的感情

有一位妈妈的教育经验是这样的：

我儿子上了初中之后，毛病开始多了起来，不是嫌弃我这不好那不好，就是嫌我啰唆，而且常常和我顶嘴。后来，有位老师告诉我，青春期的孩子和妈妈顶嘴的现象经常发生，做妈妈的一定要有耐心，和孩子说话不要急，但也不能说太多，或者讲很多大道理，那样同样会令孩子厌烦。应该在和孩子沟通时，多表示你的疑问和同情，不要总是认为孩子不对。听了老师的建议后，儿子再说自己在学校不开心或者受批评的时候，我不再说："你又犯了什么错误？"而是站在儿子的角度表示同情地问："怎么不高兴了？"等儿子把情况详细地告诉我之后，我再和他一起寻找解决问题的办法。一段时间下来，儿子不但不和我顶嘴了，我们之间原本僵化的关系也得到缓和。

这真是一位聪明的妈妈，她懂得及时改变方法来解决和儿子之间的问题，而且她的这种教育方法也值得其他青春期男孩的妈妈尝试一下。有时，同样的意思，只是因为家长的表达方式不同，就能避免男孩产生反抗情绪。

所以，妈妈们要注意与青春期男孩的说话方式，多点儿耐心，多从他们的角度去思考问题，不要伤害他的感情，多维护他的自尊心，这样一来，他自然就不会顶嘴了。

细节3 “我讨厌这个世界！”
——男孩何时开始变得愤世嫉俗

一位妈妈给 14 岁的“愤青”儿子写了这样一封信：

儿子，妈妈不清楚是什么让你对这个社会充满诸多的感慨与无奈。你才 14 岁，可我觉得你的心理负担了太多的东西。其实，世界没这么复杂，人心也没这么复杂。

也许你对很多人、很多事、很多社会现象不满，但每个人的力量是有限的，当你把属于自己的事情做好，那么你就是在对自己、对他人、对社会尽一份责任。不要老想着怎么去改变世界，不要总是想着让别人都尊敬你，也不要整天幻想一个完美的社会。你要学会适应社会，学会服从，学会理解，还要学会沉默与忍受。

妈妈知道，你是一个满腔热血的孩子，你充满正义，单纯而直率，但你要清楚老师的严厉、同学一时的虚伪，都是可以谅解的。很多时候，当你换个角度思考问题，你会发现一切你所不平的事情都有解决的办法。孩子，不要让脱离现实的理想成为你逃避现实的借口……

这位妈妈说得很对，我们不能让青春期的热血男孩们脱离实际，为了心中所谓的“理想”变成一个人生观扭曲的孩子，而是应该教会他如何正确地看待自己、看待他人、看待社会，以便形成正确的人生观。

事实上，青春期的男孩之所以有时候会变得愤世嫉俗，主要是由这些原因造成的：妈妈的功利性教育，青春期男孩的逆反心理作祟，男孩习惯用一些偏激的想法想问题，男孩习惯跟着感觉走等。

因此，在青春期这个特殊时期，妈妈们必须重视对男孩人生观的引导，多和孩子沟通，精神上和物质上都要多关注他们，以便帮助他们建立正确的人生观。除此之外，妈妈们也可以尝试下面这些教育方法。

让青春期男孩给人生确立一个积极意义

有一位爸爸的教育经验是这样的：

我儿子建辉今年上初二，有一天，他突然问我："老爸，您说一个人的一生应该怎样度过才算真正有意义？人总有一天会死，那么死之后这些意义还存不存在呢？"我笑着说："儿子，一个人的人生应该由他自己来决定。你的人生自然也由你决定，但是如果你想让你的人生充满意义，那你就必须学会为社会创造价值。"儿子想了想，说："那我将来要考上医科大学，为别人减轻痛苦，这样是不是有意义呢？""当然，非常有意义！"我点了点头说。

著名作家毕淑敏曾说："人生是没有意义的，但你要为之确立一个意义。人生，是因为具有追求，具有那种动态的美，才变得让人眷恋，让人怀念。"无论是已经走入社会的成人，还是在校园里苦读的孩子，只有学会给自己的人生确立一个积极意义，才不会因走错路而后悔，自然也会少了很多愤世嫉俗的言论和行为。

一般来说，进入青春期的男孩人生观也开始慢慢形成。就所谓的"人生观是什么"这个问题，美国心理学家罗杰斯给出的答案是："人生观是每个人关于如何度过这一生和关于人生意义的基本观点和看法，一个人的人生观是否正确并不是他自己说了就算的，还得看这个观点能否与社会相适应。"

所以，当青春期的男孩问到人生或者生死的问题时，妈妈们不要感到诧异，而是应该积极地与他们进行探讨，让他正确认识人生观是什么，并且告诉他怎样才能使自己的人生具有一个积极的意义。

利用榜样的力量，培养男孩的社会责任感

苏联著名作家法捷耶夫曾说："青年的思想越被范例的力量所激励，就越会发出强烈的光辉。"所以，我们要利用榜样的力量，以那些积极为社会作贡献的成功人士为范例激励男孩向他们学习，同时让孩子结合自己的知识水平和生活经验，形成适应现代社会的正确的人生观。

有一位妈妈是这样做的：

我儿子自从上了中学后，对人活着是为了什么就一直很困惑，有时候只

要一想到人终究会死，他便觉得学习和生活都乏味得很。

我与儿子聊天后得知了他的忧虑，便为他买了一本《钢铁是怎样炼成的》。一开始儿子不是太感兴趣，只是随意地翻几页，后来就突然如饥似渴地阅读起这本书来，并且深深地被保尔为国家牺牲一切的信念和崇高的人生观所感染。他还把书中“一个人的生命应当这样度过：当他回首往事的时候不会因虚度年华而悔恨，也不会因碌碌无为而羞愧”这句话，小心地用正楷字写在自己的书桌上，并且以其作为座右铭，时刻激励自己。

从此之后，我发现儿子不再抱怨生活、学习的乏味，而是开始积极地面对生活，并且每天都能让人感觉到他的乐观、向上。

除了像这位妈妈一样给儿子买一些榜样类的书，你还可以为儿子讲述一些伟人的故事，让这些人物的动人故事激励儿子正确地面对人生，树立正确的人生观。同时，父母在对儿子进行人生观教育时一定要强调社会责任感，因为只有学会为家庭、为他人、为国家、为社会作贡献，他才能具备正确的人生观，并且拥有一个有意义的人生。

细节4 “我的心情为什么时好时坏？”
——为何青春期男孩的情绪起伏大

你的儿子是不是经常把这些话挂在嘴边：“我烦着呢！”“我快疯了！”“我怎么突然想哭呢！”“我有点儿抑郁！”“我生气了啊！”……其实，这些是大多数青春期男孩的口头禅。很多心理学专家将青春期称为“风暴压力期”“危险期”或“狂飙期”，认为这个时期的男孩情绪起伏大、做事易冲动等。那么为什么青春期男孩的情绪起伏很大呢？我们先来看下面这样一个教育案例：

上初二的李岩最近一段时间学习成绩下降，和同学们的关系处得也不太好。他总是一个人躲在校园的一角唉声叹气，有时候因为一点儿小矛盾就和老师、同学发生争吵。他回到家也变得有些不可理喻，一会儿心情好，一会儿心情差的。李岩觉得非常痛苦，因为以前的他根本不像现在这么悲观、情绪差、爱发脾气，那时候他和所有人的关系都很好，可是现在别人看他不顺眼，他也看别人不顺眼，但又不知道该怎么办。

通常，男孩进入青春期，受体内激素的影响，情绪会产生波动。除了这个原因之外，心理状态逐渐从儿童期走向成人期的他们，还不具备解决问题的实际能力。例如，他们不喜欢父母的行为方式，想要独立，但又不得不依赖父母；他们渴望尊重，但得不到应有的尊重和理解；他们渴望完美、成功，但现实总是很残酷；他们想证明自己的勇敢、成熟、自信，但时常又变得怯懦、幼稚、自卑……这些都是造成青春期男孩情绪起伏的原因，也是这个特殊时期男孩普遍存在的问题。因此，我们要想办法来帮助他们解除这些困扰。

让青春期男孩学会调整情绪

有一位妈妈这样谈起自己的儿子：

我儿子浩文读小学的时候，脾气性格都很好，可进入了中学以后，情绪起伏就很大。有时候，他会为了一件小事就暴跳如雷，还摔东西，甚至与我们对着干；有时候，一次小小的成功和表扬，他就高兴得不得了。

面对情绪波动如此之大的儿子，说实话我成天提心吊胆。儿子高兴的时候还好，一旦他不高兴，我就不知拿他怎么办了。一般这时候，浩文不和任何人说话，整天一个人待在房里生闷气，甚至饭都不吃。

前一段时间，学校放暑假了，儿子回到家里特别高兴，和我计划着暑假的安排，并耐心地听取我和他爸爸的意见。可是到了第二天，他的情绪就突然变了，不知道谁招惹他了，他开始将房里的东西扔得满地都是。于是，我生气地对他说：“你都13岁了，情绪不好就乱撒气，你以为你还是3岁的小孩啊，有什么问题，难道就不可以说出来吗？真是太气人了，暑假旅游别去了……”

“不去就不去！哼！”儿子甩门而出。

面对这样情绪不稳定的儿子，我是真不知道该怎么办了！

细心的父母可能会发现，青春期男孩的情绪好像有个“发病期”，隔一段时间，他就莫名其妙地出现消极、沮丧、暴躁、愤怒等情绪。这不但会影响儿子的心情，耽误他的学习，而且也会影响他和同学、老师的关系。其实这种情绪起伏的周期性是正常的生理现象。

奥地利一位心理学家通过调查研究发现，通常以 28 天为一个周期，人的情绪会遵循着临界日→高潮期→临界日→低潮期→临界日→高潮期这样高低起伏的规律而循环往复。因此，当青春期的男孩情绪起伏不定时，父母不要慌张，而是要想办法帮助儿子度过低潮期。

例如，你可以让儿子对自己情绪低潮期的到来有充分的心理准备；还可以让儿子知道自己的情绪正处于低潮期，然后教他暂时放一放那些困扰自己的难题，或者有意识地回避一些容易引起自己不快乐的事情；你还可以让儿子发挥主观意志的作用，提高他的自制力和自控意识；你还可以让儿子进行适当的宣泄，通过体育运动、倾诉甚至痛哭等方法发泄不良情绪。

用关爱化解青春期男孩多变的情绪

有一个 15 岁的男孩在日记中这样写道：

妈妈的眼里根本没有我的存在，她只知道问我要成绩单，而且逼着我长大和承担责任。我知道自己是个男孩子，而且已经 15 岁了，但是我不想长大，我的肩膀根本承担不起太多的责任和担子。其实，我很担心，我需要有个人来帮助我，来做我坚强的后盾，但是我的妈妈根本不关心我，不理解我，我活得好痛苦……

现实生活中，有很多青春期的男孩和这个 15 岁的男孩一样，他们都在迷茫、矛盾中成长。如果我们不能用关爱和理解去化解这些孩子多变的情绪，那么他们的情绪起伏会越来越大，甚至会因难以控制而做出令自己后悔的事情。

所以，无论是在生活上、学习上，还是在心理上，妈妈们都应该多和青春期的儿子沟通、交流，多关心和照顾他们，帮助他们化解不良情绪。

细节5 “大家总是针对我！”
——为什么男孩越长大越敏感

在一次有关青少年问题的讨论会上，专家们听到不少家长这样说：

“我上初中的儿子最近变得越来越敏感，有时候别人一句无心的话，他就能琢磨半天！”

“我家小子总是觉得老师和同学针对他，所以弄得他和大家的关系一直都不好。”

……

事实上，很多家长都发现，孩子进入青春期后，开始变得越来越敏感，却不知道为什么会这样。一般来说，青春期男孩适度的敏感是很正常的，因为他们这个时期正处于自我意识强烈的年龄段，对外界的刺激感觉尤其灵敏，这也有助于他们自我保护和防御伤害。

不过，过度的敏感对于男孩来说就不好了。因为过度敏感的男孩，大多会表现得感情脆弱，心情抑郁，经不起强烈刺激和挫折，一点儿小打击就会让他紧张；过度敏感的男孩如果正巧碰上家教甚严和经常挨批评的情况，那么他们就会缺乏自信，非常介意别人的负面评价；过度敏感的男孩还容易缺乏宽容的气度，变得爱钻牛角尖，爱计较，甚至养成好斗的性格。由此可见，父母必须想办法引导青春期男孩度过他的敏感期，否则就会影响男孩的健康成长和未来发展。

妈妈们不妨尝试一下这些教育方法：

要敢于直视青春期敏感问题，与儿子良好沟通

有一位爸爸的教育经验是这样的：

儿子上了高中之后，我发现对待他必须要小心翼翼，否则一个不小心他不是生闷气，就是把自己关在屋子里一整天。我不明白儿子为什么这么敏感，后来通过我的仔细观察，发现儿子不但觉得自己学习压力大，而且总喜欢和女孩接触。可是又因为他内向的性格，一见女孩子就脸红，也没有几个女孩愿意和他说话。还有一次，我竟然看到他偷偷躲在房间里看不健康的书。

儿子的矛盾和苦闷让他的心情和脾气都越来越差，于是，我和儿子进行了一次深入的讨论，我告诉他根本不必在意高考，只要他努力了就可以，并告诉他，在他这个年纪喜欢女孩子很正常，青春时期的恋爱本来就应该是一件美好的事情，但这就像一枚青涩的果子，要等到成熟之后去采摘才是美好的。经过我和儿子的一番谈话，儿子渐渐明白了他必须摆正心态，才能让自己从痛苦中解脱出来。

青春期的男孩本身就比较敏感，再加上遇到更多敏感问题，如果找不到一个宣泄口和良好的解决办法，那么他们就会像无头苍蝇一样到处乱撞，那种无助、彷徨、痛苦和矛盾会给他们一种错觉，认为自己没能力、胆小、失败等。

但如果妈妈能和儿子一起直视这些青春期敏感问题，并且和儿子保持良好的沟通，然后找出解决这类敏感问题的方法，那么男孩就会逐渐变得勇敢起来，而且会自己找出解决问题的方法。

鼓励儿子多参加活动，多交朋友，凡事别闷在心里

有一个 16 岁的男孩在博客中这样写道：

我总觉得自己还很幼稚，对什么事情都看不透、想不透。有时候我很希望回到小时候，因为小的时候我有很多朋友，妈妈也很关心和爱护我，可是现在长大了，我和他们之间的隔阂越来越多，我可以谈心的朋友没有了，我得到的关爱也开始变少了。慢慢地，我认为大家之所以渐渐不喜欢我，一定是我自己有问题。他们不爱和我玩，甚至总是针对我，是不是我好欺负，是不是觉得我笨而且傻？虽然我不想承认，可是我真的没有什么朋友。或许，在这个世界上根本没人理解我，我注定是一个孤独的人！

青春期男孩虽然在身体发育上愈加成熟，但是在心理层面上，他还没有完全成熟，甚至有些男孩害怕长大，因为长大就代表着很多事情要自己拿主意、做选择、承担责任。假如在这个过程中，他没有朋友可以倾诉成长的烦恼，凡事喜欢闷在心里，那么不良情绪就会像病菌一样不断摧毁他的意志，让他变得浮躁、偏激、疑神疑鬼、怯懦甚至悲观厌世，这对男孩的影响是巨大的。

因此，我们应该鼓励青春期男孩多参加活动，多交朋友，有些不能和妈妈说的话，可以和自己的朋友倾诉。只要男孩懂得打开自己的心扉，那么即使他再敏感，也会找到解决问题的办法，让自己变得轻松、快乐起来。

细节6　“我就是要和你对着干！”

——如何化解青春期男孩的反抗情绪

男孩一进入青春期，家长就发现他们的“翅膀开始硬了”，有事没事的就故意挑衅，或者和自己“顶牛”，而且类似下面这样的行为越来越多：

男孩非要去做一些家长明令禁止的事情；

顶嘴现象几乎成了男孩的每日“必修课”；

男孩总是做一些令妈妈担忧的事情，又不知悔改；

在学校和老师、同学对着干；

……

青春期的男孩为什么喜欢对抗呢？这种与妈妈、老师、同学甚至陌生人的对抗情绪是怎样产生的呢？其实，青春期男孩任何一种看似无理的不良行为背后，都有一个看似合理的理由。

例如，父母没有给予男孩应有的尊重和信任，他就会用反抗来表达自己的不满；老师对他产生了误解，他就故意和老师对着干；同学不小心伤害了他的感情，他就用对抗来反击，等等。

那么，妈妈该如何正确对待青春期男孩的反抗行为呢？

摆正角色，要学会将“命令型”改成“建议型”

爸爸长期在外工作，15岁的儿子童童渐渐在家中扮演起了爸爸的角色，而且时间一长，他竟然开始教训起妈妈来了！本来家里大事小事都够妈妈忙的了，童童还常常像个“指挥官”似的支使妈妈，气得妈妈整天骂他。可这孩子根本无视妈妈的“命令”，妈妈要是让他干点儿什么事情，他不是推三阻四，就是甩手就走，一副大爷模样，甚至整天给妈妈脸色看。妈妈对他是打也打了，骂也骂了，一点儿用都没有。现在，母子俩一见面就跟“仇人”似的，互相看对方不顺眼。

童童和妈妈正是因为摆错了角色，才导致矛盾升级。在一个家庭里，家长应该有家长的样子，而儿子应该有儿子的本分，如果两种角色对调，势必会出现问题。再加上青春期的男孩逆反心理严重，自我意识膨胀，如果父母总是在命令儿子去做什么、怎么做，那么很可能会激起青春期儿子的逆反心理，那他故意反抗妈妈的行为就会越来越严重。

因此，妈妈首先应该摆正自己的角色，然后为了避免儿子反抗行为的出现，学着改变一下自己的说话方式，将“命令型”改成“建议型”。例如，“某某，如果你试着……如何？”这种“建议型”的方式表面上是在征求儿子的意见，会让他认真听，实际上是给他指出了一条路，有利于自然地培养儿子的思维能力和判断能力。

采用“迂回政策”，避免刺激男孩

有一位妈妈的教育经验是这样的：

儿子今年上初三，还有半年就要中考了，我担心影响他学习，就把他那屋的电脑搬进了我的卧室。原以为这样做儿子会专心致志地学习，没想到他上网、看电视、打游戏的状况比以前还严重。我问他：“你是不是故意的？”儿子说：“我上会儿网怎么啦，又不是上一天！电视我也没看很长时间啊！整天就知道说我，哼！”我觉得儿子是不满我没收了他的电脑，所以想办法来对抗我。因此，我马上改变教育策略，不但把电脑重新搬回他的屋里，还为我对他的不信任表示歉意，并坦诚地告诉他我这样做的原因。儿子看到我的改变，似乎非常满意，学习更加积极，而且电脑放在他屋里，他并没有整天上网，而是在学习之余才去浏览一下新闻网页。从那之后，他也没有故意和我对着干，相反还学会站在我的角度思考问题，给我省去了不少麻烦。

心理学家托马斯·戈尔登认为，父母经常怪罪孩子，会使孩子觉得爸爸妈妈是在无理取闹，或觉得爸爸妈妈不疼他们。他认为，平时在教育孩子的过程中，应该多说“我……”，例如，“看见厨房又弄脏了，我好泄气”或“你回家晚了，我很担心”，他说：“这样的口吻不容易伤感情或激起孩子的反抗心理，却能促使儿女反省自己行为对别人造成的影响，因而以后会考虑得周到些。”

由此可见，妈妈在面对青春期男孩反抗情绪的时候，应该采取迂回策略，不要和男孩有正面冲突，也不要刺激他们，应该多给他们一些理解、尊重和信任。

细节7 “我是‘非主流’。”

——孩子开始标新立异好不好

爆炸头、黄头发、破烂牛仔裤、显眼的耳钉……这些如此打扮的男孩子，大多数都是青春期的孩子。那为什么青春期的男孩这么喜欢追求个性呢？回答这个问题之前，我们先来看一下这个典型事例：

李新的学习成绩在班里是中下等，在其他方面也没有给班里的老师和同学留下什么印象。可是他发现自从自己走上“潮人”路线之后，大家都记住了他。他觉得因为自己的“个性”而被同学记住和议论是一件特别“牛气”的事情。

由此可见，青春期男孩追求个性无非是为了满足自己两方面的心理需求：一方面是归属感的要求，因为青春期的男孩渴望融入同龄人的团体，但又怕被团体成员讨厌和抛弃，所以他们只有通过个性的外表和着装与团体保持一致，以此来满足他们归属感的需求；另一方面是男孩渴望成为“焦点人物”的心理需求，青春期男孩都渴望成为他人关注的焦点，于是学习好的通过“好成绩”体验美好的感受，学习不好的哪怕作为“反面教材”也想满足被关注的心理需求。

那么在了解了青春期男孩追求个性的缘由之后，妈妈们应该如何引导他们呢？

认同男孩的个性，而不是妄加指责

一天，出差回家的爸爸发现儿子不但染了黄头发、打了耳钉，而且还穿着一条破破烂烂的裤子，当时就震惊了。这时，儿子有些得意地对爸爸说：“老爸，怎么样，我是不是变得更帅了？”爸爸虽然心里很不喜欢儿子这样的装扮，但他还是装作欣赏地说道：“黄色的头发挺个性的，耳钉的造型也很别致。”儿子有些吃惊地说：“我以为您回来会痛骂我一顿，我都做好挨骂的准备了。”爸爸笑着说：“你这傻小子，我为什么骂你？我像你这个年纪的时候，也追求过个性。可是，你们学校让染头发、打耳洞和穿这样的裤子吗？”儿子想了想，有些郁闷地说：“我还是变回以前吧！”

由此可见，当你先认同青春期男孩的追求个性的想法，再去引导他们自愿放弃那些看似彰显个性，却与他们年龄并不符合的行为是一种明智的做法。因为，青春期的男孩毕竟是叛逆的，你越是指责和阻止他的一些个性化行为，他就越会跟你对着来。所以，认同他们，是引导他们正确行为的第一步。

让男孩知道什么才是真正的帅

世界上有两种男人，一种称得上是真正的男人，他们为社会的发展进步作出了卓越的贡献。他们不善打扮，却有着强烈的事业心、责任心和上进心；另一种男人就是有男人生理特征的“男生”，也就是所谓的“非主流男生”，他们喜欢照镜子，爱美，整天研究穿什么衣服，理什么样的发型……在这些人眼里，穿着乞丐裤，戴着大墨镜的人才是最时髦、最帅气的。

可能是受社会上这种风气的影响，许多处在青春期的男孩以为非主流男生才是最酷的、最帅的、最吸引人的。针对这种情况，有一位妈妈就做得很好。

自从小帅上初二以后，妈妈发现他发生了很大的变化。比如：以前小帅的衣服都是妈妈帮着买，不管妈妈买什么样的衣服，小帅都不会嫌弃，只要是穿着得体，小帅就都很喜欢。可是最近不一样了，有一次妈妈又给小帅买了件运动上衣，小帅看了后，跑到自己屋里拿出来一本杂志，翻到中间一页给妈妈看，还说："妈妈您太老土了，现在的中学生谁还穿运动服啊！我们班有很多同学都买这种乞丐服穿。一到周末，他们都穿着这种衣服去玩儿，走在大街上，别人都会多看他们几眼，可帅了！"妈妈一看，真的，杂志上有很多这种奇形怪状的衣服，好好的衣服都会剪个大洞，有的在膝盖，有的在裤腿……

妈妈看着儿子兴冲冲的样子，当时并没有说什么。可是从那以后，妈妈经常给儿子讲一些杰出人物的事迹，并巧妙地与那些所谓"非主流男生"做对比。等儿子听过以后，妈妈总要问儿子喜欢哪种人。时间长了，儿子也明白了妈妈的苦心，他对妈妈说："妈妈，我现在知道什么是帅了，那些对社会和人类作出贡献的人才是最帅的、最值得学习的。"

不难看出，这位妈妈是聪明的，她并没有直接反驳儿子的观点，而是用一些真实的事例来让儿子明白：最帅、最酷、最受人尊敬的人并不是看他打扮得怎么样，而是这个人为社会做了什么。

细节8 "我比别人都厉害！"
——帮助自负的男孩学会谦虚

青春期的男孩不仅好胜心强，而且非常爱表现自己，因此，当这些男孩取得一点成绩后，就很容产生骄傲自大的情绪。

现代社会中，骄傲自大的男生大都有一些典型特征：有些男孩因为一次考了好成绩，便不再认真努力学习；有些男孩被选为班干部，就目中无人，甚至连自己的父母都看不起；还有一些男生，觉得自己有些特长，就四处炫耀，不但没有继续发展自己的特长，还把自己的特长当成哗众取宠的工具。

晨晨是一个非常有才华的小男孩，才12岁就已经会演奏三种乐器，因此，晨晨从小就立志要做一个音乐家。如果晨晨能够努力学习，脚踏实地地练习，相信他一定能够实现自己的愿望，可是他没有这么做，而是整天想入非非，幻想着自己能够像电视里的小明星那般，再加上身边的朋友和大人都夸耀他有才华，逐渐地，晨晨开始变得骄傲、自以为是。

在这种骄傲、自大情绪的影响下，晨晨开始讨厌学习。他认为书上的知识他已经都会了，同时他也不想再练习别人编出来的曲子，而是要自己创作。渐渐地，他连自己的音乐辅导老师也看不上了。因此，晨晨各方面的学习成绩一路下滑。

“谦受益，满招损。”骄傲自满是一种不良的心理状态，如果父母们不给予足够的重视，它便会将你的孩子一点点拉向失败的深渊。

骄傲自大的男孩常常在自己的周围建起一道无形的城墙，形成与外界的隔阂，这使他们的心胸变得狭窄，思想变得狭隘。

因此，我们应该引导青春期男孩摒弃骄傲的心理，做一个谦虚的人。因为谦虚不仅仅是一种美德，它还带给男孩很多的益处。例如谦虚的男孩能够接受别人对自己的批评，不会妄自尊大、自以为是；谦虚的男孩能虚心好学，分清自己的优势与不足；谦虚的男孩能获得更多人的认可和喜爱，他能给人一种亲切感，很容易让人接近。因此，培养男孩谦虚的美德是父母们的一项重要任务。那么，父母又该如何做呢？

让青春期男孩认识到骄傲的危害

徐乾的学习成绩非常好，每次考试都排在班里前三名。最近一次考试，他更是考了全班第一名。这让徐乾非常得意，看到亲戚朋友就炫耀自己的成绩，也不努力学习了。等到了期中考试，他的学习成绩一下子倒退了十几名。爸爸对他说：“儿子，你知道这次为什么没考好吗？是因为你骄傲了。以前你总是踏踏实实地学习，而最近你老是炫耀自己的成绩，以博得夸奖，所以你这次考试才会下滑这么多名。”爸爸顿了顿接着说：“以后你一定要保持谦虚，这样你才能不断地获得进步。”徐乾点了点头说：“爸爸我知道，我以后再也不向大家炫耀自己的成绩了。”

骄傲自满是一种很难控制的情绪，对我们成年人来说尚且如此，对于孩子来说更是一件难事。所以，我们要让孩子充分认识到骄傲的危害，这样，他们才会控制自己的情绪，不让骄傲自满在心中滋生。

为儿子作出谦虚的榜样

有些父母由于自身条件比较优越，总是表现出一副得意扬扬、目中无人的神态，经常会流露出对他人的不屑。比如这些父母经常会在自己男孩的面前对他人品头论足，说他人不如自己等。男孩听到这些话，也会模仿父母的做法，只看到自己的长处，嘲笑别人的短处。

有一位父亲是这样做的：

从儿子很小的时候，我就教他要学会谦虚，决不能骄傲自大，而我也以身作则变得谦虚起来，希望能给儿子做个好榜样。例如我在外边从来不“吹牛”，而是多赞美别人的长处和美德，如果别人说出我的缺点，我不但改正还要向对方表示感谢。就这样在我的影响下，儿子也变得谦虚起来。

父母们都应该知道，榜样的力量是无穷的。父母作为孩子的第一任老师，更是孩子效仿的榜样。因此，妈妈如果想让自己的男孩成为受人欢迎的谦虚的人，首先应为他作出良好的表率。

另外，妈妈还要学会恰如其分地表扬青春期的男孩，以免因为你夸奖得太过，而导致他对自己有了错误的认识，进而学会吹牛、炫耀。

第二章　当青春期撞上更年期

——用智慧避免两代人的冲突

由于晚婚晚育的关系，许多妈妈的更年期和儿子的青春期正好“狭路相逢”。更年期的妈妈因生理上的不适而烦躁焦虑，青春期的儿子因有多余的能量而无处释放，处于心理动荡期的母与子朝夕相处，经常会出现“火星撞地球”的局面。作为父母，应多给儿子一些理解、体谅、爱心和智慧的引导，千万不要硬碰硬，否则只会火上浇油、两败俱伤。

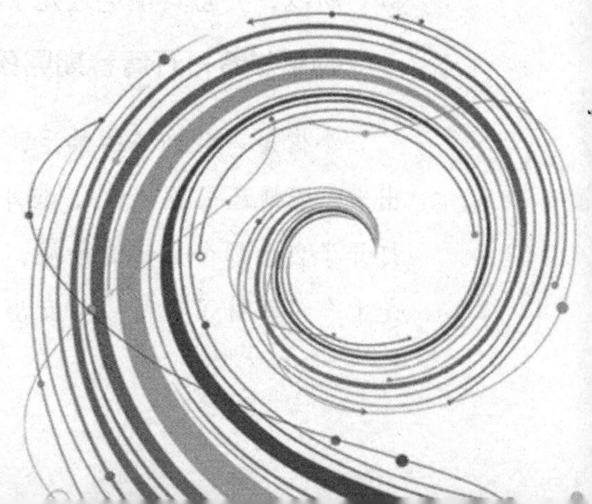

细节9 “妈妈老是偷看我的日记。”

——学会尊重男孩的隐私

青春期的男孩总是会隐藏一些不为人知的小秘密，比如，他会有一个笔记本，而且会把这个笔记本随身携带，还担心被别人发现；他也会有一个上了锁的小抽屉……随着年龄的增长，男孩的心扉不再全都向父母敞开了，他们有了属于自己的个人空间。

当然，这个属于男孩的个人空间是父母不能随便跨越进去的，如果你硬要强行进入，千方百计地窥视、猜测儿子的隐私，强迫他按照自己的意愿来塑造人格，那么妈妈的这种“爱的行为”，很可能会使青春期男孩产生强烈的逆反心理，不利于他的健康成长。

那么，父母窥探青春期男孩的隐私，会给他带来哪些伤害呢？

青春期男孩的自尊心受到伤害，会变得自卑、沮丧和抑郁；

打击青春期男孩的自信心，削弱他的自省力；

影响男孩正常的人际交往，不利于他社交能力的提升；

让男孩与父母之间产生隔阂；

综上所述，我们知道尽管父母想知道青春期男孩的隐私其出发点是好的，但尊重一个人的隐私是基本道德，让青春期男孩健康成长，父母就要学着保护他的隐私。如果你一味地闯进去，那么青春期的儿子就会整日提心吊胆地防备你，这种无意识的伤害会影响他的一生。

所以，要想真正走进儿子的内心世界，妈妈们最好遵循下面这些建议：

别总想着打开青春期男孩的那道“锁”

小樽是一名初二的学生，一天他一进家门就看到妈妈从自己的房间里走出来，表情还很不自然 ，但小樽也没多想。回到房间后，他上了一会儿网，打开了自己那个上锁的抽屉，结果发现抽屉里有一封信被拆开看了。那封信是上个月写好了要给一个女生的，但是想来想去还是打算不给了，于是就粘好了放在抽屉了。现在信封被撕开了，肯定是有人看了。这时他想到刚才妈妈的样子，感觉非常气愤，便走出房间，找妈妈理论。

“您为什么翻我的抽屉，随便动我的东西？”

没想到妈妈却比他还生气，而且理直气壮地说：“怎么了？当妈的看看儿子的东西还有错吗？再说了，你现在任务是学习，谁让你给人家写什么情书的！”

小樽更加愤怒地说：“那是我自己的事情，您有什么权利未经我允许就撕开我的信！”

妈妈毫不在乎地对小樽说：“你是我儿子，我看你东西还用得到你的允许吗？再说，要不是我看了，怎么能知道你现在的心根本不在学习上呢？”小樽很生气，摔门走掉了……

男孩到了青春期，每位父母都会面临这样一个问题——儿子那些小秘密要不要一一翻开来看？其实，青春期的男孩都会有些敏感，他们看似大大咧咧，实则都有自己的小秘密，而且非常用心地保护着自己的小秘密。如果父母不尊重儿子的个人隐私，总是想着扒开儿子的秘密一看究竟，那么，久而久之，就会在儿子与自己之间建立起一道“城墙”。

一旦儿子和妈妈之间有了隔阂，他就不会对你说任何事情了，自然也会把小秘密隐藏得更深，到那个时候，你若再想了解自己的儿子，就会难上加难了！

找个机会，和儿子谈谈他的“个人空间”

青春期的男孩为什么会建立自己的个人空间呢？他们为什么不愿意和爸爸妈妈谈谈自己的事情呢？这一方面是青春期男孩的心理需要，另一面也是爸爸妈妈与儿子之间的沟通方式出现了问题。如果你能够在尊重、理解、信任的基础上和儿子沟通，那么大多数青春期男孩都会主动和妈妈分享自己的个人空间，而且，随着妈妈对儿子信任度加强，他也会越信任你，最后，你们自然会无话不谈。

下面是一位妈妈的教育经验：

儿子今年13岁了，我发现他越来越在乎自己的独立性，有的时候在房间里就会把房门关上，虽然我很想知道他在干什么，但是我明白，他更需要独立的空间。

一次，我给他送洗好的水果，到门口的时候，看到儿子正在写东西，虽然门开着，可我还是敲了敲门，“我能进来吗？”

“可以！”只见儿子一边回答一边将一封信偷偷地放进了抽屉。我把水果放在儿子书桌上，对他说：“在看信？”

儿子不自然地点点头。

“没关系，妈妈在你这个年纪也常常会收到异性朋友的信，呵呵。”说完我转身准备走，这个时候，儿子突然叫住了我：“妈妈，如果我给您看，您能为我保密吗？”

“当然啊！”

接着儿子把信给我看了，原来一个女生喜欢我儿子，那封信是写给儿子的情书，随后我又和儿子聊了很多，还把自己的意见告诉了儿子，并让他自己选择。

这位聪明的妈妈不但得到了儿子的信任，而且在尊重儿子的隐私和意愿的前提下，开启了走进儿子内心世界的“大门”。

细节10 “别老把我当小孩！”
——妈妈可否放弃溺爱与“包办”

生活中，还有很多家长出于对家里“独苗”的关爱，包办了儿子日常所有的事情，从早晨起床、吃饭到上学、回家、做功课，能想到的、能做到的都替男孩做了。从表面来看，这是关心男孩的表现，实际上却“培养”了男孩的依赖性，这种依赖让男孩主动选择了放弃。

其实对于生活中的大部分男孩来说，他们并非喜欢现在这样完全依赖于家长的生活，他们在内心深处也是渴望父母能够信任他们，将选择大权交给他们自己，让他们自主地选择。如果父母能够经常说，“你能自己作出选择”“我相信你能办好”之类的话，男孩就会大胆去尝试。

对于男孩，尤其是青春期男孩，父母一定要放弃凡事包办、帮忙的想法，给自己的儿子足够的独立空间和锻炼机会，让他们学着吃苦，学着在挫折中成长。因此，父母应该首先要相信你们的男孩，要懂得倾听男孩的心声，并尊重他的想法，让男孩自己作出选择，然后给予合理的建议并加以指导就行了。

那么，具体应该怎么做呢？下面就给青春期男孩的妈妈们提供一些教育方法：

让青春期男孩学会“自己的事情自己做”

一群美国中小学生利用假期到中国生活了几天，他们吃住在中国人家里。戴瑞是最小的一个，刚刚12岁，他给中国学生印象最深的是那个与他年龄不大相称的大背包。一天，游天坛公园时，同行的一名中国学生想助人为乐，便走过去对戴瑞说：“我帮你背包吧！”不料戴瑞睁大双眼，疑惑不解但又彬彬有礼地说：“谢谢你！自己的东西应该自己拿呀！”其实戴瑞的父母和兄长就在他身边，而且他们各自背的包要轻巧得多。一位中国记者问戴瑞：“外出都是自己拿东西吗？”他微微一笑点点头。这天，他背着足足有三五公斤重的包，但仍玩得很开心。

有一位中国男孩，大约也是12岁。那是一个冬天的早晨，雪下得很大。男孩坐在路边草坪的护栏上，伸着腿，叉着腰，指着马路上正在为他叫的士的父亲喊着：“快一点！你要是叫不着车，我迟到了怎么办？！”只见他那可怜的爸爸，一手抱着儿子的书包，一手不停地挥动，满头大汗，不停地跑前跑后……

中美两个同龄男孩强烈的对比，让人感慨万千，上学究竟是谁的事？迟到了应该由谁负责？自己的事情能不能自己做，也许是下一代竞争的起跑线！

可能很多妈妈会认为，孩子正是学习的年龄，一些和学习无关的事情父母替他们做是应该的，并无大碍。但事实上，越小的事情，父母越应该放手。试想一下，如果连小事都要依赖父母，大事就更别说了。因此，面对青春期的男孩，妈妈不应该全权代表他们去做决定，而是应该让他们学会自己的事情自己做。

学会对青春期的儿子“狠一点儿”

君威从小就是妈妈的骄傲，每次考试都是年级前三名。所以，从小到大除了学习，妈妈什么家务活儿都不让他做。现在他已经上初二了，个子比妈妈还高，可还是像小学时一样，什么事都不管不问，就连自己的房间也是妈妈每天帮着收拾。

有一次妈妈到朋友家，朋友的儿子和君威一般大，虽然个子没有自己儿子高，可是看心理年龄好像比君威大好几岁，什么事都自己做，还帮妈妈做许多家务活儿。君威妈妈意识到自己再也不能溺爱儿子了，决定改变一下儿子。有一天，君威放学了，回到家一看妈妈还没回来，饭也没做，家里还乱七八糟的。他并没有理会，而是像往常一样看起了电视，等妈妈回来做饭。7点多了，天都黑了，妈妈还没有回来。君威肚子饿得“咕咕”叫，他不耐烦地给妈妈打电话。妈妈在电话中说她今天有事，可能很晚才回家，让君威自己做点儿饭先吃。听了妈妈的话，君威傻眼了，长这么大自己还从来没有做过饭，就连灶具怎么用都不会。没办法，他只好一直等妈妈回来。妈妈回来的时候，他已睡着了。没吃晚饭的君威早早地就被饿醒了，看到妈妈起来为自己做早点，他也赶紧跑到厨房，看妈妈怎么用灶具，怎么做饭。

妈妈看到儿子这样，心里很高兴。

培养出亿万富翁儿子的沙拉在其著作《特别狠心特别爱》里这样写道：“心软是害，狠心是爱。谁溺爱孩子，谁总有一天会为孩子包扎伤口。”没错，你对儿子的溺爱与包办，最后只会害了他。

所以，很多时候，妈妈应该对青春期男孩“狠一点儿”。当然，这里的“狠”，不是斥责打骂，不是没缘由的批评抱怨，而是要学会放开手，让儿子学会自己走路，自己做决定，自己去思考。唯有这样，他才能真正学会坚强、责任、勇敢、独立。

细节11 “我不喜欢这个家！”
——如何让男孩在家庭中感到快乐

对于青春期的男孩来说，“家”既可以成为他们一切力量的来源，也可能会成为他拼命想要逃脱的地方。因为如果家庭氛围是轻松的、温馨的和积极向上的，那么男孩就会在这个家中学会关爱、自由、向上、奉献等；而如果家庭氛围是冷漠的、争吵的和充满压力的，那么男孩就会觉得失去自由，变得忧虑、急躁甚至想要离家出走。

曾经有位教育专家对青春期的孩子做过一次问卷调查，他让参与这项调查的孩子回答这样两个问题：“你心中最完美的家是什么样子呢？”“生活中，哪些事情让你觉得温暖？”这位专家原本以为这些孩子会说有洋房、汽车的家是完美的，能让他们感到温暖的是那些好吃的和好玩的，然而，结果却是所有参与调查的孩子没有一个是这样回答的。在这些青春期孩子的心中，所谓完美的家和温暖的感觉，都是那些日常生活中每天都在发生的事情，比如鼓励、民主的讨论、自由、与爸爸妈妈无障碍的沟通等，在他们的回答中，家与家人的关爱远胜于物质和娱乐。

由此可见，在青春期孩子的眼中，他的家不一定是富丽堂皇的，但一定要是温馨的；他的父母不一定是富贾名流，但一定要相处和睦，每天都开开心心的；他不一定非要每天都锦衣玉食，只要一家人一起吃饭，开心地谈天说地，他就是满足的、幸福的；他们宁愿把时间留给父母，和他们共同宅在家里，也不愿一个人去游乐场……

妈妈千万不要以为青春期的男孩对家庭不看重，其实这时的他们更需要家的温暖，更需要家人的理解、尊重和信任。如果你愿意尝试着为孩子去改变家庭的氛围，让家变得温馨、自由、轻松，那么你的孩子也会尝试着为你做些改变。

为青春期的男孩营造和谐的家庭氛围

心理学家研究表明，从小就生活在紧张的家庭环境中，孩子的智商发育较同龄人会晚一些，有的男孩还会因为恐惧而拒绝与人交往，继而患上自闭症。另外，紧张的家庭氛围更容易让青春期的男孩产生逆反心理和离家出走的想法。

有一个上高二的男生在自己的QQ空间里这样写道：

我一秒钟都不想在家里待下去，那里根本没有爱与关心。爸爸和妈妈整天就知道为了一点儿小事争吵、冷战，甚至时常将无辜的我和妹妹当成出气筒。有好几次看他们差点儿动起手来，妹妹吓得在一边大哭，我就冲他们吼道："你们能不能别吵了！"每次妈妈都瞪我一眼说："大人的事，你们小孩别管！"而爸爸则是生气地对我说："翅膀硬了是不是？敢吼你亲爹了！滚去写作业去！"有时候我真的很怀疑他们是不是我的亲生父母，他们要是还继续这样闹下去，我会带着妹妹一起离开这个没有温暖的家……

由此可见，家庭的温暖与关爱对孩子的成长是多么重要。因此，妈妈们应该为男孩创建一个温馨、和睦的家。你要想做到这一点，夫妻之间就要事先达成共识，如不在孩子面前吵架、有什么问题背后解决、不对儿子实行"冷暴力"、不强迫儿子做他不愿意做的事情、多给青春期儿子一些自由和空间等。

给青春期男孩营造民主的家庭氛围

有一位妈妈的教子经验是这样的：

儿子今年虽然只有15岁，但俨然已经是这个家里的"主心骨"。很多时候，我和丈夫还要听从他的指挥，或者参考他的建议。比如有一次，我和丈夫因为装修房子的事情产生了分歧，而且因为两个人都坚持己见，所以闹得有点儿不愉快。没想到儿子看到这种情形后，就把所有的家庭成员集合在一起，由他主持召开了一次关于“装修方案”的家庭会议，儿子还特意去请教了同学做装修设计的父亲，于是，最后我们一家人举手表决选出了最终装修房子的方案。我想儿子这些做事和思考的能力和我们家里一直以来的民主氛围是分不开的。

没错，只要你多给青春期男孩营造一些民主、自由的家庭氛围，就会逐渐提高他独立自主的办事能力，充分发挥他的个性特长。当然，妈妈要做到这一点，一定不要总是批评和斥责孩子，不要抹杀了男孩的创造力和想象力，最重要是剔除“我是妈妈，你是儿子”的传统思想，把他当成一个平等、具有独立思考能力的男子汉。

细节12 “妈，别说了！我要崩溃了！”
——拒绝做“唠叨”父母

一个上高一的男孩找到心理咨询师，说了下面这样一段话：

我的妈妈特别烦人，整天唠叨个没完。从我起床开始，耳根子就没有清净过：“快点儿，快点儿起床！”“快点儿，快点儿吃早餐啦！”“动作要快点儿，不然要迟到了！”“你怎么这么磨蹭！”“先洗脸刷牙！”……

我都已经是个高中生了，难道不知道早上要早起、不知道迟到是怎么回事吗？这点儿时间都掌握不住吗？我最害怕的就是放学，一回到家，她就开始唠叨：“快点儿做功课啦。”“今天有多少功课要做？现在做完几门了？学习不好就上不了大学！”“现在你在班里已是第几名了，还不抓紧点儿？”有时候我们明明说好写完作业再吃饭，她还一趟一趟地跑到我跟前问：“儿子，你饿不饿？”“儿子，我给你倒杯水吧！”

有时候妈妈的唠叨我能理解，有时我就理解不了，我就想不通她为什么就不能少说点儿。可如果你要说，你说到点子上也成，结果每天都是一样的唠叨，我耳朵都出来茧子了。她这样不断地叮咛、督促、责怪、提醒、警告，简直是对我的极不信任和极不尊重，我都快要被她烦死了。

没错，妈妈的唠叨会使青春期男孩感觉自己得不到尊重和信任，而尊重和信任正是青春期的男孩非常渴望的。更何况青春期的男孩希望独立地做事情，对家长的指令经常会产生反感情绪。妈妈一次次地唠叨，不仅会使他产生厌烦的感觉，还容易造成男孩的心理“疲劳”，使青春期男孩最终对什么事情都不以为然，即出现“你说再多，我都不听”的结果。

另外，很多时候对儿子过多的保护和关爱，反而会激起他们的逆反心理，让他们觉得自己被家长管得失去了自由、自我、自尊，也因此他们和父母之间会产生很多误解。

进入青春期的男孩自我意识膨胀，面对妈妈的说教总是无法坦然接受，这自然会引起双方的矛盾，而面对生活和孩子教育等各方面压力的妈妈们的情绪、对儿子的教育方式有时也会显得过激。虽然她们的本意是为自己的孩子好，但却无法让儿子感受自己的爱与好意。

因此，妈妈应该想办法让儿子知晓自己的辛苦用心，化解母子之间的误会，让儿子与自己的关系变得亲密起来。

改掉唠叨的坏毛病，多让儿子了解自己

一天，一位妈妈气愤地对她14岁的儿子说：“你真是太不像话了，每次说你几句，竟然听不到5分钟就敢跑回自己的房间，有时甚至连‘离家出走’这样的威胁话都说了出来！”儿子听后，又怒气冲冲地回自己屋里去了，还把门锁上了。

这位妈妈看到儿子的反应，真的不知道该怎么办了。

各位妈妈，如果某天你在工作中犯了一个错误，你的上司训斥你5分钟以上，说你“蠢笨”“无知”“白活了”，此时你会有什么感觉？我想，不敢说有杀人的心思，但拍屁股走人的想法肯定是有的。所以说，当一个正常的人，被别人指出错误所在以后，基本都知道问题所在了，此时，再被“长篇累牍”地指责，本来心存内疚，此时反而会有扯平的感觉。

在孩子小的时候，他们对是非对错还没有建立起自己的看法，父母多唠叨几句也不是坏事。但当他们进入青春期以后，生理和心理逐渐成熟，自我意识已经觉醒，并开始建立对自己的评价体系。此时，孩子的自我评价开始摆脱成人，由原来的偏主观情绪，逐步开始客观。妈妈若再像以前那样用唠叨的方式进行批评教育，孩子就觉得未得到父母的尊重，容易产生对抗情绪。

所以，妈妈的唠叨尽管产生的原因会有多种，但唠叨终究是一种负面情绪，也是一种焦虑的表现。当妈妈面临孩子的问题，采取了唠叨的说教方式，会对孩子造成巨大的伤害，并失去孩子对自己的信任。如果孩子由于各种原因，不再相信和接纳自己的父母，那父母的话就会被“屏蔽”，严重的还会引发孩子的故意行为。所以，妈妈要避免总是对男孩唠叨。

“唠叨”要选择好时机

如果儿子犯了错，要尽量避免当着别人的面指责他，尤其是不要当着儿子的老师和同学。因为每个男孩的自尊心都是很强烈的，有时儿子即使认为你的“唠叨”是对的，如果是当着外人，他也不会接受。

情景一：有一天小林带同学来家玩儿，几个男孩在打闹的时候，不小心把爸爸心爱的花瓶打碎了，当时几个男孩有点儿傻眼了。听到响声的妈妈跑了出来，看到花瓶碎了，就冲着小林大声嚷嚷起来，一口气说了一大堆。儿子的同学很没趣地走了，儿子一气跑到自己屋里，以后好几天都没理妈妈。

情景二：同样是打碎了花瓶，小强的妈妈虽然也很心痛，可是看到儿子和同学都像犯错的孩子一样等着她来训斥，妈妈笑着说：“没事，你们继续玩儿吧！”然后就忙着把碎片打扫了。事后，儿子主动向妈妈承认了错误，妈妈也对小强说了一些去别人家玩儿时应该注意的事项。小强认真地听着妈妈的“唠叨”。

同一件事，由于两位妈妈采用了不同的“唠叨”方式，而得到了不同的效果。所以，作为妈妈，对儿子的教育要讲究方式方法，这样你的“唠叨”才能取得你想要的结果。

细节13 “除了打，您还会什么？”
——“棍棒教育”对孩子有用吗

教育家苏霍姆林斯基说过这样一句经典的教子名言：“不用理智、温柔的良言善语，用皮带抽和打耳光，如同对雕塑对象不用雕刻家的精巧雕刀，而动用了生锈的斧头。”没错，“棍棒教育”永远不是妈妈应该采用的教育方式，尤其是面对青春期的男孩，打骂只会更加激起他们的反抗意识，让他们变得更叛逆。

虽然说“不打不成器”“棍棒之下出孝子”的中国传统教育观念仍然根深蒂固，但现在大多数父母也清楚打骂孩子的行为是不对的，问题是当那些调皮的男孩惹祸时，他们又想不出更好的教育方法。

电视上曾经报道了类似的惨剧：

妈妈因12岁的儿子贪玩不写作业，就动用了武力。没想到由于这位妈妈情绪过于激动，下手很重，打得时间又长，儿子竟然被活活打死了。还有一则案例，上初中的儿子要求和妈妈一起游玩，妈妈因工作忙碌不能满足儿子的要求，于是就对死缠烂打的孩子踹了一脚，结果儿子头部碰到桌角，惨死在妈妈脚下。

其实，像以上这样惨剧的报道屡见不鲜。心理学家通过研究发现，如果父母在男孩的成长过程中滥用体罚和谩骂，那么会给男孩造成诸多心理问题。例如，经常挨打的男孩会更缺乏自信心、多疑、有挫折感，还会产生强烈的逆反心理，不愿服从社会规范，或者变得幼稚、软弱，缺少男子汉气概等。

打骂不仅会破坏妈妈与儿子的亲密感情，还会严重伤害男孩的自尊心。长期下去，会使他对妈妈产生怨恨，而且这种打骂教育并不能真正起到威慑男孩的作用，相反会让他对此习以为常，不再畏惧。

因此，妈妈应该抛弃打骂这种无能教育，多给青春期男孩一些宽容、理解和信任。

对青春期男孩多采用“事不过三”原则

一位妈妈讲起了这样一件关于她和13岁儿子的事情：

有一天，我突然接到儿子班主任打来的电话，说是儿子在学校偷了同学的钱，被同学揭发告诉老师了。我知道后很是气愤，回家便对儿子一顿暴打，儿子一边哭一边求饶说：“妈，您别打了，我下次再也不敢了。”可是没过多久，儿子的班主任给我打电话说孩子又犯老毛病了，让我好好教育。于是，我比上次更狠地揍了他，并把穿着单衣的儿子关在门外，冻了一个多小时。这之后很长一段时间，儿子都很乖，不再偷东西。不过，儿子也开始变得很害怕我，说话也不敢大声，每天郁郁寡欢，我们之间的隔阂越来越大。

青春期的男孩难免会犯错误，所以在教育他们时，父母采用惩罚的教育方式也必不可少，但打骂绝不是惩罚的最好方式。因此，当男孩犯错时，你可以采取“事不过三”的原则，即初次犯错时，你可以用温和的态度告知儿子他哪里做错了，为什么错了，所带来的后果是什么，应该如何改正；当他第二次犯错时，你可以选择严厉的批评，当然除了警告之外，还要好言相劝、耐心教导；而如果同一错误第三次犯的话，就要给予相应惩罚了，不过，应说到做到，不能给儿子留有任何侥幸心理。

自然惩罚法

18世纪法国著名的教育家卢梭提出了这样一种教育方法，即“自然教育法”。所谓“自然教育法”，就是自然后果惩罚法，可理解为当男孩在行为上发生过失或者犯了错误时，妈妈不必给她过多的批评，而是让男孩自己承受行为过失或者错误直接造成的后果，使他在承受后果的同时感受到不愉快甚至是痛苦的心理惩罚，从而使男孩引起自我悔恨，自觉弥补过失，纠正错误。

当然，自然惩罚法并不是对每一个男孩的每一种行为都适用。通常来说，当男孩的那些过失后果不会损害他自身的身心健康时，妈妈才可以运用这种方法让他尝到这种行为带来的后果。

总之，青春期的男孩虽然爱冲动、爱玩，也比较叛逆，但他们有自己的思想，会思考，也懂道理，如果你想让他真正明白是与非、黑与白，最好采用说服教育，动之以情、晓之以理。

细节14 “请听我说，好吗？”
——如何成为合格的倾听者

生活中，时常会出现类似下面这样的情形：

上初中的儿子书包都来不及放下，就兴奋地跑进厨房对正在做饭的妈妈说：“妈，我告诉您一个好消息，我今天在学校的足球比赛上踢进了关键的一球，我们……”儿子还没有说完，妈妈就不耐烦地打断说：“你没看我正忙着呢，赶紧出去玩吧，别耽误我做饭。我还以为你考全班第一了这么兴奋，不就是踢进一个球吗，别炫耀了，快去把你的房间收拾一下，写作业去！”儿子听完，原来的兴奋劲一点儿也没有了，垂头丧气地离开了厨房。

作为青春期男孩的妈妈，你看完这个案例后，仔细回想一下自己是不是也对儿子做过类似的事情。事实上，大多数父母都或多或少地随意打断过儿子的谈话，或者根本没注意听儿子在讲什么，有时甚至对儿子的谈话内容表现出了轻视或嘲笑的态度。要知道，青春期男孩的自尊心是很强的，而且也很敏感，他们可以很快感觉出你对他们的态度，而通常，受到伤害的他们会选择与你“较劲”。因此，作为妈妈，我们应该学会把话语权还给男孩，而自己做一个合格的倾听者。那么妈妈如何才能成为青春期男孩的最佳倾听者呢？下面就给大家提供一些教育方法：

不要着急打断或否定儿子，多给他讲话或解释的机会

有一位爸爸的教育经验是这样的：

每当12岁的儿子来找我谈话时，无论什么事情，我都会耐心地听他讲完。

之后，我发现这样的教育效果很明显，儿子有了开心的事情愿意和我分享，有了烦心的事情愿意向我倾诉，更重要的是，无论我对他运用哪种教育方式，像讲道理、摆事实……他都心甘情愿地接受。

为什么这位爸爸的教育方法这么有效呢？因为每个青春期男孩都有倾诉的需要。如果你在倾听男孩的讲话时，能够多一些耐心和真诚，不但有助于男孩宣泄自己的情绪，还会满足他们被尊重的需要，这样他们就更愿意与妈妈说“掏心窝子的话”。

因此，当男孩向你倾诉时，不要着急打断或否定他，多给他讲话或解释的机会，然后多点儿耐心，多运用一些非语言符号鼓励他继续说下去，如眼神、手势、体态等。

不要以“忙”为借口阻断与儿子的交流

如今，很多妈妈都习惯以“忙”为借口来占用和儿子沟通的时间，认为孩子大了，即使很多事情不听不说，他们也会知道怎么解决。但是，无论孩子到什么年龄段，他们都需要和妈妈进行交流，因为每个人都有渴望他人关注的本能，更别说青春期这个特殊的时期了。

有一位妈妈向儿子的班主任抱怨说：“我儿子和我的关系似乎不知不觉间疏远了很多，小时候他还挺愿意唧唧喳喳和我说话呢，可是现在看见我就没话说，我都不知道为什么。”儿子的班主任问她：“您平常经常和儿子交流谈心吗？”这位妈妈说：“我哪有时间和他聊天啊，每天的工作和家务活都把我的时间占完了，我太忙了！”

妈妈为了家庭忙碌本无可厚非，但是再忙也应该每天抽出一些时间去听听男孩在学校的趣事，让他讲讲他的心事。如果你真的很忙，当儿子想要和你交谈时，你也要立即停下手中的事情，对他说：“儿子，妈妈非常愿意听你说，但是现在我有点儿忙，等一下再给妈妈讲好吗？”相信得到了你的关注和尊重，男孩也会理解你，并保持和你继续沟通的愿望。

细节15 “我也把你当朋友。”

——如何成为儿子的知己

在许多男孩心中，父母都是这样一种形象：一副威严的模样，总会严格要求孩子所有的言行必须遵循她们既定的准则与规范，而孩子也必须尊崇地把父母奉为统治者，这样才能令他们满意。其实，男孩大都思想独立，不喜欢被拘束，如果在生活、学习中处处被父母管治，就会活在压抑之中，在这样家庭长大的男孩，一生都将活在被父母“统治”的阴影中。

现代社会是讲究公平的，为什么父母与孩子之间不能公平相待呢？英国教育家斯宾塞说过：“父母要像一个善良的立法者，对孩子少下命令，命令只有在其他地方不适用或其他方法失败时才能用。”爸爸妈妈不是统治者、独裁者，而你的孩子也不是奴隶，即使你是个立法者，也要学会放下身段，与儿子平等相处。

用商量的口吻代替命令的语气

一位妈妈的教育经验是这样的：

小博由于贪玩，天黑了还没有回家，妈妈焦急地在家中等待。好不容易，妈妈终于把小博等回来了，她并没有对儿子劈头盖脸地臭骂一顿，反而用十分平静的语气和他商量：“宝贝儿子，你怎么这么晚才回家啊！妈妈很担心你，以后放学早点儿回家行不行啊？”小博听了妈妈的话，不好意思地吐吐舌头说：“对不起，妈妈，害您担心了。今天玩得忘记时间了，以后我会尽量早点儿回家的。”

如果妈妈用命令的语气说：“这么晚才回家，害得妈妈担心，以后放学后哪儿也不能去，立刻给我回家！”虽然表达是同一意思，也能让儿子认识到自己的错误，但是儿子不会心甘情愿地改正，而商量的口吻就能很好地达到这一效果。

商量语气对教育男孩非常重要，男孩会认为这是妈妈对他的尊重和关心，会对妈妈产生好感与信任，使男孩与妈妈之间的沟通更加融洽。所以，当妈妈希望男孩做某件事时，不妨用商量的口吻对他说。

父母是男孩的老师和朋友

男孩毕竟是孩子，其自控能力、注意力、观察能力、辨别是非的能力都很差。男孩能力的提升是一个循序渐进的过程，父母要像老师一样，正确认识男孩的成长规律，耐心地指导、督促孩子，不能急功近利。父母更应该是男孩的大朋友。现在的家庭中一般只有一个孩子，孩子多少都会有些孤独感，这时父母应充当朋友的角色，分担孩子的喜悦与哀愁，帮他一起解决人生中的困扰与问题。

无论你想成为男孩的良师益友，都要放下自身的架子，这样才容易获得男孩的好感与认可，也更容易走进男孩的心灵。

细节16 “谢谢爸爸妈妈，我会努力的！”

——如何赞美才有效果

美国著名的哲学家和教育家约翰·杜威曾说过：“人类本质里最深远的驱策力就是：希望具有重要性，希望被赞美。”确实，每个人都渴望被赞美、被尊重、被认可、被理解，一旦这种精神需求得以满足，人就会自信满满、动力十足地投入到工作或学习中。

处于青春期的男孩，他们的内心世界丰富多彩，需要我们的呵护与赏识。给孩子适当的赞美有利于妈妈与男孩进行心灵的沟通，更有利于对男孩进行因势利导的教育。当然，妈妈的赞美要发自内心，要真诚而自然，否则不但起不到任何作用，还会让男孩反感你的虚伪。

拿破仑·希尔是最伟大的励志大师，他创建了成功哲学和十七项成功法则。他永远如火如荼的热情，鼓舞了美国千百万人，因此有人称他为“百万富翁的创造者”。

拿破仑·希尔的妈妈在他很小时就去世了。有一天，他的父亲把继母接回家。从这位陌生女人进入家门的那一天起，拿破仑·希尔就很担心她以后会对自己不好，于是就双手交叉放在胸前，用愤怒的眼神凝视她，没有丝毫欢迎的意思。

父亲对继母说："这是拿破仑，他是希尔兄弟中最坏的一个。"接下来的事情让拿破仑·希尔终生难忘：他的继母把双手搭在他的肩上，用温柔、慈爱、坚定的目光看着他的眼睛，对父亲说："他是最坏的孩子吗？我觉得完全不是。他好像是这些孩子中最伶俐的一个，而我们所要做的，无非是把他所有的伶俐全发挥出来。"

一句简单的赞美，却打动了拿破仑·希尔的内心。那一刻，他意识到，自己将拥有一个慈爱的继母。在此后的岁月里，他一直温顺地听从继母的教导，并通过努力，成为了一个成功的人。

赞美就是如此神奇，它的力量永远要比批评的力量大。妈妈要知道，世界上最糟糕的、教育者最忌讳的事情，莫过于动不动就给孩子提意见、挑他的毛病。尤其是对小孩子，更不要凶巴巴地指责和批评他，而是要适当地给孩子表扬和赞美。

男孩最重要的就是拥有自信、自爱的精神，这种精神并非天生，更多是来源于最初养育他的人。一个鼓励的眼神、一句肯定的话语，都是自信的种子，播撒在男孩的心田里，都会成为参天大树。因此，妈妈在面对孩子时，千万不要吝惜你的鼓励和赞美，这会使你在教子方面取得意想不到的收获。但是在赞美时也应讲究方法和技巧。

赞美要细化，不要过于笼统

"儿子真棒！""儿子真厉害！""儿子真好！"类似这样的表扬对我们来说是轻车熟路。在你的眼里，从男孩来到这个世界，他的每一个成长细节都是值得惊叹和赞美的——他会笑了，他能翻身了，他会走路了，他能说话了……于是，在这种不断的惊喜中，妈妈已经习惯于随口夸奖孩子。殊不知，这种心不在焉、张嘴就来的赞美会带来负面影响。它虽然符合以鼓励为主的教育精神，对孩子来说却毫无意义可言。而有针对性的、具体的表扬则更容易让男孩理解和接受，他会知道今后具体该如何做、如何努力。

要赞美孩子的努力，而不是他的聪明

“聪明”是妈妈夸奖孩子惯用的词汇。妈妈喜欢用“聪明”去激励男孩的每一个进步。然而，这却不是一种明智的表扬方式。比如孩子考试成绩不错，用“聪明”去夸他，结果只会导致他把“好成绩”与“聪明”画等号，而在“好成绩”和“努力”之间画上不等号。这一方面会使男孩变得“自负”而非“自信”，另一方面，可能会使他们今后在面对挑战时采取回避态度，因为不想出现“不聪明”的情况。

美国的研究人员让幼儿园孩子解决了一些难题，然后，对一半的孩子说：“答对了 8 道题，你们很聪明。”对另一半说：“答对 8 道题，你们很努力。”接着，研究人员又给他们两种任务选择：一种是可能出一些差错，但最终能学到新东西；另一种是有把握能够做得非常好的。结果 70%的被夸聪明的孩子选择容易完成的；90%的被夸努力的孩子选择了具有挑战性的任务。

为达到激励孩子的目的，父母首先要对孩子做事情的整个过程有所了解。有时，在你亲眼看见孩子付出的努力之后，不妨详细地把自己的所见所闻描述出来。比如孩子写完作文之后，你可以说：“文章的开头很好，中间的描述能感觉出你经过了仔细的观察，结尾的一句话也比较精彩，用它来点题很恰当……”这样，你把孩子在作文上所花费的辛苦 一一说了出来，愉快自信的笑容立刻就会洋溢在孩子的脸上。

如果你没有亲眼见到孩子的努力也没关系，你可以用提问的方式让孩子自己说出努力的过程，这中间不失时机地加以适当的点评，同样令孩子感受到赞美和鼓励。

细节17 “我知道错了!”

——如何批评，儿子才会听你的

批评作为一种教育手段，其目的就是让那些男孩知道什么是错的，什么是对的，从而积极地改正错误，避免再犯同样的错误。但是面对难免犯错误的青春期男孩，妈妈在批评他们时，一定要讲求方法和技巧。

下面这位妈妈就为采用了错误的批评儿子的方法而感到懊悔：

我儿子浩浩今年13岁，从小我们一家人就非常疼爱他，尤其是我，可以说是有点儿溺爱他。不过,我无法容忍儿子反驳我。但儿子进入青春期后，很叛逆,开始学会了反抗。所以,每次我教育浩浩时,只要他一提出反驳意见,我就火冒三丈，劈头盖脸地责骂他一顿。有一次，我实在无法忍受儿子总是和我顶嘴，一时气急，就揪住儿子的耳朵，怒气冲冲地说：“从小到大我给你说过多少遍了，不要和我顶嘴，你怎么就死性不改。我供你吃穿，供你上学，没想到养了一个白眼狼！我要你有什么用？给我滚！”没想到，当天晚上，儿子就留下一封信，离家出走了。虽然说，现在儿子找回来了，但我们的关系变得更加糟糕了。

青春期的男孩犯错误是不可避免的,这时作为妈妈,你可以选择批评他，但不能采取蛮不讲理的态度，更不要以长辈的身份恐吓、威胁他。而是应该把他当作和你一样平等的人，否则正处在青春期的男孩会对你的批评产生质疑和反感，那样的结局想必对于你和孩子来说都是悲哀的。那么当我们面对犯错误的青春期男孩，应该怎么批评他们才更有效果呢？下面就给妈妈们提供一些可行的建议和方法：

发现错误及时说，千万不能听之任之

如今，很多父母出于对儿子的保护和溺爱，对儿子出现的一些错误总是选择宽容或者忽视，不能做到及时地给予男孩指正和批评。俗话说：“千里之堤溃于蚁穴。”如果妈妈不能及时纠正青春期男孩的错误，很容易使小错误变成大灾祸，到时候后悔莫及。

我们先来看下面这个发生在我们身边的真实事情：

苏女士非常疼爱儿子小贺，平时儿子犯错误她不是护着，就是偶尔想起来才批评儿子两句。有一次，已经上初中的小贺偷拿了爸爸钱包里的200元钱，结果被苏女士的丈夫知道之后，痛骂了儿子一顿。苏女士看儿子和丈夫的关系很僵，就说："你下次要是拿你爸爸的钱别让他发现，然后告诉我，我给你补上。"有了妈妈的"支持"，小贺就开始有些肆无忌惮起来，甚至开始和外边的不良少年在一起偷东西。最后年仅17岁的小贺因偷窃和故意伤害被公安机关逮捕了。

男孩第一次"偷拿"东西，不会意识到偷盗行为，他可能是为了应急用，也可能是一时兴起，也可能是为了寻找刺激。但妈妈绝对不能让他这种错误的"意识"成为一种习惯，否则就是把男孩推上了一条不归路。

因此，当男孩犯错误之后，你一定要及时纠正他的错误，千万不能听之任之，否则你的批评和纠正行为一点儿作用也没有，反而会引起男孩的反感和漠视。当然，你更不能鼓励男孩的"错误"，一定要让他及时意识到什么是对、什么是错以及如何改正错误等。

避免长篇大论的唠叨和说教

青春期的男孩最怕和最厌烦的就是妈妈长篇大论的唠叨和说教，因为处在青春期的他们认为自己已经具有思考、办事的能力，不需要妈妈在旁边不住地"指点"，他们自己能够处理遇到的问题，因为他们觉得："我已经是大人了""我知道事情该怎么做""我知道什么是对错"……

是不是青春期的男孩真的是大人了，真的什么都知道呢？当然不是，只不过这种"成人意识"已经开始主导他们的思想，所以犯了错之后，无论妈妈怎么唠叨、啰唆都无济于事，只会让他们觉得更烦，对于纠正他们的错误一点儿作用都没有。

有一位男孩就在日记这样写道：

我今年已经17岁，是一名高二的学生了，虽然再过一年在法律上我才算真正的“成人”，但我觉得自己早已经是个成熟的大人了，我可以对自己做过的事情负责。前几天，我为了一个女孩和另一个男孩打了一架，我没觉得有什么问题，但我的妈妈知道之后仿佛我做了多么不可饶恕的事情一样，整天在家唠叨我，一会儿说打架不对，一会儿说我早恋不应该，烦都被他们烦死了。最后，我干脆躲到奶奶家，图个清静。

其实，青春期男孩虽然比较叛逆、冲动，但他们大多都有正确的是非观，知道哪些是允许的，哪些是不允许的。虽然他们还没有真正进入成人的世界，但不可否认他们也逐渐形成了自己的价值观和人生观。所以，妈妈不要用唠叨和说教去试图改正男孩的错误，而应该恰当地从旁引导，多给男孩一些思考的空间和自由。

第三章　心事不是女孩的专利

——正确应对青春期男孩的情绪变化

人们都说青少年时期是人生最美好的时光，但青春期的男孩们承载着巨大的压力。他们的心理状态总的趋向是逐渐从儿童期走向成人期，内心的矛盾导致男孩们的情绪起伏很大，变得烦躁、孤僻、郁郁寡欢、干什么都没兴趣……面对青春期男孩的情绪变化，父母一定要及时给予正面的引导，使他们能够正视所遇到的困扰，适当宣泄心中的情绪，健康快乐地成长。

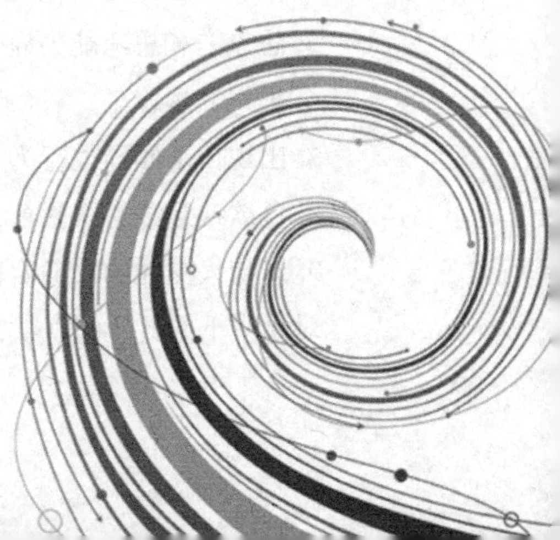

细节18 “我失眠了！”

——男孩是否患上了青春期抑郁症

有一个15岁的男孩在日记中这样写道：

我觉得我的人生是没有光明和希望的。我很小的时候，爸爸妈妈就离婚了，我和妈妈生活。我的学习成绩在班里很一般，但是妈妈经常跟我说，她把所有的希望都放在了我的身上，所以她剥夺了我玩的权利，每天就知道逼我学习，从来不关心我喜欢什么，不喜欢什么。我没有什么朋友，也从来没有人称赞过我，我想我是真的没什么用吧。夜里失眠的时候我常常想：我活在这个世上是为了什么呢？真是太痛苦了，或许死亡才是解脱……

上述事例中的男孩其实是患了青春期抑郁症。所谓青春期抑郁症就是儿童抑郁症的后阶段，是以持久的、显著的情绪异常（高涨或低落）为基本症状的一种精神疾病。抑郁可以是偶尔的、暂时的，但也有很多孩子处于长期抑郁的状态。

一般来说，青春期男孩以心境低落为主要特征且持续至少两周，在此阶段至少有下述症状中的四项，即可认为他“抑郁”了：

1. 精力明显减退，长时间感觉疲劳而找不到原因；
2. 情绪低落，对各种活动丧失兴趣；
3. 有妄想倾向，具有强烈的自责、内疚感，自我评价过低；
4. 精神运动性迟滞或亢进；
5. 想象力和思考能力显著下降；
6. 失眠、烦躁；
7. 出现自杀倾向或行为；
8. 食欲缺乏或暴饮暴食，体重变化明显；
9. 对与人交往的兴趣明显减退。

对比一下你儿子的现状，他是不是正处于抑郁的阴影下呢？假如男孩没有抑郁，妈妈也要学会提前预防和避免孩子得抑郁症；假如男孩已经抑郁，那么妈妈就要尽快想办法“治疗”儿子的抑郁。

总之，妈妈一定要对青春期男孩抑郁的情绪早发现、早干预，让他们拥有一个健康、阳光的心态。具体方法可参考以下几点：

多与青春期男孩沟通

沟通是化解青春期男孩抑郁情绪的最好方法。父母和孩子的沟通，实际是两个生命的碰撞。应该说，碰撞所产生的内容是无限丰富的，它所达到的高度也是没有止境的。

沟通其实并不难，只要你多一些耐心并尊重男孩，他们就会把自己心里的想法说出来。这样一来，你就能够找出男孩产生抑郁情绪的原因是什么，并且积极地引导男孩摆脱这种不良的情绪。

当然，妈妈也应注意，在与男孩进行沟通的时候，如果涉及男孩的隐私，男孩不愿意说时，千万不要逼问男孩，而当男孩说出了一些你认为不正确的事情时，你也不可斥责孩子，而是应当正确地予以引导，不然很可能会导致孩子从此拒绝和你沟通的状况出现。

不要把抑郁的情绪带给儿子

研究证明，青春期的男孩大都或多或少的有抑郁的情绪，而这种抑郁的情绪大多来自妈妈对他们的影响。

有些妈妈因为自己工作的原因，一回到家就唉声叹气，叫苦连天，甚至当着男孩面说：

“我这么辛苦地养你，你还这么不争气，唉——”

“生活真苦，整天真是烦透了。回家还要看你那闹心的学习！”

……

以上这些不免会让男孩以为是自己造成了妈妈的忧愁和辛苦，进而让他产生一种自责情绪，并慢慢转变成为抑郁的情绪。除此之外，父母之间的争吵也会影响男孩的情绪，青春期的男孩其实是非常敏感的，他们对周围的环境变化非常在意，若此时，父母动不动就争吵，男孩不抑郁才怪呢！

因此，父母尽量不要在男孩面前争吵，更不要总是当着男孩面抱怨、唉声叹气，而应带给孩子一些快乐，为男孩营造一个温暖的家庭氛围。

细节19 “我害怕考砸了。”
——如何帮男孩克服考试焦虑

每一个青春期男孩都有竞争心理，喜欢争强好胜。他面对考试和成年人面对重大考验一样，会表现出适度的紧张。这种适度的紧张状态，会给当事人适当的压力，刺激他的神经系统，令他保持良好的兴奋程度，可以更好地应对挑战。相反，如果父母处理不当，很容易造成男孩的考前焦虑症。

我的孩子过去也有考试焦虑的现象，特别是语文考试。因为有一次上语文课，他没回答好问题，被老师批评了几句，他觉得很丢脸。从此以后他在课堂上就开始担心回答不好问题，在随后几次单元测验中成绩也不理想。几次下来，他对语文测验显得很没有信心。他自己说，我连课堂上的问题都答不好，考试时就更答不上来了。他又很担心考不好会被老师和家长批评，考试时也总想这些事情。

心理学家们曾指出，对男孩来说，父母是最重要的影响力量，尤其是当男孩面临各种各样的心理压力时，父母就是他们最好的心理医师。

如果这个孩子的妈妈在考前能及时发现儿子的焦虑，并给予及时的疏导，那么，孩子的焦虑情绪至少会消解一大半，也许情况会比现在理想得多。

除此之外，妈妈们还可以多借鉴以下几种教育方法：

不要给男孩过大的压力

一位妈妈是这样说的：

我的孩子有考试焦虑的情况，这可能跟他爸爸经常说“成绩好的人将来才有前途”“哎呀，你这次怎么考得这么不好，你原来很聪明的嘛”等有很大关系。我和儿子谈心时他很苦恼地说："一想到考试结果会影响我的前途，我就心烦意乱，书都看不进去。"真是欲速则不达。我们意识到问题的严重性，改变了对孩子成绩的态度，让孩子知道，在父母眼里，他永远是最好的，不会因考试成绩好坏而改变。我们以这样的态度对待孩子的成绩，让孩子减少不必要的心理压力，降低焦虑程度，我们相信这样的态度会使他受益。

处于青春期的男孩压力大多源于学习，这与社会、学校、父母对教育的过分关注有很大的关系。特别是父母，往往给孩子不留一点喘息空间。这种高压态势，常常会触及男孩的逆反心理，使他们变得讨厌学习、厌恶学校，最可怕的考前焦虑症会把男孩压垮。因此，妈妈要多给男孩留出一些空间，少施加压力，让他在轻松的氛围中生活、学习。

了解男孩考试焦虑的原因，对症下药

妈妈应当分析，究竟是什么原因造成儿子的焦虑。是客观因素如考试的重要性、难易程度、竞争程度等，还是主观因素如个性敏感、过于内向、缺乏自信心、做事追求完美，抑或是因为过去考试失败造成的阴影，复习准备不足等。针对焦虑产生的原因，帮助他们排解考试焦虑，如尽力避免来自学校、家庭和社会的干扰因素，适时地帮助孩子解除这些压力带来的负效应；帮助孩子看到自身的优势，增强自信，明确成绩不好不等于不聪明、不等于被人看不起、不等于对不起父母。

"耶克斯—多德森定律"告诉我们，焦虑水平过低、动机过弱不能激起学习的积极性，但过强的动机会引发高度焦虑和紧张，反而导致学习效率的降低。经常性地处于焦虑状态是亚健康的一种表现，严重影响孩子的身心健康。妈妈有必要对此现象作一个科学的分析和理解，帮助孩子消除考试焦虑，更好地开发和利用孩子的智力资源。

细节20 “我也控制不住自己。”
——如何对待容易愤怒的孩子

一位青春期男孩的妈妈在自己的网络日志中这样苦恼地写道：

前几天，因为一件很小的事情，儿子就和我们大吵了一架，那架势仿佛我们是和他“不共戴天”的仇人。其实，像这样的情形经常出现，我们也不知道哪里惹到他了，他就开始大发脾气，一会儿嫌我们管他太多，一会儿又怪我们对他的朋友不好，一会儿又说我们不爱他了。怎么孩子越大越难养啊？

青春期的男孩的确会给父母增添很多的“麻烦”，尤其动不动就发脾气让父母很头疼。那是不是青春期的男孩都在无理取闹呢？当然不是，任何一种情绪表现的背后都有原因。青春期男孩会对父母、朋友、老师等表现出愤怒，一定也有着他的理由，例如，妈妈不尊重他、朋友背叛他、老师误会他……

因此，妈妈不要总说青春期的男孩为什么火气那么大、脾气那么暴，要学会通过男孩“愤怒”的表面现象去挖掘他们深层次的心理需求。通常情况下，男孩子的愤怒情绪对家人表现的比较多，究其原因是家长忽视了对他们的尊重，像很多妈妈擅自为儿子做决定，结果独立意识和自我意识强的青春期男孩，只有通过发脾气来宣泄自己心中的愤怒。所以，我们要多给青春期男孩一些自由和权利，让他们变得真正阳光起来。

尊重和保护青春期男孩的“秘密”

父母总以为男孩子脸皮本来就比女孩子厚，平时大大咧咧的个性根本不知道什么是尊重。其实不然，青春期男孩比女孩更需要爸爸妈妈尊重他们的隐私和秘密。假如父母选择公开或者嘲笑他们的隐私，那么他们通常不会像女孩子那样哭哭啼啼或选择沉默，而是选择爆发性行为，例如，愤怒地大吼、冲动地离家出走，甚至更激烈的方式。

最近，子俊的妈妈发现儿子总是愁眉不展，而且还经常发脾气、找事。

例如，吃晚饭时，他刚吃了一口菜，就生气地把筷子摔在桌子上，大声地说：“菜这么难吃，不吃了！”

妈妈知道儿子肯定有心事，可是怎么问儿子都不说，而且还表现得很烦躁。于是，妈妈就买了一个密码笔记本送给子俊，并对他说：“妈妈知道你现在大了，有了属于自己的秘密，既然不愿意告诉我们，那就向这个‘朋友’倾诉吧。虽然它不会帮你解决问题，但可以帮助你发泄情绪。如果真的有自己解决不了的事情，记得可以给我们发‘求救信号’。”听了妈妈的这番话，子俊把自己的烦心事讲了出来。

由此可见，学会保护和尊重青春期男孩的隐私，反而更容易让他们心平气和地说出心底的秘密。因此，不要以为你是男孩的妈妈就可以任意撕开他的信件、撬开他的抽屉、不经允许就踏进他的“秘密花园”，这只会引起男孩的反感和叛逆，很多时候尊重男孩的隐私、保护男孩的“秘密”会让你们关系更亲密，同时也让男孩体会到了尊重，并在这个前提下给予你同样的尊重和理解，而不是无缘无故地大发脾气。

找出男孩愤怒的原因，多沟通和交流

青春期男孩心智已经发育成熟，他们都有自己的思想，所以，很多时候因为承受不住外界的压力而莫名地愤怒。遇到这种情况，妈妈该怎么办呢？首先就是要找出儿子发怒的原因，然后对症下药，找到合适的解决方法。

有一次，上高一的儿子回到家后，对着妈妈突然大声地嚷嚷道：“我快受不了，赶紧给我找个英语家教吧。”说完，狠狠地把书包扔到床上，就再也不说话了。妈妈没有马上跑到儿子屋里问东问西，而是等了一会儿，看儿子的气有点儿消了，才走过去问：“和妈妈说说，到底出了什么事？”儿子从床上坐起来，委屈地说：“学校里刚刚进行了模拟考试，要从中选出前五名的学生去参加市里的比赛。我本来能选上，可是英语拖了后腿。”妈妈听了也觉得很可惜。可是妈妈说：“儿子，不要气馁，以后还会有机会的。”妈妈给儿子找了一个英语家教，儿子学得很努力。不久儿子的英语成绩也提高了不少，再也不是拖后腿的科目了。

细节21 “生活真没意思！”

——如何引导男孩找到生活的激情

同学们个个兴高采烈，唯独李浩没精打采不说话，同桌挑起话题问：“你寒假都干什么了啊？”“什么也没干,寒假过得很没劲！”李浩面无表情地说，“上学没劲，放假没劲，什么都没劲！”

李浩的爸爸是商人，由于工作原因长期出差，爸爸对李浩的学习不太管，因为无论李浩学习怎么样，高三之后，他们都会送李浩到国外去上大学。爸爸平时把李浩寄养在爷爷家，爷爷年纪很大，也从不管他，更别说和他交流思想了。李浩不是不想把生活过得有滋有味儿，而是他不知道该干些什么才能让自己觉得有劲。出去玩吧，一个人，没有父母的陪同，没劲;上网打游戏，整天跟虚拟的人玩，没劲;看书学习吧，反正要出国，看不看一个样，没劲！李浩的日子就这样一天天在无聊中过去。

其实，有很多青春期的男孩由于找不到生活、学习的重心和目标，变得对一切都提不起兴趣，对很多人或事都采取冷漠的方式，似乎世间的一切都是索然无味和沉闷无趣的。

为什么这些青春期男孩会对生活失去应有的激情呢？原因大致可归纳为以下几种：

1. 没有引起自己兴趣和上进心的目标和理想。无论是青少年还是成人，如果失去引起自己兴趣和上进心的目标和积极的生活态度，那么他就会感到茫然失措和倦怠，似乎对一切都失去兴趣。

2. 家人过高的期望让男孩失去生活、学习激情。中学是孩子将来进入社会一个很重要的过渡阶段，所以父母都很重视，但他们对孩子不切实际的期望会让孩子常常产生挫败感，甚至失去继续努力的方向，变得自卑、失落、消极。

3. 不良诱惑的错误引导。青春期的男孩很容易被外界各种事物诱惑，如网络、烟酒、坏朋友等，如果把握不好其中的“度”，很容易让男孩感到空虚、无聊、忧虑，直至对一切都失去兴趣。当然，除了以上三种基本原因，妈妈还要根据儿子的实际情况找出他们失去生活激情的原因。不过无论男孩失去激情的原因是什么，妈妈都可以从以下的教育方法中获得一切启示：

引导青春期男孩正确对待“激情”

任何事物都有正反两方面，“激情”也是如此，它也分为对生活有益的“积极激情”和对生活有害的“消极激情”。那些正面的、积极的激情会激发男孩继续努力，让他随时保持充沛的体力和精神去创造自己的美好生活，而那些反面的、消极的激情，如暴力倾向、破坏行为、伤害他人等，则会让男孩在伤害他人的同时也伤害自己，甚至后悔终生。

有一位妈妈的教育经验是这样的：

儿子上高三那年，整天吊儿郎当的，那些本该用在学习上的“热情”，全让他用在打架、游戏上了，再过一年他就要考大学了，他的那种状态让我很担心。所以，我决定用自己的方法来引导儿子把多余的“精力”发泄到正途上去。

首先，我鼓励儿子多参加一些有益的集体活动，如打篮球、参加游泳俱乐部，并且给他介绍一些比较优秀的人认识，希望儿子能受其感染，慢慢远离那些不良朋友。

其次，我降低了对儿子学习目标的要求，并且和他约定，在他高三这一年，我不逼迫他参加高考，但他要保证每次考试都有进步，哪怕进步一分都行，而我们也尽量为他创造一个轻松、自由的家庭环境。

最后，我和他进行了一场男人与女人之间的“ 较量”，例如，比赛谁的耐力更强、谁的情绪保持得最好等，我希望借由我的亲身示范来教育儿子如何做一个有担当、有责任感的男子汉。

没想到，一年以后，儿子不但考上了大学，选择了自己最喜欢的专业，而且成为老师和同学们都很喜欢的男孩，而他拿到录取通知书后对我说的第一句话就是：“老妈，谢谢您！”

由此可见，正确的引导完全可将那些对生活感到无趣或者把生活激情用在错误地方的男孩导向正途。

引导青春期男孩保持适度的激情

有一位妈妈的教育经验是这样的：

前一段时间，我一直不知道上高二的儿子发生了什么事情，因为总感觉他很疲倦，眼神迷离，提不起精神。让他学习、运动，他都无精打采。我问他发生了什么事情，他就说没有什么。有一次，我偶然听到儿子和朋友通电话，儿子说："我也想对生活充满激情，可是一想到那些我解决不了或者让我手足无措的事情，我就觉得自己的精气神一下子没有了……"听到这里我明白了，儿子并不是对生活缺乏热情，而是他害怕失败、不自信。为了帮助儿子，第二天我在家里的醒目位置写了这样四句话：我今天能解决什么问题？我怎么样过好今天？我现在就开始行动？我怎样才能充满活力？我告诉儿子每天做好这四件事就行了。一段时间后，我发现儿子真的有所改变，整个人也开朗、自信了许多。

这真是一位智慧的妈妈，因为她的四句话恰恰帮助儿子解决了自己的问题，为迷茫中的孩子找到了改变的途径。如果你的孩子也正遭遇"没有生活激情"的这一状况，不妨学一学这位妈妈的经验，通过正确的引导，促使他变得积极起来。

细节22 "我的世界是灰色的。"
——孩子悲观，妈妈该怎么办

华盛顿曾说过："一切和谐与平衡，健康与健美，幸福与成功，都是由乐观向上的心理产生和造成的。"可见消除青春期男孩消极心态的法宝就是乐观。每个父母都想让男孩拥有乐观的个性和美满的人生。但是生活中还是有一些男孩习惯用悲观的眼光看世界。研究表明，悲观情绪的产生与男孩从小接触的环境和所受的家庭教育有很大的关系。

13岁的京京的妈妈在机关工作，每天工作繁忙而琐碎。京京经常在家听到妈妈的抱怨："我们单位的小张真是太懒惰了，每天去七八趟卫生间，一去就是半个小时，总是想着找机会偷懒。""现在的领导真势利，小宋给他送了两条烟，很快就被提职了。"

从小就在这样的环境中长大的京京也学会了评论人："外婆就喜欢叔叔家的小妹妹，不喜欢我。""老师偏心……"慢慢地，京京变得心胸狭窄，每天闷闷不乐。

在日常生活中，父母的情绪很容易传染给男孩，青春期男孩的个性与生活态度很大程度是在父母的影响下形成的。例如，妈妈早上醒来时，发现今天是个阴雨绵绵的天气，就随口说一句："这该死的天气，又下雨了。"在男孩心中就可能产生消极、悲观的想法，很烦下雨天。但是如果妈妈说："下雨真好，大自然又焕发生机了。"这时又会给男孩一个积极、乐观的暗示。乐观的性格如同其他习惯一样，是可以通过培养和训练获得的。培养男孩乐观的性格，不仅需要妈妈的智慧和耐心，还要讲究一些方法。

及时帮助消沉的青春期男孩恢复愉快的心情

每个人都会有消极的时候，有的人可以迅速恢复愉快的心情，而有的人就会深陷其中。当男孩因某件事情陷入痛苦或忧虑时，妈妈应及时帮助男孩找到解决的办法。

一个11岁的男孩拿着一个冰激凌在路上边走边吃，为了躲避突然驶来的汽车，冰激凌掉在了地上。男孩伤心地看着地上的冰激凌眼泪都快流出来了。这时一旁的妈妈说："儿子，别难过，妈妈告诉你一件有意思的事，把你的鞋子脱掉。"男孩听话地脱掉了鞋子，妈妈兴奋地对他说："儿子，快点，用你的脚去踩冰激凌，它会从你的脚趾缝中冒出来。"调皮的男孩高兴地听了妈妈的建议，玩得不亦乐乎。看着玩得起劲儿的儿子，妈妈幸福地说道："我敢打赌，你的伙伴们肯定没有感受过用脚踩冰激凌的乐趣。"

为青春期男孩灌输一些乐观思想

有一位爸爸因忙于工作，没有时间陪儿子玩，他对儿子说："烦死了，下班后还有这么多工作要做，不能陪你了。"

另一位爸爸却对儿子说："孩子，爸爸的工作没做完，还要忙一会儿，等晚些时候再陪你玩。"

两种回答虽然传递了同样的信息，但是会给男孩在情绪和认知方面造成极为不同的影响。前一种答案，会让男孩觉得工作是一件令人厌烦的事情。而后一种答案，会让男孩觉得爸爸很能干，进而产生自豪感。

教育男孩时，妈妈首先自己要学会乐观做人，对任何事都要表现出乐观的心态，营造快乐的家庭氛围。另外，在生活中，要多向男孩灌输一些乐观的思想，告诉他任何困难都是暂时的，没有打败不了的敌人，没有克服不了的困难。

细节23 "为什么大家喜欢他？"
——男孩的忌妒心太强怎么办

忌妒心理在男孩中间是普遍存在的，再加上现在独生子比较多，他们很容易形成以自我为中心的心理，认为所有的人都应该向着自己、关注自己，好东西都应该是自己的。心理调节能力差、社会经验不足、过分羡慕他人、渴望受到师长重视和周围人的羡慕等，这些都是忌妒心理形成的因素。

由于家里还有个哥哥，10岁的飞飞总觉得爸爸妈妈不喜欢自己。无论是外出游玩、生日派对，还是跟家人在一起时，他老是抱怨爸爸妈妈偏心。当妈妈解释自己花了很多时间和他一起玩，或他做了哪些错事而哥哥却没有的时候，飞飞就不高兴地说哥哥有的玩具自己却没有，或者强调哥哥曾经犯过哪些错而自己却很乖。

男孩进入青春期后，一直渴望独立、自主，自尊心变强，性格也变得高傲、自大，不愿意听到或看到别人比自己好，这便是一种忌妒心理。教育专家指出，过分忌妒会影响男孩正常的心理发育，使他们在自己与别人的对比中感到自卑，妨碍孩子自信心和自尊心的建立。

通常来说,对男孩的忌妒只要很好地教育引导,便可以将压力变为动力，激发他发奋上进，培养其健康的性格和良好的品德。相反，如果父母不能很好地引导，就会影响孩子的健康成长。更有相关研究人员指出，有忌妒心的孩子性格怪僻，难与同伴相处，若不及时纠正，人格会进一步扭曲，甚至失去理智、泯灭良知。这样的孩子一旦进入社会，很难有融洽的人际关系，在事业、社交、家庭等方面会遇到意想不到的困难。

那么，妈妈如何帮助儿子远离忌妒呢？

不要拿儿子与别的男孩对比

妈妈可能注意不到，你在谈论其他孩子时，一句无心的话，或者只是一个微笑、一个眼神、一个耸肩的动作，甚至抬一抬眉毛，都可能被男孩解读为“比较”。尤其当他们自认为在某方面没有别人做得好的时候，就很容易诱发对他人的忌妒。

有一位妈妈就曾遇到这样的情况：

一天，我跟林林妈妈说，林林新穿的衣服很帅气，而我儿子穿衣服就没有这种帅气的感觉。没想到，第二天，我儿子就要求我带他去商店买和林林一样的衣服！我一下子就意识到是自己的评价引发了儿子的忌妒心理，从此以后，我非常注意，不拿儿子和别的孩子做无意义的比较。

这位妈妈改正得非常及时，而且很明智地平息了儿子的忌妒心理。各位妈妈也应注意，千万不要随意拿自己的儿子和别的孩子做比较。

帮助男孩发现自己的长处

缺乏自信心的男孩总喜欢强调自己的弱点，而且那种低人一等的感觉更容易引发他们的忌妒心理。因此，妈妈必须帮助儿子建立自信，帮助他发现自己的长处，让他有为自己骄傲的资本。假如儿子在音乐方面有天赋，妈妈就应该多多鼓励；每当男孩自己解决了一个问题或者取得了一点儿进步，哪怕只是背会了一首唐诗，你也应该让他知道你注意到了，并且为他而骄傲。

有关专家指出，当男孩为自己感到骄傲的时候，他就更容易接受别人在某方面得到比自己更多的关注。这种自信不但可以帮助男孩克服自己的忌妒心理，更有利于他们塑造自我，这才是真正值得别人羡慕的资本。

细节24 “不！我不敢！”
——如何让怯懦的男孩勇敢起来

一位哈佛大学的心理学教授曾说过：“勇敢的精神是一个人不可或缺的元素，因为哪怕是人类的每一个微小的进步，都需要勇气作为先导。”做人不能墨守成规，贪图安逸和享乐，应当勇字当头，敢于前进。对于一个男子汉而言，勇气更是必不可少的。然而在现实生活中，父母无微不至的照顾，致使很多男孩胆子非常小。

斌斌今年12岁，不但懂礼貌还特别乖巧，邻居都很喜欢他。斌斌唯一的缺点就是胆小，这么大还不敢一个人睡觉，不敢到关灯的屋子里取东西，就连体育课上的器材他都不敢玩，因此很多同学都不喜欢和他在一起。一次，舅舅带斌斌去游乐园，临走时妈妈再三叮嘱舅舅：“你外甥胆子小，别让他玩快跑、跳远、爬高的游戏。”

到了游乐场，斌斌看着各种电动玩具很兴奋，当舅舅问他想玩什么的时候，斌斌左看看、右瞧瞧，最后扫兴地说：“我怕，我哪个也不敢玩。”舅舅说：“没关系，会有适合你玩的游戏的。”于是，舅舅领斌斌玩旋转木马。坐在木马上的斌斌一直忐忑不安，最后竟然吓出一身汗，这让舅舅十分无奈，只好领着他回家了。

生活中的大多数问题，青春期男孩自己是可以轻松应对的，只是爸爸妈妈总是提心吊胆地告诫他这样做危险，那件事要小心，结果孩子信心不足，变得胆怯起来。对于男孩来说，存在胆怯懦弱的心理是很正常的，妈妈要学会激发孩子内心的勇敢，不能让他养成逃避问题的习惯。

勇气是青春期男孩男子汉气概的主要来源，家庭教育是影响男孩勇气形成的重要因素。所以，妈妈要掌握恰当的方法让男孩的胆子大起来，成长为真正充满勇气和力量的男子汉。

不要把儿子当成弱者

一天，妈妈带着10岁的儿子小杰去医院打疫苗。挂号的时候小杰有点儿害怕，一旁的妈妈安慰他说:"别怕，妈妈会一直在你身边。"进了诊疗室，小杰紧紧地抓住妈妈的手，让妈妈领他走，说什么也不让护士给他打针。这时，一位老护士走过来对妈妈说："请您出去，离开您的孩子！"妈妈不情愿地走出了诊疗室，并焦急地等待着。不一会儿，小杰平静地走出来。妈妈搂过小杰问："宝贝，疼不疼？"小杰说："有点儿疼，但是我没哭！"

后来，老护士解答了妈妈的疑问："妈妈守在孩子身边会让他产生依赖感，会任性、撒娇。我让您离开是要促使孩子自己直面痛苦。当孩子发现没有了依靠，就会靠自己的意志和毅力战胜疼痛和心中的胆怯。"

其实，大多数孩子并不像你想象中的那样胆怯和懦弱。有位教育专家说过："如果把孩子的生命比喻成一把披荆斩棘的刀，那么挫折就是一块不可缺少的砥石，为了使孩子生命这把'刀'更锋利，必须先摆脱妈妈过分保护的教育方式。"

生活中，妈妈不要把自己的儿子当成弱者，要给他磨炼的机会，让他充分认识到自己的能力,形成"我能行"的心态,勇敢地面对人生中的各种考验。

告诉男孩自己的事情自己做

下面是一段心理专家和一个15岁男孩之间的对话：

心理专家："你平常在家洗袜子吗？"

男孩："不洗，平时都是妈妈给我洗。"

心理专家："如果妈妈不在家呢？"

男孩："还有爸爸呢！"

心理专家："如果爸爸妈妈都很忙，没时间给你洗呢？"

男孩："那就放着，等他们有时间再洗好了。"

心理专家："等你以后长大了，谁来给你洗呢？"

男孩："长大了，我可以请保姆啊！"

试想，这样一个连生活都需要别人照顾的男孩，还拿什么要求他有勇敢之心。父母代替和包办儿子的事情越多，他的胆子就会越小。要想让男孩有坚强的意志和勇敢的个性，首先要让他学会自己照顾自己。所以，妈妈要想让自己的孩子变成强者，就要学着放手，让男孩慢慢学会独自处理各种事情。

细节25 "我真是左右为难！"

——男孩犹豫不定，如何教会他选择

有这样一个故事：

有一个少年帮着妈妈去定做新鞋，当时鞋子的样式有两种：一种是圆头的，另一种是方头的。少年一时间没了主意，一会儿说做圆头的，一会儿又说要做方头的。在少年犹豫不决时，鞋匠已经把鞋子做好了——一只做成了方头，一只做成了圆头，根本没法穿……

这个故事告诉我们，优柔寡断的人往往会错失很多机会，很可能一生碌碌无为。因此，妈妈应从小培养男孩的决断能力，为男孩把握人生机遇打下坚实的基础。

什么是"决断"呢？就是指在面对事情的时候要当机立断，不思前想后，不前怕狼后怕虎。果断的性格是一个人具有出色自我决定能力的体现。我们都知道，现代社会是一个高速发展的社会，要想在这个社会中取得成功，必须具备这种遇事果断处理的能力。对于男孩来说，做事果断实际上是一种智慧和才能的体现，也是男孩未来能否取得成功的关键。

性格的养成是一个长期的过程，心理学家研究发现，一个人做事迟疑的

性格形成可以追溯到他的童年，很可能是父母影响的结果。作为妈妈，应该高度重视这个问题。

决断能力的培养并不是靠说教来完成的，需要父母在实践中通过事例对男孩进行引导，提高男孩的知识储备和生活认识，为他们良好的决断能力打好基础。那么，如何培养一个爽快利落、做事雷厉风行的男孩呢？教育家给出如下两个方法：

要注意自己的言行，在男孩面前必须果断

有一位妈妈的教育经验是这样的：

李女士的儿子李枫是一个性格非常爽快的孩子，不管是在家里还是在学校，做事从不拖拖拉拉，一贯都是雷厉风行，非常受老师和同学的欢迎。这主要得益于李女士的教育。

李女士从李枫很小的时候就注意培养孩子果断的性格。日常生活中，李女士会刻意让李枫自己去决定许多力所能及的小事，比如电视看哪个频道，出门穿什么衣服，晚上吃什么饭，压岁钱怎么分配等。即使遇到什么难事了，李女士也尽量让李枫自己做主。李枫上二年级的时候，有一次李女士送他上学迟到了，李枫怕挨老师的批评，就坐在车里哭，一定要妈妈陪着才肯进教室，否则就不下车。但是，李女士并没有因为孩子的哭闹而心软，而是果断地拒绝了李枫的请求，同时给了李枫两个选择：一个是自己进教室，另一个就是立刻回家。结果，李枫不得不自己走进了教室。

那天回到家以后，李女士明确地告诉李枫："许多事情是你自己必须解决的，不能依靠别人的帮助。要知道，很多事情你今天不想面对，明天还是一样需要你去面对的。"

就是在这样的教育下，李枫才拥有了做事不拖泥带水的性格，现在的他已经是学校的大队长了。

妈妈在男孩面前必须态度明确、行为果断，以此来潜移默化地影响男孩。如果男孩有了优柔寡断的倾向或习惯，就要帮他立刻改正，否则会影响男孩将来的发展。

帮男孩摆脱依赖心理，让男孩自己行事

遇事能够借鉴他人意见，借助他人智慧作出正确决策，无疑是值得提倡的。但是缺乏主见的男孩不是这样，他们遇事总是去问别人该怎么办，完全等着别人拿主意，这是男孩的依赖心理在作怪。

杨宇是一个非常没有主见的男孩，做什么事情都优柔寡断。有时，作一个决定，他要征求很多人的意见。即使这样，他也可能最终还是决定不了。

有一次，妈妈让杨宇在钢琴班和书画班中任选一个。杨宇犹豫了好久，也不知道选哪一个好，他觉得两个都挺好的，但是又没有特别多的业余时间，只能报一个。于是，他问妈妈："您觉得我该选择哪一个呢？"妈妈说："你自己决定吧！"但是杨宇犹豫了好久，还是没有作出选择。

一直到两个特长班都开课一周了，杨宇还在犹豫呢！杨宇的妈妈气得直摇头："我的儿子做事这么犹豫不决，将来能适应社会吗？"

依赖心理强的人往往会错失良机。妈妈一定要想办法帮助男孩拿掉这根心理上的"拐杖"，男孩的自主意识才能成长起来。当男孩遇事犹豫不决，向妈妈征求意见时，妈妈不要马上给出答案，而是要引导和鼓励他提出自己的意见。哪怕男孩说出的意见没有多少价值，也要先予以鼓励，然后再帮其完善。这样一来，男孩果断的性格就会逐渐形成。

细节26 "我发誓要以牙还牙！"
——如何消除男孩的报复心理

段磊今年12岁，上小学六年级，平时是一个很腼腆、内向的男孩子。不过，段磊的妈妈发现自己的儿子性格有点儿奇怪，例如，段磊去自己的小姨家，因为淘气被小姨批评了两句，他就马上找借口回家，然后很长一段时间再也不去小姨家了。段磊的妈妈觉得一般的小孩子，都是给他点儿好处他就什么都听你的，可段磊不是这样，他很爱记仇，而且喜欢报复。

有一次，段磊在学校和同学因为一件小事吵了起来，对方推了他一下，他不但回推了对方，而且事情过去两三天了，他还在想着怎么报复对方。段磊的妈妈很担忧，她怕儿子长大以后，因为过强的报复心理而惹祸。

一般来说，男孩一进入青春期自我意识开始逐步增强，不但变得敏感，逆反心理严重，而且受到伤害或者委屈的时候，报复他人的意识就会出现。

当然，青春期男孩报复别人的手段多种多样，有的是在背后说对方的坏话，有的是和对方打架、对骂，有的是在醒目的地方写上报复性语言如“小明是个大坏蛋！”等。但无论男孩选择什么方式来惩罚“敌人”，他的目的都是使“敌人”难堪、难受。而且大多数青春期男孩在报复别人的时候，根本不会考虑别人的身体和心理上可能受到的伤害。换句话说，报复是比恶作剧、使坏心眼更为严重的对抗，也更容易造成严重后果。

那青春期男孩的报复心理来自何处呢？首先是他们逆反心理严重，自尊心强，好面子，有些还比较敏感；其次是受电视、网络、报纸等传播媒介的影响；最后是来自父母或者其他人的挑拨、煽动。例如，有些父母习惯对儿子说：“别人打你，你就不会打回去吗？”因此，父母必须“对症下药”，先弄清楚儿子为什么想要报复别人，然后要找到正确合理的方法来引导他们。

下面这些方法或许可以帮助妈妈们解决问题：

要保护好男孩的自尊心，耐心地说教

有一位妈妈是这样做的：

一天，我突然接到儿子班主任打来的电话，说是让我去学校一趟。等我到了学校才知道，一向学习努力很懂事的儿子竟然把班里另一个同学的书本全部烧了。不但是我，就连他的老师也觉得很诧异。回到家之后，我问儿子为什么要烧同学的书本，他竟然理直气壮地说：“上个星期他把我的语文课本烧了，我为什么不能烧他的，哼！”我没想到才上初一的儿子报复心理竟然这么严重。不过，我没有直接批评他，而是温和地说：“你同学烧你的书本的确是他不对，你心里觉得委屈做出一些过激行为，妈妈也能理解，但是你去报复别人我不赞同。男子汉，要有容人之量，再说你可以把他这种不好的行

为告诉老师，老师一定会批评他的，这才是正确的解决办法。”儿子想了想说：“也对，我确实冲动了！我不应该和他一般见识。”之后，我建议儿子用自己的零花钱以及我赞助他的钱，给那个同学重新买了一套新课本。后来，我听说，儿子和那个同学又和好了。

青春期的男孩自尊心很强，如果因为他的报复行为而一味地批评、打骂他，那么只会激起他的逆反心理，让他的报复行为更加强烈。当然，也不能选择忽视或者肯定儿子的报复行为，因为忽视或肯定都是在助长他们报复别人的气焰。

妈妈应该首先保护好青春期男孩的自尊心，然后耐心地说教；其次要告诉儿子如何保护自己不受伤害；最后，还应该注意采取正确的批评、惩罚、肯定和鼓励的方式。

培养青春期男孩承受挫折的能力

随着青春期男孩自我防护意识和自尊心的逐步增强，他们在受到伤害的时候，第一反应往往是为了保护自己而报复别人。男孩有自我防护意识和自尊心强并不是什么坏事，但妈妈们还是要做好引导工作，不断培养青春期男孩承受挫折的能力，因为只有经受住挫折，他们才不会因为一些小事而冲动，做出伤害自己和伤害他人的行为，而且也会让他们变得更加坚强。

有一位妈妈就做得非常好：

我上初二的儿子有点儿像“好战分子”，谁要是惹他不高兴，他就一定要“报复”，我自然不喜欢他这种冲动、好战的性格，所以我在日常生活中总是有意培养他承受挫折的能力。例如，故意让他做一些超出他能力的事情，对他的要求稍微提高一些，而且鼓励他参加长跑运动。慢慢地我发现，儿子变得沉稳起来，性格也平和了很多，有时候就算别人真的惹到他，他也能一笑而过，不和别人计较了。

青春期的男孩没有你想象中的那么脆弱，他们经受得住挫折，当然，你不能经常打击他们的自信心，更多时候让他们在经受挫折之后去体会一种成功的感觉，这样他们才更有动力。

第四章 友情是成长的财富

——引导男孩从与人交往中获得快乐与幸福

人生最珍贵的是友情，最可怕的是孤单。由于大多数都是“独苗”，现在的男孩所处的人际关系结构已经发生了很大变化，男孩没有了兄弟姐妹，从而在家庭内部缺乏年龄相近、心理相当、关系平等的交流对象，所以每个男孩在成长过程中都会寻找友谊。作为妈妈，应引导男孩觅得真正的友情，从朋友身上汲取前进的动力和勇气，从友谊之中获得快乐与幸福。

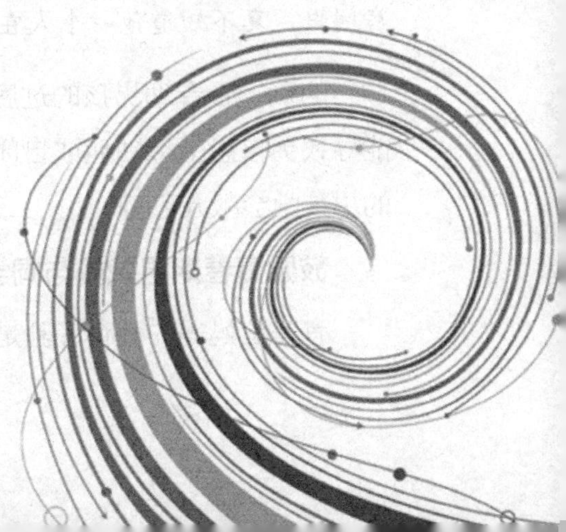

细节27 “我就喜欢宅在家里。”

——儿子孤僻自闭怎么办

心理专家认为，青春期孩子的孤独是他心理成熟的标志。它意味着一个人开始把自己的兴趣从对外界的关注中撤回来，返回到了自我，试图了解自己是怎么一回事，思考人生的价值和意义。这种将目光转移到自我内心体验，是一件好事，家长不用过于担心。没错，孤独对于青春期的男孩来说就像一件“必需品”，会促使他们有时间、有空间地去思考一些东西。

不过，任何一种情感体验如果过度了都会产生不良后果，青春期男孩的孤独亦是如此。孤独对于大多数青春期的男孩来说是一种情感压抑的状态，会让他感到空虚和寂寞，而那些过于孤独、自闭的青春期少年很可能会在现实中失去生存的欲望，只愿活在自己封闭的心灵世界里，有的甚至选择结束自己的生命。

有一位妈妈给青少年心理咨询专家讲述了自己儿子的变化：

儿子大了真操心，小时候你说什么他听什么，可是现在他变得脾气大了，主意多了，你说他两句，他就板起脸来对你吼：“我这么大了，不要您管我！让我一个人静一静行不行？”

以前我还能听到他每天回来给我说学校里的趣事，也会看见他像个“孩子王”似的带着其他小朋友玩，可是现在他什么话都不对我讲，也不喜欢和朋友交往了，整天就像个“宅男”似的。很多时候，他一放学就把自己关在房间里，真不知道他一个人在做些什么，想些什么……

的确，青春期男孩的过度孤独很容易让妈妈担忧，因为时间一久，很可能导致男孩患上孤独症或自闭症。因此，作为妈妈，我们必须想办法让孤独的男孩学会敞开心扉。

鼓励青春期男孩多与同学交往

有一位妈妈的教育经验是这样的：

我儿子从小就内向孤僻，我以为他长大以后可能会好点儿，可是等他上了初中之后，依然喜欢独来独往，家里也从来没有他的同学来过。周末、假期他也是常常一个人待在家里看书、看电视。我很担心儿子这样下去会对他以后的生活产生极度不良的影响，所以我开始鼓励儿子跟同学多交往。刚开始，儿子很害怕，他担心同学们都不喜欢他，但是我鼓励儿子不要放弃，告诉儿子勇敢踏出第一步，同学们会很乐意看到你好的转变的。并且，我还让他在节假日期间出门参加同龄人的活动，在活动中锻炼与人相处的能力。渐渐地，我发现儿子与人交往有信心了，在学校里他也成功结交了几个好朋友。

培根曾说："没有真挚朋友的人，是真正孤独的人。"其实，青春期的男孩虽然渴望独处，但他们更渴望融入集体之中，希望自己身边围满朋友。所以，我们应该尽量让青春期的男孩和同学在一起交往，让他学会和同学、朋友一起分享忧愁和快乐，而不是因为过度担心他会交到坏朋友，任意阻断他的人际交往之路。

多给孤独的青春期男孩创造接触社会的机会

青春期男孩很容易冲动、浮躁，所以给予他们适当独处和反省的时间是很有必要的，但妈妈要掌握好度，不能让孤独成为男孩健康成长的绊脚石。因此，作为妈妈，我们应该给自己孤独的青春期儿子创造一些接触社会的机会。

下面这位妈妈就做得非常好：

我的儿子今年15岁，他很有自己的想法和主意，但就是有些孤芳自赏，不太喜欢和别人一起玩，同学们也都渐渐不理他了。我觉得这对孩子的成长并不好，但如果直接让他去跟别人交往，他一定很反感。所以，我就经常带他出去玩，让他多接触社会。例如，我们会一起旅游，参加公益活动，看现场球赛等。一段时间后，我发现儿子的朋友不止我一个，他在社会活动中结交了一些朋友，也懂得了很多道理，并且他在学校也开始赢得大家的好感，结识了很多好朋友。后来，我发现儿子独处的时间少了，出去参加集体活动的时间越来越多了，整个人也更阳光了。

没有人天生就喜爱孤独，人毕竟是群居性动物，需要朋友和集体生活。所以，多给青春期孤独的男孩创造接触社会的机会，这不但会增长他的阅历，也会让他发现与人交往的好处。

细节28 “同学真坏，我不想上学。”

——男孩受人欺负怎么办

有一个 15 岁的男孩在自己的网络日志中这样写道：

我不知道是不是自己脑门上贴着“我好欺负”的标签，我发现在学校里总有些同学爱欺负我。例如，他们经常让我帮他们抄作业，课间的时候让我去帮他们买零食，我还要帮他们做值日，我要是说不愿意去的话，他们就威胁说要打我。有一次，一个特别横的男同学把我的书包扔进了垃圾堆里，我非常气愤，但又不敢去招惹他。现在，学校对我来说，就像地狱一样，我该怎么摆脱这个被人欺负的局面呢？

可能很多妈妈们也会说，自己的儿子也和这位 15 岁的男孩一样经常受人欺负。其实，在青春期遇到被别人欺负的事情很常见，例如，有人逼迫青春期男孩干不想干的事情；有人用武力殴打、侮辱男孩；或者有人出言不逊对男孩进行诽谤和攻击。这些侵犯、骚扰、欺压、侮辱虽然让男孩感到厌恶、委屈和气愤，但很多时候他们却没有足够的勇气和恰当的方式去捍卫自己的正当权益。

为什么会是这样呢？首先，可能是男孩本身怯懦的性格导致他“有苦不言”，担心将自己受欺负的事情告诉父母、老师之后，自己会受到更强烈的打击报复。其次，是青春期男孩觉得自己已经大了，受到欺负也不应该告诉大人，而是自己的事情要自己解决，而大多时候他们会选择忍让和逃避。最后，青春期男孩因涉世未深、处事经验不足，处理不好突发状况，不是不知所措，就是对侵犯者畏惧，也有些男孩选择激烈的对抗，像肢体冲突、语言冲突等。无论男孩遇到的是哪一种状况，都不是妈妈们愿意看到的。所以，我们要想办法引导青春期男孩在受人欺负的时候知道如何正确应对。

引导男孩找到自己受欺负的原因，对症下药

有一位妈妈在网络上写下了这样一段求助文字：

一天下班的时候，我看到有一群男孩子围着我儿子洲洲，逼着他学狗叫。洲洲一直是个有点儿内向的老实孩子，别人欺负他的时候，他只知道红着脸，但却不敢反抗，嘴里只是嗫嚅着说："你们别欺负我，再欺负我，我就……""你就怎么样？说啊，说啊！"结果儿子就被吓得话也不敢说了，那帮欺负他的孩子在儿子低弱的反抗声中，反而更大胆地欺负他，逼着他学狗叫。望着脸憋得通红儿子，我气愤地走到那群孩子面前，臭骂了他们一顿。欺负儿子的孩子一哄而散都跑了，可刚才一直被欺负得不敢吭声的儿子，突然冲着我大哭起来。我不解地问他："妈妈把他们都赶跑了，你还哭什么。再说，你都上中学的人了，怎么还能让这帮孩子欺负你！"儿子有些担心地对我说："这次你碰见了，他们跑了，下次他们再碰到我，一定欺负得更厉害的。"我没想到儿子受了欺负还这么懦弱，我该怎么办啊？

很多男孩妈妈也和这位妈妈有着同样的忧虑，其实我们都不希望自己的儿子被人欺负，当然也不会让他去欺负别人。但在青春期，欺负与被欺负经常发生在男孩子中间，是无法避免的。

所以，妈妈们要引导男孩找到他受别人欺负的原因，然后对症下药。例如，男孩受欺负是因为他性格内向、胆小懦弱，那么妈妈们就要帮助男孩变得勇敢起来；还有些男孩因为不想招惹欺负自己的人，怕惹麻烦，这时妈妈们就要告诉他不能任由恶势力欺负自己，最好找老师、家长帮忙。

多鼓励男孩交朋友，告诉他集体的力量很强大

有一个男孩在博客中这样写道：

以前我经常被别人欺负，可能是那些人看我个头矮小、体格偏瘦，又带着一副小眼镜，一看就是"好欺负"的那种男孩子。我记得从上初一开始，

班里那几个经常调皮捣蛋的男生，就瞅准一切机会欺负我。最初，我很害怕他们，不敢和他们硬碰硬。不过，受他们几个人欺负的不止我一个，还有一些男同学也经常受欺负。有一次，我们这些经常被别人欺负的男孩就聚在一起聊天，大家都很烦恼。虽然我们很恨那几个同学，但我们不想在学校闹事，更不想聚众打架。后来，我们想了一个办法，每天放学后大家一起回家，一方面可以给彼此壮胆，另一方面要真是被他们欺负了，我们也"人多力量大"。

没想到我们这个方法实行了一段时间之后，效果非常显著，那几个经常欺负我们的同学，一开始还故意挑衅我们，可后来看我们人这么多，就慢慢地不再为难我们，自然我们受欺负的现象也逐渐消失了。

可见，让男孩多交几个朋友，也是帮助他摆脱被欺负的一个不错的办法。当然，我们不是让儿子交朋友去打群架或者报复别人，而是让他在心理上能够有一种依靠，并且能够从朋友那里获得信心和力量，说话办事底气也能足起来。

细节29 "好兄弟，讲义气！"

——男孩该不该讲"哥们儿义气"

有一句话说得好，一个善良的朋友能将人带入天堂，而一个邪恶的朋友能将人引入地狱。确实如此，朋友的善恶，关系到男孩一生的成败。进入青春期后，每个做妈妈的都担心儿子在外面交上坏朋友，影响自己的学习和生活。经常会听到许多妈妈忧心忡忡地说：

"我担心儿子和社会上一些不良少年混在一起，如果那样，儿子肯定会被他们带坏。"

"怎么办？我儿子最近成绩下降，他经常和校外一些男孩混在一起，学会了逃课、打架，这样下去，他的人生不就完了？"

……

妈妈们这种担心不是多余的。男孩进入青春期后，有着强烈的交友欲望。因为他们在心理上趋向于拓展自己独立的天地，扩大自己的交际范围，以便倾诉成长中的一系列困惑，展示自己的能力。但由于这一时期的男孩身体发育上虽然成熟了，心理方面却比较幼稚，其是非分辨能力很弱，不懂得如何选择朋友，所以，他们很可能为了追求“好玩”和“刺激”，接近一些“不良少年”。

当然，这些仅仅是我们这些成人的看法，在青春期男孩心目中，他绝不会认为，他所加入的那个集体是“不良团伙”，更不会认为自己交到了“恶友”。

一个 14 岁的男孩在微博上留言：

妈妈总说我整天与“坏孩子”在一起。她怎么可以这样说我的朋友？我的朋友们坏在哪儿？他们对我够哥们儿，讲义气，每当我受别人欺负，他们总是二话不说，替我“出气”。

作为成人的我们知道“义气”的含义，但男孩涉世不深，无法真正理解。这种刻意地讲究“哥们儿义气”的做法，只会越来越快地把男孩拉入错误的深渊。因此，在青春期，妈妈们引导男孩学会正确交友是十分必要的。那么，我们该如何引导这些青春期的男孩选择朋友呢？

引导男孩远离低级趣味的朋友

孟柱放学回家一脸兴奋的表情，妈妈见到后，急忙询问原因。孟柱说：“女生的胆子真是小。今天孙国栋让我抓只毛毛虫吓唬女生。我抓了一只毛毛虫，放到我同桌身上，她马上就吓哭了。”妈妈立即问孟柱：“孙国栋是谁？”孟柱说：“我们班新转来的一个同学，他特别好玩，我和他在一起特别开心。有一次，他同桌上课起立回答问题。他就把同桌的椅子撤走了。他同桌答完题一坐下就摔了个屁墩儿，真是乐死我了。”孟柱妈妈听完这些，严厉地对他说：“孙国栋欺负同学不是男子汉行为，教唆你欺负女生更不仗义。妈妈建议你远离孙国栋，找一个真正对你有益的朋友，你觉得呢？”孟柱想了想，便答应了妈妈的要求。

朋友不应是以低级趣味相投而聚合。志同道合的朋友，应是一群具有远大人生理想的人，他们胸怀大志，愿意为理想而奋斗，这类朋友才能成为男孩事业上的合作伙伴。相反，那些功利心强、唯利是图，见困难就让、见利益就上，胸无大志，正经事不做，鬼点子、馊主意却一大把的人，不能做男孩志同道合的朋友，妈妈一定要让男孩远离这类恶友。

及时制止男孩结交恶友

男孩与品行不良的人交往，妈妈一旦发现，就应该及时制止，让男孩早日远离恶友。否则，男孩一旦沉溺其中，会荒废学业、思想颓废、行动消极，被一些不良行为同化，在作恶搞怪中难以抽身。

最近，妈妈发现黄峰总是偷爸爸的烟。一天，妈妈悄悄跟随黄峰出了家门,发现他和朋友们一起在路边学抽烟。黄峰回家后,妈妈便直截了当地问他："你为什么要学抽烟？"黄峰见妈妈知道了真相,便不再隐瞒:"我学习抽烟，是不想被人欺负，不想大家觉得我幼稚。"妈妈说："谁觉得你幼稚？"黄峰说："我的朋友。他们都会抽烟、打架，就我不会。"妈妈听后说："难道打架和抽烟就是成熟的表现吗？在我们这些成人眼里，那才是不成熟的行为。孩子，你现在的状态很好，千万不要为了耍酷而染上一些恶习，而应增强自己的个人能力，这样你的朋友就会尊重你。那些不尊重你的，不是你的真朋友，应该远离。"

男孩和品行不端的人交往是有一定原因的，比如想获得他人的关注，想不被同伴欺负等。这些心理层面的需求，妈妈可以引导孩子通过其他正确的手段获得。当男孩获得了成就感,自然能体验到个人价值,从而明确是非观。因此，妈妈要及时断绝男孩从恶友处获得此类心理需求的行为。

告诉男孩，交友要注重精神层面

男孩不懂如何选择朋友，妈妈要引导他重视精神层面的交往，选择一些心心相通的朋友,能直言规劝的朋友,这样的朋友才能真正提升男孩的素养。

一天，李岚对妈妈说起了自己的困惑："真不知道马瑞阳有没有拿我当朋友，他总喜欢说我的缺点。我真是气死了，不想再搭理他了，可他刚才却打电话找我踢球。"

妈妈听到后，便问李岚："你觉得马瑞阳说得对吗？你是不是真有这些缺点呢？"李岚想了想，点头说："我确实有，是我做得不好。"妈妈说："既然他说得对，你就要改正，而不是忌恨人家。古人有句话叫'忠言逆耳'，敢于直言不讳的朋友才能够帮助你进步啊。儿子，你该为自己拥有这样一位好朋友而高兴！"李岚点点头："妈妈，我明白了。我这就和马瑞阳踢球去……"

很多时候，男孩不会分辨好坏话。此时，妈妈要及时帮他辨别真正的心灵之友，找一些有利于男孩进步的人交往。朋友相交，不是看重物质层面的给予，要看精神层面的给予，看他能不能给男孩带来有益的影响。

细节30 "同学借钱不还怎么办？"

——别让金钱成为友谊的试金石

俗话说："用金钱能买来的友谊最终也会因金钱失去。"没错，如果朋友之间的情感仅仅依靠金钱做纽带，那么这样的朋友不要也罢。但是对于正值青春期的少年们来说，只要能让他们获得更多的友谊，是不是用金钱做纽带对他们来说根本不重要，甚至有些男孩甘愿去花很多钱来维持他认为的友谊。

有一位妈妈就曾苦恼地讲述了儿子的事情：

儿子今年上初二，是一个不善于表达而且有些害羞的男孩，平时也没见他有什么朋友。可是前一段时间我发现，儿子开始经常把"我朋友"三个字挂在嘴边。我刚开始还很欣慰，以为儿子终于开窍，懂得结交朋友了。可是后来我发现儿子这一切的"友谊"都是靠他的零花钱得来的，例如，他经常借钱给他的那几个"好哥们儿"，平时也是自己请客，这样一来他的花销一下子增加了很多，跟我们要钱的次数也逐渐增加。我不想儿子当"冤大头"，可是也不想儿子因此失去朋友，这样的"友谊"对儿子来说真的能长久吗？

这位妈妈的担心也正是很多青春期男孩妈妈的担心，毕竟作为成年人，我们深知真正的友谊是不需要金钱来维持的，当然也没必要用金钱去检验友谊的深浅。

不过，青春期的男孩毕竟还比较幼稚，他们对待友谊的渴望往往导致他们错误地判断友谊与金钱的关系，甚至很多男孩认为金钱才是检验友谊的唯一标准。例如，我们时常会听到男孩们这样说："连钱都舍不得借给我的朋友根本不算朋友。""我发现给自己好哥们儿花钱之后，他们更愿意跟我玩，甚至还听我的话。""我要是在钱的方面表现得小气，朋友们就会冷落我，我害怕被孤立，所以我宁愿在朋友身上多花些钱。"

由此可见，男孩对于友谊的渴望以及自信心不足的原因，导致他们在面对"友谊与金钱"的问题时，常常会感到无所适从或者采取了错误的应对方式。所以作为男孩的妈妈我们应该引导男孩正确处理金钱与友谊的关系，帮助他们认清什么才是真正的友谊。

告诉孩子金钱不是友谊的试金石

一位妈妈的教育经验是这样的：

中午在单位的时候，我突然接到儿子班主任的电话，说儿子竟然收钱给自己的同桌抄作业。老师已经撤掉了儿子的大队长职务，并且让他做深刻检讨。儿子回到家之后，忐忑不安地主动交代了事情的经过："今天早上，同桌郑玉让我把英语考卷借给他抄，平时我们感情就不错，所以我就同意了。没想到下课后他塞给我五块钱，我虽然有些惊讶，但是班里很多同学都这样做过，所以我就没有多想。不料这件事却被老师发现了，不但狠狠地批评了我，还撤掉了我的职务。我知道他也给您打电话了，您要是想批评我、骂我、打我，那就……"看着承认错误的儿子，我笑了一下，拍拍儿子的肩膀让他放松。接着拉来椅子，和儿子面对面地坐着交谈起来："儿子，你一直很聪明，怎么会犯这种错误呢？如果同学有难题你应该帮他解答，这样你们之间的关系会更要好，可是你收了钱意义就不一样了。更何况你还是班干部……"儿子听了羞愧不已，把头低垂到了胸口，脸也红了。通过这次谈话，我想儿子一定知道了这样一个道理：友谊不能与金钱画上等号。

没错，金钱不是友谊的试金石，虽然说在一定程度上，金钱可以检验朋友对你是不是真心，但那只是友谊标准中的一项。

因此，我们应该告诉青春期男孩，他们所要拥有的真正的友谊应该是这样的:彼此有共同的语言、兴趣、价值观和道德观;能够发现朋友身上的优点，让你有一种结交的愿望；自己身上有令朋友看重的优点，让朋友觉得自己很重要,值得信赖;彼此能够真诚沟通,而不是只说一些“场面话”;即使伤害过，也懂得宽容、理解和忍让，并且仍然乐意与自己交往，这样的朋友才是真正的朋友。

引导孩子掌握一些处理“金钱与友谊”的方法

上初三的覃辉一回到家就向老妈要钱：“妈，给我 100 块钱。”妈妈不解地说：“这个月的生活费不是给够你了吗，怎么还要钱？”覃辉说：“我好哥们儿遇到点儿事急需用钱，他不敢问家里多要，所以我帮他凑点儿。他说以后会慢慢还我。”结果半年过去了，那位朋友还没有还钱，覃辉心里一直记挂着这件事情，可又不好意思问同学要，甚至总是怀疑那位朋友当初是故意向自己借钱，现在又“故意”忘记的，慢慢地他对那位朋友产生了隔膜和芥蒂。

事实上，青春期的男孩都希望自己在朋友心目中是一种正面形象，例如慷慨大方、豪爽直率、值得信赖……所以为了获得这种形象，他们愿意用“金钱的付出”为自己加分，但同时他们也希望朋友也能这样对待他们。而一旦自己的期待落空，就会和好友之间产生矛盾，如果这种矛盾不能正确处理好，那么男孩很可能因此失去朋友，甚至从朋友变成敌人。

因此，作为成年人，妈妈应该引导儿子掌握一些处理“金钱与友谊”的方法。例如，告诫儿子不要盲目地借钱给朋友，同时也不要随便向同学借钱，也不要“打肿脸充胖子”请客吃饭，一定要根据自己实际的经济状况来消费。当然我们也不能让儿子在众人眼中变得小气、吝啬，而是要引导他多了解一下朋友借钱背后的原因，让他学会乐于助人。

细节31 “他竟然欺骗我！”

——男孩如何面对好友的“背叛”

一天，青少年心理咨询中心的专家接到了这样一封信：

我最近因为我最好的哥们儿很苦恼，我从来没想过他是这样狡猾和卑鄙的人，我原以为我们是真诚相交的好友。事情是这样的：前一段时间我决定给心仪很久的女孩写一封情书，这件事情被我最好的朋友强子知道了，他也兴奋地偷偷告诉我说，他也喜欢一个女孩，也决定给对方写一封情书，并且提议我们各自写完后交换来“检查”，我同意了这个建议。可是等我们彼此交换完情书拿回家看时，我才发现他的是一张空白信纸。第二天我问他，他居然嬉皮笑脸地说：“我就没打算写情书，我说的是交换情书，可没说交换的是写了字的情书。”他的狡辩让我很难过，可是让我更难过的是，他居然让其他同学看我的情书，结果大家一见到我和那个心仪的女孩出现就起哄，弄得我们很尴尬，而我根本不敢再对那个女孩表白了。强子他不但毁了我的初恋，也毁了我引以为傲的友情，现在我都有点儿恨他了，我打算和他绝交，可这么多年的友情我又实在舍不得，但我又怕再受伤害，我到底该怎么办呢？

有人说：“真正的朋友是这样一种人：他们襟怀坦荡，为人正直，有求必应，勇于冒险；他们能忍受一切，勇敢地牺牲一切，对朋友永不变心。”是的，真正的友谊是应该以信任和依赖为基础的。

但是青春期的男孩很多时候因为大大咧咧的性格、马马虎虎的习惯或者某些特殊心理像偷窥、好奇心等，总是有意无意之间会做出一些伤害自己朋友的事情。就如上例中的强子，他可能只是因为一时的好奇心作祟，才“耍心眼”看了好友的情书，然后又忍不住和别人分享，他心里可能觉得没什么，但对他的朋友来说伤害很大。

因此，我们要帮助青春期男孩正确应对“遭遇朋友背叛”的问题，引导他们掌握正确的处理方法，以及如何化解与朋友之间的矛盾。

让男孩学会宽容并正确对待朋友的“背叛”

有一位妈妈的教育经验是这样的：

有一次17 岁的儿子回到家之后闷闷不乐，甚至把自己关在房间里摔东西。我就站在儿子门外，等他安静一会儿之后，我敲门走了进去，并且语气温和地问:“小雷，发生什么事情了？能和老妈讲一下吗？”儿子气呼呼地说:“还不是怪杨风，他竟然为了参加书画社的比赛，把我们好不容易组织起来的篮球社解散了，他怎么能这么不负责任，太自私了。”杨风是儿子最好的朋友，我见过几次，觉得那个孩子并不像儿子口中说的那样不负责任。于是我对儿子说：“老妈虽然没见过杨风几面，但我觉得他不像你说的那样，这中间一定有什么误会。你和他是死党，我相信你也能感觉得出来，只是你一时情绪冲动忽略了。不过，就算杨风那样做也是他自己的选择，作为朋友，你除了尊重他的选择，也应该宽容他的过错，更何况篮球社你们可以自己再组织啊，毕竟单靠杨风一个人是无法打赢比赛的，不是吗？”听了我的这番话，儿子沉思了好久，然后主动和杨风打电话约出来谈谈。后来两人不但化解了误会，而且事情也得到了圆满解决。

虽然说青春期的男孩情绪起伏不定，但他们还是能听进去妈妈的意见，并且能积极思考和想办法解决问题。所以，当男孩遭遇好友的欺骗或和好友产生矛盾时，我们应该先让他们平复一下激动的情绪，然后慢慢引导他们去尊重和理解别人，然后在宽容和原谅别人的基础上，再去想一些更好的解决问题的方法。这样一来，不但保护了真诚的友谊，也教会了男孩宽容、尊重别人，以及运用正确方法解决问题。

妈妈不要做儿子友谊的“看客”

秦志和孙浩是从小玩到大的好友，两人从小学开始就是同班同学，但是却在高二那年产生了矛盾。原因是孙浩答应了秦志一件特别重要的事情，但是没有遵守承诺，这让秦志很失望，而且情绪也受到很大影响。秦志的妈妈没有对儿子与孙浩的“友谊破裂”选择漠视，而是多次鼓励儿子去找孙浩玩，并且告诉儿子要学会原谅朋友的错误，让儿子意识到真正的友谊是需要理解和信任的。后来在妈妈的鼓励下，秦志主动去找孙浩，两个人又恢复了以前的“死党”关系。

青春期的男孩虽然自我意识强烈，不希望妈妈过多介入他们的生活，但他们毕竟是未成年人，有很多事情他们需要家长的引导和帮助。所以，作为妈妈，对于儿子的事情我们不能做“看客”，当儿子和他的好友产生矛盾时，我们应该让儿子变得宽容大方一些，学会主动和对方和好，学会多看别人的优点和曾经对自己的帮助，毕竟“多一个朋友比多一个敌人要好”。

细节32 “我为什么要给他吃？”
——如何让男孩懂得分享

托尔斯泰曾说过：“神奇的爱，会使数学法则失去平衡。两个人分担一个痛苦，只有一个痛苦；两个人分享一个幸福，却能拥有两个幸福。”生活中的许多快乐和痛苦，都是可以拿来分享的。分享如同午后的阳光，温暖着人心；又如同湿润的土壤，将爱化成雨露，滋润情感的种子慢慢生根发芽。对于青春期男孩来说，与人分享是一种必须拥有的好习惯，它既是一种美德，也是体现高情商的行为。

下面这对夫妇是这样教自己的儿子学习“分享”的：

有一对中年得子的夫妇，对他们的儿子总是呵护备至。虽然他们的经济条件很一般，但他们总是倾尽自己所有的力量给儿子最好的生活。为了节省开支，爸爸每次总要去批发市场买水果，这样可以因为便宜而多买一些。有一次，爸爸买了一箱儿子最爱吃的苹果。每次吃完饭，就让11岁的儿子从箱子里拿出苹果来，分给爸爸妈妈和自己各一个。这一天，儿子从箱子里拿出了最后的一个苹果，然后沮丧地对爸爸妈妈说：“没有了。”

这时，儿子拿着手中的苹果看了爸爸一眼，又看了妈妈一眼，意思很明显：家里就剩下一个苹果了，难道你们还要吃吗？爸爸妈妈对视了一眼，然后很坚决地告诉儿子说："来，儿子，让我们把这个苹果分成三份。"然后爸爸拿来水果刀，把唯一的苹果分成了三份，之后爸爸妈妈毫不犹豫地享用自己的那份。但夫妇俩还是明显地看到爱吃苹果的儿子眼中那蓄满的委屈泪水，他心里在想："为什么那么爱自己的爸爸妈妈，不愿意把唯一的苹果全都给他吃呢？"

上例中的这对夫妇之所以把唯一的苹果分成三份，就是要让他们的儿子明白：真正的分享，不是在自己有很多、有剩下的或者有了自己不喜欢的、不需要的东西，才分给别人，而是在自己也不多、也喜欢的时候，还愿意把自己心爱的东西分给别人。

不过,如果你的儿子是个"小气鬼",那么妈妈不妨参考一下以下的建议，改变男孩不爱分享的毛病。

引导男孩站在他人的角度去思考问题

一天，妈妈带着5岁的儿子去公园玩，他们在凉亭休息的时候，妈妈拿出从家里带来的果汁给儿子喝。这时候，妈妈注意到旁边有一个小女孩正用渴望的眼神看着自己儿子手中的果汁，这位小女孩的妈妈可能暂时离开了。于是，妈妈对儿子说："宝贝，给这位小妹妹喝一瓶果汁好吗？"

儿子却摇着头说："不，我要自己喝！"

妈妈耐心地对儿子说："宝贝，要是妈妈有事不在你身边，而这位小妹妹在喝果汁，你想不想喝呢？"儿子毫不犹豫地点点头。

"这就对了，现在你拿一瓶果汁给这位小妹妹喝，等下次妈妈不在你身边的时候，这位小妹妹也会把好吃的东西分给你吃的。"

儿子看了看妈妈，又看了看小女孩，终于给了小女孩一瓶果汁。

孩子本就是这样，他们不愿意和别人分享自己的东西，但却希望能够分享他人的东西。这时，妈妈就要在充分了解小男孩的这种心理特征后，引导他站在他人的角度去思考问题，进而让他学会与他人分享自己的东西。

妈妈要学会分享男孩的东西

妈妈在教育男孩学会“分享”这一问题上，往往会忽视一点：妈妈也应学会分享。为什么这样说呢？因为现在社会上很多妈妈宁可自己吃苦受累，也不愿让爱子受一点儿的委屈，只要是好吃的、好玩的、好用的都往孩子面前堆。

虽然也有部分妈妈担心这样的爱护会让自己的孩子发展为不会关心别人的“冷血儿”，但一到行动上却不肯与孩子分享。例如生活中常会发生这样的情景：儿子真心实意请妈妈一起吃东西，妈妈却坚决推辞说：“乖儿子，你吃，你吃，妈妈不吃！”“你这孩子真是的，让你吃你就吃，装什么啊？”于是，男孩与人分享的好意就被妈妈给扼杀了。时间一久，男孩自然也就没有谦让与分享的习惯了。

因此，对于妈妈来说，最重要的还是要首先学会坦然地与自己的儿子分享，成为他最值得信赖的朋友，进而引导孩子把与他分享的对象从妈妈身上延伸到家中的长辈，再延伸到身边的朋友，以及更多人的身上。

细节33 “我把朋友得罪了。”
——如何教孩子道歉

一位妈妈最近遇到了一件烦心事，她刚上初一的儿子张恒平时就爱调皮捣蛋，经常和同学们打打闹闹，有时候还会玩一些恶作剧。有一次，下午放学的时候，张恒和几个玩得好的同学拿一条假蛇，到处吓唬同学，有几个女同学都吓哭了。第二天，知道这件事情的班主任就狠狠地批评张恒，并且让他去给那些被吓哭的同学道歉，但是张恒不肯去，还语气强硬地说：“我拿的又不是真蛇，再说是他们自己胆小，关我什么事！”无奈之下，班主任打电话请来了张恒的妈妈。从班主任那里知道这件事情的张恒妈妈很气愤，就逼着儿子去道歉，但张恒非但口里说着“死也不去”，还逃课躲出去了。后来，妈妈在家里狠狠地批评了张恒一顿，但他还是没有给同学们道歉。

张恒为什么不愿意给同学们道歉，难道他真的是非不分吗？当然不是，一般来说青春期的男孩知道自己做错事后，心里都会有愧疚感，可能是因为他们太好面子，或者是这件事情不值得“小题大做”，所以他们没有主动给别人道歉。但如果这时候老师或者父母逼迫他们去给别人道歉，那么因为逆反心理作祟，他们要么违抗大人的命令不去道歉，要么就心不甘、情不愿地“假道歉”，根本达不到教育效果。

那么妈妈们应该如何正确引导青春期男孩为自己的不当行为道歉呢？下面这些方法，妈妈们不妨一试：

引导男孩及时改正自己的错误

有一位妈妈在网上向专家求助：

我儿子今年13岁，上初一，可能是从小娇惯的缘故，这孩子现在是谁的话都不听，做错事却比谁都有理，而且这么大的他，根本不懂得让着别人。上周我婆婆过生日，儿子竟然和比他小3岁的小表妹大打出手，这孩子还拿着一个长木棍，要敲小妹妹的头。当时因为人比较多，亲戚朋友都在，我就瞪了儿子两眼。后来，回到家我就狠狠骂了他好几句，他根本就不知悔改，而且还和我顶嘴，气得我就打了他一顿。没想到这孩子竟然和我闹脾气，晚上还绝食。您说这样的孩子我该怎么管啊？

其实，这位妈妈并没有采取正确的引导方式，她在儿子犯错后，没有及时纠正他的错误，而是等到事情过去之后，甚至儿子已经忘记了这件事情，她又重新提了出来，而且批评得更严厉，甚至大打出手。很显然，这种事后打骂的教育方法是不科学的，不但不会让男孩认识到自己的错误，相反会激起他的对抗情绪。

所以，妈妈们要想儿子做错事学会道歉和承认错误，首先就应该在发现儿子做错时，及时地引导他改正错误。就拿上述事例中的男孩来说，如果他在打了小妹妹之后，妈妈对他说：“儿子，我知道你不是故意打小妹妹的，但你必须有礼貌地说：‘妹妹，对不起，我不是故意的，你还好吗？’”那么小男孩就会主动和小妹妹道歉了。

告诉男孩一些道歉的方法

做错了就要承认错误，逃避不是解决问题的办法。不过，考虑到这个特殊时期男孩的自尊心问题，妈妈们可以告诉男孩一些道歉的有效方法，帮助男孩跨过这道看似难堪的坎。

例如，妈妈们可以引导男孩多采取行动道歉的方式，这比口头道歉看起来更诚恳、更有效；或者引导男孩在说了“对不起”“我很抱歉”等语言之后，再做一些补偿的事情；面对特别顽固的男孩，妈妈要让他们知道应该对这个问题负什么样的责；妈妈可以亲身示范给儿子看如何道歉，等等。

细节34 “不好意思，我帮不了你。”
——如何让孩子学会拒绝并坦然面对被拒绝

妈妈都希望自己的儿子养成慷慨大方的美德。然而，男孩也是一个独立的个体，不可能把所有东西都共享出去，尤其是自己心爱的东西。其实，男孩既有拒绝的权利，也会遭到他人的拒绝，妈妈所要做的，就是教会他们如何拒绝别人的要求，如何泰然自若地接受他人的拒绝。

一个不会拒绝别人的人很容易被他人左右。人不是万能的，不可能让所有的人满意。所以，学会拒绝也是一种快乐，不会勉强自己去做根本不想做的事情。让男孩在成长的过程中学会拒绝，不仅是学会一种自我保护的方法，也是学习一种如何与人交往的处事技巧。

有对夫妇在一次车祸中双双罹难，留下了一个男孩。孩子的姑姑收养了他，尽管生活并不富裕，但是为了培养孩子，姑姑倾其所有，给孩子最好的教育。后来，男孩长大了，并且如愿考到北京的一所大学。他找了一份工作，一边打工，一边读书，直到有一天，男孩觉得能报答姑姑了，于是写信让姑姑来北京，要好好地招待姑姑。

姑姑来了，男孩要请姑姑吃饭，他让姑姑选一个喜欢的饭店。于是，他们一起走过一家又一家饭店，但姑姑都摇头表示不喜欢。

最后，两人来到了一家星级饭店，姑姑说："这家好，就这家吧！"男孩忐忑不安，心想："姑姑啊，您不知那是星级饭店吗？我一个学生怎么能负担得起啊！"可是想到姑姑的恩情，男孩无论如何说不出拒绝的话。席间，男孩的手心渗出了汗水，可是他始终强颜欢笑，照顾着姑姑。

后来他借着去卫生间的机会，偷偷看了一下菜单——2000 多元。回到座位后，男孩更加坐立不安，终于，他用最小的声音对姑姑说："姑姑，我没有那么多的钱来买单……"

姑姑说："我今天来，就是想给你上一节课，这节课的题目就叫：学会拒绝别人。你没有钱，为什么和我进了这样一家饭店？为什么不直接说：'姑姑，我没有钱，可不可以换一家饭店？'你拒绝我一下，是不是就避免了没钱结账的尴尬？生活中好多这样的事情，敢于拒绝，会让你生活得更轻松。孩子啊，一定要学会拒绝，学会说不！"

最后，姑姑主动付钱为这顿饭买了单。

这姑姑用最直接的方式给男孩上了生动的一课，如果不会、不敢、不好意思拒绝别人，一味地迁就别人，最终只能是自己吃亏。

做人难，做事难，拒绝别人更难。男孩在与人交往时，不可能遇到的对象都是友善的、讲理的，也会遇到一些颠倒是非黑白、自视过高的人，他们不仅提出无理要求，还强迫别人无条件地接受。如果男孩这时因为好面子、讲义气，就打肿脸充胖子，最终吃亏的只能是自己。因此，一定要让男孩敢于拒绝，勇于说"不"。

教男孩学会说"不"

青春期男孩一般都是冲动的，往往把"义气"二字看得特别重要，有时明知道做的事情不对，可是碍于哥们儿义气，也不好意思拒绝，糊里糊涂就犯了错误。这时妈妈的正确引导会起到至关重要的作用。

有一天，上初二的儿子放学回到家后，显出一种欲言又止的样子。我知道儿子肯定有心事，正在要不要告诉我的矛盾中纠结着。于是，我主动把儿子叫过来，问他是不是有心事要和妈妈说。儿子见我问他，好像下了很大的决心，说："妈妈，我还是告诉您吧，我正不知道怎么办呢，您帮我出个主意。""说吧，儿子。"我很认真地说。"今天放学的时候，我的一个同学找到我，他说和邻校一个同学发生了矛盾，明天要去教训教训他，让我和他一起去，同时他还叫了好几个同学，他们都答应了。我知道这样做不对，可是又不好意思拒绝，正不知道怎么办才好呢！"我听了很吃惊，庆幸自己及时发现了儿子的反常。我很认真地对儿子说："打架肯定是不对的，既然你明知道是不对的事情，就要勇敢地拒绝，不能因为哥们儿义气就明知故犯。同时，你还应该劝告你的同学，不要做这种损人又不利己的事情。"儿子听了我的话，很坚定地点了点头。

让男孩学会泰然接受他人说"不"

妈妈应该在男孩头脑中强化一个概念：别人的东西不属于我，只有在人家同意的情况下，才能享用一会儿。

上初中的林山总是看着别人的东西比自己的好，拿不到手就羡慕忌妒，或是让爸爸妈妈去跟别人要。妈妈当然不能代劳，于是招来林山发更大的脾气。妈妈采取冷处理，待他平静之后再讲道理。妈妈告诉他："每个人不是想要什么就能得到什么，人家的东西你没有，你有的别人也可能没有，但如果你能和朋友换着玩，大家就都能玩到自己没有的东西。"后来林山接受了这种方法，偶尔碰了"钉子"，林山也能一脸的无所谓，一会儿又能发现新的目标。

林山之所以愿意与别人分享，是因为他已经尝到了"交换"的甜头，由此领悟了"条条大路通罗马"的妙处。

第五章　青苹果能不能摘

——为男孩补上“爱情教育”这一课

俗话说：“哪个少女不怀春，哪个少男不钟情。”爱情是人类感情中一种特殊的、最美丽的感情，也是少男少女追求和探索的一个重要的领域。早恋作为爱情的萌芽阶段，是大多数人都会经历的，尤其是在青春期这样的花季，更容易培育出早恋的花朵。妈妈在担心的同时，要积极地引导，理智地处理，陪男孩一起度过懵懂的青春期。

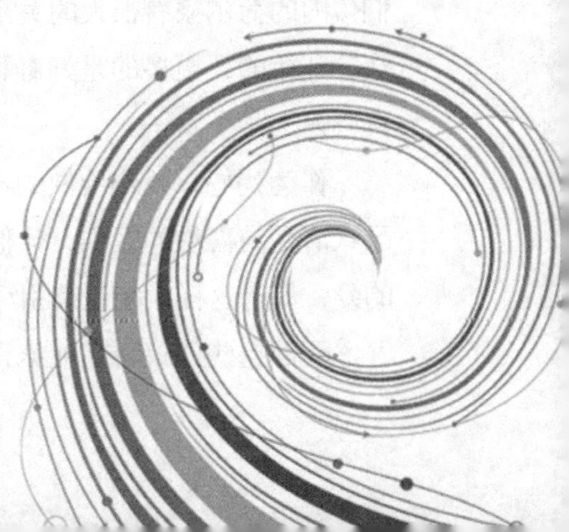

细节35 “我爱上班花了。”

——如何帮孩子区别喜欢与爱

我们常常会在现实或影视剧中听到这样一句经典语录：“我很喜欢他（她），但不爱他（她）。”那么喜欢与爱究竟有什么区别呢？社会心理专家鲁宾对爱和喜欢的关系曾进行了系统的研究，他发现爱不是喜欢的一种特殊形式，爱与喜欢根本就是两种不同的情感。

通常来说，爱与喜欢的区别主要表现在以下几方面：

1. 依恋程度不同。陷入爱的世界的人在感到孤独时，会强烈地想让对方来陪伴和安慰，而喜欢则不会有同样的表现。

2. 利他表现不同。爱会让人高度关怀对方的情感状态，觉得让对方快乐和幸福是自己义不容辞的责任。如果发现了对方的不完美或者缺点，也依然会表现出高度的宽容，即使是那些自负、自私的人，在真正爱着对方时也会表现出某种理解、无私和宽容。而喜欢是一旦幻想被打破就有可能消失或转移的情感。

3. 亲密要求不同。相爱的双方，不仅对爱着的人有高度的情感依赖，而且会渴望亲密的身体接触，喜欢的要求就没有那么强烈。

通过了解以上爱与喜欢的区别，相信大多数青春期男孩的妈妈在儿子“恋爱”的问题上，已经知道怎样去引导儿子认识爱与喜欢的不同。

其实，男孩进入青春期后对异性产生好感是一种很正常的现象，这和他们体内的荷尔蒙有很大的关系，换句话说，青春期男孩对异性的关注是从“喜欢”开始的，更多的是好奇和懵懂。当然，我们也不能否认他们在十几岁就真心爱上某个女子。

作为妈妈，我们要做的不是盲目地阻止儿子喜爱异性，而是要引导他自己认清爱与喜欢的区别，让他明白究竟对那个“她”是一时的迷恋还是真正的爱，只有这样才能正确引导男孩对待自己的恋情。

下面这些建议希望能给青春期男孩的妈妈们带来一些启示：

让男孩明白什么是真正的爱情

真正的爱情是需要与责任相伴随的，真正的爱情需要给对方幸福，而要让对方幸福需要很多条件，比如一定的物质条件、付出爱的能力、解决现实中困难的能力、与对方同甘共苦的能力、正确处理双方家庭及朋友关系的人际交往能力等。而处于青春期的男孩对自己都负不了责任，还要在经济、生活、情感上依靠父母，当然也就无法对喜欢的女孩负责任了。所以说，青春期的恋爱只是一种心理上浅层的喜欢，要实践真正的爱情还没有足够的条件。

要明白自己当前的主要任务

处于青春期的男孩正是长知识、长身体的重要时期，这一时期人的身体各器官尤其是性器官正处于发育的阶段，记忆力、思维能力、学习能力、精力和热情等都比成人更强、更旺盛，从这个意义上说，青春期是人生中学习和成长的“黄金时期”。因而，学好文化知识、锻炼和培养较强的身体素质、心理素质、思想素质等是青春期男孩的重要任务。如果错过这一“黄金时期”，以后再去培养各方面的能力和素质就会事倍功半。

妈妈要了解青春期男孩喜欢和爱的特点

严格来说，青春期男孩、女孩的感情根本算不上是爱，充其量只是一种朦胧的好感、一种表面的喜欢罢了，他们只是被对方某一个表面的优点所吸引，比如帅气或美丽的容貌、动听的声音、温柔或勇敢的性格，他们还不能全面而深入地了解对方。异性相吸是自然界的法则，也是人类社会的法则，尤其对于青春萌动的中学生，男女两性相吸引是很自然的事情，男孩只要拥有某一点或几点被异性欣赏的优点，就很容易吸引女孩的目光和心灵。

因此，只有妈妈了解了青春期男孩喜欢和爱的特点，才能帮助他走出爱的迷茫。

细节36 “你是风儿我是沙。”
——儿子收到情书该如何处理

一位初中生的妈妈遇到这样一件事情：

前几天，在给初一年级的儿检查作业时，我发现了一张小纸条，“感谢你平时讲笑话给我听，也谢谢你帮我讲解不会的数学题，我喜欢你！”纸条上的字是儿子的同学写的。看到这幼稚的字迹，我扑哧一声笑了出来。可是笑过之后，我又隐隐觉得不踏实，“要不要和老师沟通交流下这个问题？要不要找儿子谈谈……”不知所措的我将此事发在网上，向大家求助。

想必很多男孩的妈妈都和这位妈妈一样，担忧收到情书的儿子会不知分寸地早恋，或者拒绝女孩的时候伤害到别人。其实，情书就像一只长着翅膀的小信使，它将少男少女的心都撩拨得不安、喜悦、忐忑、痛苦，而且它也是男孩女孩躲避家长、老师、闲言碎语的传情工具，虽然它有时会被人发现，但很多时候它都会成为男孩女孩心中的秘密。

一般来说，男孩子收到情书也会非常烦恼，因为他不知道是答应对方，回绝对方，还是置之不理，抑或是告诉家长、老师。这无形中就会带给男孩一种压力。那么如何才能巧妙地处理这种状况呢？妈妈们就需要仔细寻找一些合适的引导方法了。

提醒男孩不要将情书视为爱情

有一位妈妈的教育经验是这样的：

儿子小海是一个非常阳光的高中生，平时很喜欢打篮球。上周末我给他洗衣服的时候，发现他口袋里有一封信，打开一看，竟然是女孩子给他写的情书。拿着这封信，我愣了半天，想要立刻好好教育儿子一顿，可是又怕适得其反。于是，我又将这封信放回了儿子的口袋，而这件衣服我也假装忘了给他洗。事情过去两天之后，我故意和小海的爸爸演了一出“双簧”，间接地告诉儿子我们两个上学的时候也都收过情书，但那只是对异性的一种欣赏，并不是爱情。儿子并不知道他收到情书的事情被我们知道了，不过我看到从我们的谈话中，他已经知道如何处理自己的事情了。

这真是一位冷静的妈妈，她懂得理智地去和儿子沟通，而且也没有对儿子收到情书这件事情不闻不问，而是想办法去解决。

其实，很多青春期的男孩不完全了解情书所传达的有时仅仅是一种喜欢，而且这种喜欢有很大的盲目性，和真正意义上的爱情是不一样的。假如收到情书的孩子把这种喜欢当成爱，甚至全身心投入的话，很可能会误入歧途，浪费美好的青春年华。因此，妈妈们必须要提醒儿子不要把情书视为爱情。

教给青春期男孩拒绝情书的方法

这天，上初二的张涛有些神色慌张地回到家，妈妈以为是他期中考成绩不理想，于是准备晚饭后再慢慢开导他。

吃饭的时候，妈妈发现儿子心事重重，就有意识地引出很多话题，但都被儿子一一平静地答复。平时妈妈和张涛就像好朋友一样什么都聊，所以说着说着，张涛支支吾吾地想提问了，可是好像很难开口，他说：“老妈，呵呵，嗯，这个——”妈妈笑着说：“有什么就说，你还能有什么不能告诉我的。”张涛说：“也不是不能告诉您，但您不能笑话我，也不能太说我。我跟您说可是信任您。”“好，你说吧！”“老妈，您以前上学的时候给别人写过情书吗？您收到过情书吗？您又是怎么办的？”“妈妈没有写过情书，不过收到过情书，但是那时候我觉得上学最重要，所以很快就拒绝对方了！”“那要是女的给我写情书，我也不想谈恋爱，该怎么办？”“你可以直接拒绝她，但说话不能冲，毕竟对方是女孩子。你可以告诉对方，你想先好好学习，感情的事情以后再说，大家可以心无芥蒂地做好朋友。”经过和妈妈的一番谈话，张涛得到了拒绝别人情书的方法，他的难题也解决了。

一般来说，男孩子收到情书后，最想知道有什么办法能把这件事情处理好，比如说怎样拒绝女孩才能让对方不伤心。其实，妈妈们教给青春期男孩拒绝情书的方法有很多种，例如，冷却法，即让儿子对对方不予理睬或适当回避，避免和对方过多接触；直接法，即直接拒绝女孩，让女孩断了对自己的想法；回信法，给对方写一封婉转的回绝信，切记信的内容不要挖苦打击对方，也不要和对方暧昧不明。

相信只要男孩态度坚决地拒绝对方，那么大多数女孩子都会选择放弃，虽然心底也会有些小难过，但这对两个孩子来说都是最好的。

细节37 “美术老师真可爱！”
——男孩是不是爱上了女老师

有一位青少年心理专家曾这样说道：

我经常收到一些中学生的来信，有好多学生都向我诉说爱上老师的经历，这些孩子都很痛苦，他们总是在信中问我：“您说，我们能有好的结果吗？”我记得，有一个男孩在信中告诉我，他最近喜欢上了他们班新来的英语老师，因为那位女老师不但讲课有趣、长得年轻漂亮，而且为人亲和，很照顾同学们，很快就和大家打成一片。但是听别人说，这个女老师马上要结婚了，他听到这个消息很痛苦，想要对老师表白，可又怕被老师拒绝而难堪，弄得他根本没有心思上课了。后来，我告诉他，对自己的老师产生“爱恋”是很正常的一件事情，不要认为这是可耻或者丢人的事情，也不要冲动地去打扰老师的正常生活，就把这美好的感觉藏进自己的内心深处，或者把这种感情转嫁到学习上。

事实上，类似的“恋师”现象在现在的校园里很常见，从心理学上来说，这是男孩性意识发展过程中的一种普遍现象，虽然有些时候它带给男孩的可能是不良的影响，但无可否认“喜欢老师”是一种正常情感。

为什么青春期男孩会产生这种爱恋老师的情感呢？首先，现在的学校教育存在很多不利青少年性发育的禁锢，男孩女孩之间的交往有时会被禁止、被非议、被排斥，在这种情况下，渴望异性关注的男孩们为了满足与异性交往的需要，很多时候就把目光转向了自己的老师；其次，成年的女性老师大多具有母性的光环，假如男孩经常从她们身上看到温柔、亲和、美丽、博学、耐心等美好的方面，那么自然容易被吸引；最后，青春期的男孩容易被成熟女性身上的气质吸引，对她们产生一种性幻想。当然，除此之外，男孩还可能受到影视作品、文学杂志等的外界影响，对“师生恋”存有一种渴望。

那么妈妈们该如何帮助青春期的男孩正确处理他们“爱上女老师”这一特殊情况呢？下面这些方法或许对妈妈们有帮助：

引导男孩认清他对老师的“爱”源自何处

青少年心理咨询中心的专家曾经收到过一位男孩写的信：

我不清楚你们还记不记得我，几个月前我曾找你们咨询过，我是一名中学生。这次我又有问题需要专家老师们为我解决。上次，我不是告诉你们我喜欢上了我们的美术老师吗？可是最近我发现，她对另一个男生比对我更好了。论画画的天赋，我比那个男生好太多了，论学习的领悟能力，我也比他好，就算比我们两个的外貌，我也比他帅得多。可是我们美术老师对那个同学就是特别偏爱，对我的关注也少了，我心里真的非常难过。有时候，我真恨不得那个男生转学，永远不要出现在美术老师面前，可是我又觉得这样的自己很小心眼，很令人厌恶。我该怎么办呢？

其实，很多青春期的男孩对老师的喜爱，并不是爱情，而是渴望从老师那里得到一种关注和肯定。如果老师对他特别关注、肯定和喜爱，那他自然对这个老师也特别喜欢，可是一旦老师把这种喜欢分给了其他的同学，那么因为被忽视而产生的忌妒心就会令男孩很难过，甚至有些男孩会有“失恋”般的感觉。

所以，作为妈妈，我们首先要引导男孩认清他对老师的“爱”源自何处，然后再采取相应的办法解决。如果你的儿子和上述事例中的男孩一样，对老师的喜爱是来自老师对自己的关注和肯定，那么我们做家长的要一方面多给儿子关注和肯定，要让他清楚老师对待每个同学都有关注，也许关注的程度不一样，但他绝不是最特殊的那一个，让他摆正心态，另一方面，我们也可以在男孩不知道的情况下，和他喜爱的老师聊一聊，让老师在教学的时候既不要太忽视自己的孩子，也不要给他太多的关注让他误会。

鼓励男孩多和同龄人交往

妈妈们都知道，能让儿子健康快乐成长的最好办法，就是鼓励他多和同龄人交朋友。因为在和同龄人交往中，他们有更多的共同语言，也很容易摆正自己的位置。而在与老师这样的长者交往时，他们很容易把对老师的尊敬、爱戴、信任想象成爱情，进而做出错误的判断。

除此之外，当妈妈们发现儿子有喜欢女老师的倾向时，千万不要责骂和羞辱，而是要学着转移他们的注意力，开拓他们的视野，让他们把精力放在学习上。

细节38 “恋爱自由，与你们无关！”
——如何理性引导早恋的孩子

一位焦急的妈妈，面对儿子一连串青春期发生的变化，一口气对青少年心理咨询中心的专家提出很多令她头疼的问题：“我儿子15岁了，今年我发现他变得更多了，以前最多顶嘴，现在动不动就给我脸色看，学习大幅度退步，而且买衣服都要买名牌，他开始更注重自己帅不帅。我说了他好几次，可是一点儿作用都没有。最近我偷看儿子的日记，吓我一跳，原来他们班有个女孩喜欢他，而他也对那个女孩有好感，两个人似乎已经确定了恋爱关系，正打得火热。自从知道了这个事情，我没有一天睡过安稳觉，不是担心儿子因为恋爱耽误学习，就是害怕儿子少年冲动惹出后悔终生的事情，可是我一说他恋爱的事情，他就大吼着让我‘不要管’，我真不知道怎么办了！”

其实，从这位妈妈的叙述中可以看出，进入青春期，有些男孩会出现顶嘴、叛逆、学习退步、爱美、早恋等现象，尤其是青春期的早恋问题。因为这对于男孩妈妈来说是个敏感话题，所以妈妈们在男孩青春期最担忧的就是：“儿子恋爱了，怎么办？”

有一位妈妈是这样做的：

儿子一天放学后，突然郑重其事地跟我说：“老妈，我谈恋爱了，您如果想打我骂我一顿，那我们就没有谈论的必要了。”儿子这样正经地找我谈话，我想他一定自己想过很久，于是我笑着说：“臭小子，难道你要我大笑三声以示庆贺！你谈恋爱我不反对，但我不希望看到这件事情影响到你们的学习。如果你们两个能够恋爱与学习兼顾，那我很乐意做你们的后盾，反之，我也无能为力。”儿子信誓旦旦地说：“您放心，我告诉您就是不想你们瞎想，我们会互相督促学习的，我只是不想让自己以后后悔，我现在所做的决定我自己会负责。”“好的，有你这句话我就放心了，不过，我还是会监督你的！这也是我的责任！”我拍了拍儿子的肩膀，算是我们之间的约定。

青春期的男孩，对于同伴情感有着强烈的需求，尤其是对异性的情感，他们充满着好奇和向往。所以当你意识到自己的儿子有了喜爱的女孩，那么首先不要惊慌，因为这个讯号告诉你：儿子长大了。其次，你要学着相信你的儿子，就像上述事例中的妈妈一样，相信儿子对于他的选择有自己的理由和决心，然后给予儿子正确的指导。最后，男孩谈恋爱的讯号也提醒妈妈们，在男孩的心目中可能存在爱的缺失，所以他们需要从异性身上获取关爱。

因此，妈妈应该想办法正确引导想要谈恋爱或者已经在恋爱的儿子，如何正确处理他们遇到的问题：

不要强迫你的孩子，最好采取“跳”“冻”“隔”的法则

青春期的男孩刚好也正处于叛逆期，因此，这个阶段男孩的父母千万不要过于强制他们，更不要说一些过分的话语，以免激起男孩的逆反心理。

如果妈妈一旦发现男孩有什么情感方面的蛛丝马迹，不是搞侦查追究，就是围追堵截，采取各种手段防患于未然，那么，叛逆的男孩就会想，既然你不相信我，干脆我就找个朋友谈谈，看你们能把我怎么样！于是，原本只是与同学之间正常交往，由于家长的狐疑而使事情走上了反面。换句话说就

是，大多数情况下，是我们家长把儿子逼上了早恋的弯路。

作为男孩的妈妈，当发现孩子的心思被某个女孩牵走了，最好的办法是运用“冷处理”，即采取“跳”“冻”“隔”的法则。因为当孩子产生恋爱情感时，随着憧憬与激动，也会为伤感、社会环境压力、甚至性欲的纠缠而苦恼。父母不但要洞察男孩这种内心情感，而且还要从旁加以引导，要耐心地倾听男孩的诉说，并给男孩以热情、严肃的忠告，让男孩“跳”出来，将感情“冻”起来，要告诉男孩学生时代谈恋爱最后“终成眷属”的还不到3%，成功的可能性非常小，早恋对中学生学业有影响。总之，尽量把两个孩子“隔”开来，少接触。家长的教育要和风细雨，又要有一定严肃态度，不能埋怨、责备，帮助孩子走出“早恋”的困惑是需要一定的时间的。

多给男孩一些关注，提早发现男孩的早恋倾向

应对男孩早恋的最好方法，就是早发现、早提醒、早帮助。因此日常生活中，妈妈一定要多留心男孩的变化，以便于及早发现男孩早恋的行为，一般来讲，男孩早恋的倾向主要体现在以下几个方面：

他最近突然变得很爱打扮，并常对着镜子左顾右盼；

一向朴素的他，竟然要求父母添置时髦衣服；

他的学习成绩突然有明显下降，并持续了一段时间；

活泼好动的他开始变得沉默起来；

他回家后喜欢一个人躲在房间里，不太喜欢和父母交流；

他对某异性的名字特别敏感；

他经常会在无意间谈起公园、溜冰场、音乐茶座等一些场所。

妈妈在平时一定要细心，只有及时察觉到儿子的变化，才能及时为其送去帮助。

细节39 “我本将心向明月。”
——男孩陷入单相思应如何应对

进入青春期的青少年，对异性产生爱慕，这是心理发育的正常现象，而且单相思是这场“爱慕”里的“常客”。

所谓单相思，即单恋，是指一方对另一方的以一相情愿的喜爱与倾慕为特点的畸形爱情。通常来说，单恋对于大多数青少年来说就像一场美丽的“爱情误会”，是一场情感错觉。例如，男孩可能是因为女孩长得漂亮而喜欢她，或者是因为女孩学习好而喜欢，或者是因为女孩笑起来比较可爱而喜欢，也可能是女孩温柔的性子让自己喜欢，总之单相思是自己的主观感受，而对方毫无表示，甚至根本不认识自己。

有一个男孩在自己的网络空间中这样写道：

她长得很漂亮，每个男孩子都为她着迷，正因如此，我偏偏爱跟她抬杠，还故意周旋于其他女生之中，让她知道我对她没兴趣。可是，这个学期，我跟她被编在同一个小组，朝夕相对，我也终于情不自禁地爱上了她。

爱上她之后，我愈来愈妒忌她身边的那些男孩子，我开始变得沉默寡言，而且经常刻意地回避她。我认为她不会爱上我，她喜欢被一大群男生追逐，而不是一个。为了不使自己痛苦，我不会告诉她，我多么喜欢她。

我把原本准备寄给这个女孩子的情诗珍藏了起来，并不打算让她知道。

最深和最重的爱，必须和时间一起成长。其实，在青春期的爱恋中，“落花有意流水无情”的事情经常发生，毕竟单相思不是两情相悦，它会让男孩觉得痛苦、不知所措，甚至想要去证实对方对自己到底有没有“意思”。而这个证实的过程和最后的结果同样会令男孩焦急、无助、痛苦，因此作为妈妈，我们必须要引导男孩正确对待“单相思”，教会他们如何正确处理自己遇到的感情问题。

正确认识暗恋现象，以积极的心态去面对

暗恋现象从心理角度上看是心灵对美的向往、欣赏、追求。这种美也许是外表的漂亮、英俊、帅气；也许是一个形象、一个动作、一些竞技；也许是一种气质、一种精神、一种成就。总之，它是美的感觉。教师和家长从这个角度去肯定他们的情感，使之明白暗恋并不是坏事，并且一定要告诉男孩们暗恋既有利又有弊。它引人去追求，也会诱发不良情绪，影响身心健康。同时要指导他们克服不良情绪的方法、技巧。

培养男孩的自控力，转移男孩的注意力

自控力的形成必然经历“苦日子”的磨炼，在心理辅导的过程中侧重于引导他们在分析问题的基础上自己找到解决问题的对策。在此期间，他们必须学会以下四种方法。

一是要学会转移情绪。采用迂回的方法，让男孩把情感和精力转移到其他活动上去。活动的形式多种多样，如课堂学习活动，课外的音、体、美、劳、社会实践等各项活动。其实人在参与某项活动的时候，往往激情洋溢，注意力集中，根本没有闲暇去幻想什么了；活动既能促进身心健康，也能忘掉不良的思维。

二是学会合理宣泄。每个人都有爱的秘密，妈妈要让男孩尽情地倾诉，只有把被压抑的情感释放出来，才能全身心的轻松、愉快，其作用既避免不良情绪的产生，又能净化身心环境。

三是要学会幽默解相思。一个人孤独苦闷、单相思时看看笑话、小品，听听音乐，自娱自乐，自我陶醉，达到以娱浇愁的效果。

四是要广交朋友，增进友谊。特别是要与心胸开阔、性格开朗的男女同学交朋友。男女之间的正常交往，是建立在互相尊重、互相爱护、互相帮助、取长补短的基础上的，必定会对学习和友谊的发展起到促进作用。

总之，多看书，多活动，多交朋友，多欣赏大自然的风光，多与老师和家长聊聊自己的生活、学习，即使少年有了暗恋也是一种内在美。

细节40　"她怎么不接受我？"
——儿子"失恋"了怎么办

网络上，我们经常会发现一些中学生关于"失恋"求助的帖子：

"今天，我爱了两年的女孩，突然和我说分手，我痛苦极了。失去了她的爱情，我活着还有什么意思呢？我怎么才能解脱自己呢？"

"我暗恋一个女孩子很久了，上个星期放学回家的时候，她还冲着我温柔地笑了一下呢！我想她也是喜欢我的吧，可是昨天我才知道，她马上要转学了，我们以后恐怕没机会见面了！我'失恋'了，怎么办呢？要不要告白呢？"

"我在初中的时候曾经谈过一个女朋友，后来上高中我们没在一个学校，而且为了学习和其他的一些事情，我主动提出了分手。原以为分手是一件很简单的事情，可是没想到会这么痛苦，导致我现在学习成绩也跟着下降。虽然我不后悔分手，可是心里也不舒服，有没有什么方法可以帮我尽快从失恋中走出来？"

……

其实，生活中像这样"失恋"的男孩子很多，因为中学时期的恋爱虽然看起来稚嫩、美好，但同时也很脆弱，再加上不被家长、老师所承认，所以男孩们的心里都会平添很多的负担，甚至每天都在想办法如何在享受甜蜜恋爱的同时又不被人发现。也正因如此，在"失恋"的时候，男孩子会很痛苦和烦恼。

一般来说，"失恋"的男孩子都会具有这样的消极心态：情绪低迷，有些男孩会觉得自卑、羞愧、迷茫、沮丧，而有些男孩会因失恋而变得暴怒、失去理智、具有报复心、愤世嫉俗；还有些男孩会变得堕落、绝望，甚至自残、轻生。失恋会导致情绪不好，而情绪不好又会影响男孩的身心健康，甚至会导致一系列社会问题。所以，妈妈们必须重视青春期男孩失恋的问题。

让男孩学会转移目标，尽快恢复过来

失恋的时候，有的人是可以通过转移法让自己恢复过来的。比如说全心全意地投入学习。有的人却是迷上一件事情，比如说，听音乐，打桌球，玩竞技游戏……这些都可以将自己的注意力转移。一旦内心里有其他事去做了，就不会所有的心思都放在失恋这件事情上了。说不定很快就能恢复了！

失恋本来就不是什么“天塌下来”的大事，只要妈妈告诉儿子要勇敢地正视一段感情的逝去，把注意力尽快转移到别的兴趣上，那么痛苦和烦恼也会很快过去。再者说，青春少年时期的恋爱，本来就是变化多样的，有成功，自然也会有失败，而两个人的感情也会有好有坏，所以凡事不要太苛求，要学会勇敢接受，自然就会快乐很多。

引导男孩学会正确的情感宣泄方式

上初三的孙浩最近受了打击，因为他交往一年的女朋友突然和他分手，跟别人在一起了。结果这件事情使得孙浩脾气变得特别暴躁，动不动就摔摔打打的。有时还整天把自己关在屋里，饭也不吃，同学来找他玩也不去。妈妈劝他，不必为了一个不爱自己的人这么痛苦，但他根本不听，还冲妈妈大吼：“您根本什么都不懂！以后我的事情您少管！”他经常和几个社会上的男孩出去喝酒，还经常逃学。眼看马上就要中考了，妈妈非常担心这样整天折磨自己的儿子根本应付不了学习。

孙浩妈妈的担忧不无道理。孙浩因为失恋变得脾气暴躁，沮丧，甚至自甘堕落，这对他来说的确是一件坏事。虽然说失恋的时候，不应该过分埋藏和压抑自己的烦恼和痛苦，但没必要像孙浩这样把自己的生活给毁掉。其实，失恋的时候，妈妈可以引导男孩将心中的失意与苦闷倾诉出来，甚至可以让他大哭一场，或者找几个好朋友倾诉，或者把自己的失恋感受用文字记录下来，也可以选择大吃一顿，或者让自己运动流汗。总之，妈妈要引导男孩正确地发泄因失恋引起的不良情绪，让他们逐步从失恋的阴影中走出来，变得坚强、乐观、平和起来。

细节41 “我们什么时候见面？”
——“网络爱情”现实吗

对于现在的中学生来说，“网络爱情”已经是一种很时尚、很普遍的情感体验，甚至很多男孩非常热衷于“网恋”。那青春期的男孩为什么喜欢在网络上寻找爱情呢？我们先来听一听男孩们的心声：

“现实生活中，父母和老师都不允许我们谈恋爱，但是网上谈恋爱又自由又保密，大人发现不了。”

“我感觉很孤独，学习压力也很大，爸爸妈妈和老师根本都不了解我。只有和网上那个‘她’聊天，我才能感到真正的轻松！”

“我喜欢在网上找女朋友，是觉得很好玩。而且我也不是真的想找个女朋友，就是无聊的时候有人能和我说说话。”

……

由此可见，青春期的男孩之所以热衷于“网络爱情”，是因为网恋能带给他自由感、轻松感、解脱感、神秘感、依赖感、安全感、时尚感等，而这些正是他们在现实中无法寻求，却在网络上可以满足的心理需求。

但是网恋很容易让男孩沉迷，并因此情绪受其牵制，生活和学习也会受到极大影响。现实中，有很多男孩正是因为网恋而导致学习成绩下降，情绪起伏严重，甚至会做出一些伤害自己的行为。

不过，因为男孩逆反心理严重，所以妈妈们千万不要在不经儿子同意的情况下就去查看他的网络聊天记录，也不要得知儿子网恋的时候就对他批评和责罚。其实，很多时候妈妈们应该对喜爱网恋的儿子多一些关怀，引导他们从虚幻的网络世界中走出来。

下面这些方法对妈妈们解决儿子网恋的问题会有一些帮助：

因势利导，耐心地和“网恋”的儿子沟通

有一位妈妈的教育经验是这样的：

前一段时间，我得知上高一的儿子正和外地的一个网友谈恋爱，两人每天偷偷打电话聊到半夜，儿子的学习成绩也大幅度下降，于是我很着急地找到专家问怎么办，专家告诉我，没有别的办法，只有与儿子耐心地交流，而且专家还告诉我，一定不要强制儿子和网友断绝关系，否则就会使儿子变得更加叛逆。后来，我很注意和儿子的沟通，并且在我们沟通的过程中，我发现他迷恋上了网络小说。我给自己也买了几本认真读，并且和儿子交流读后感。在交流的过程中，我告诉儿子，网络上的小说都太理想化，现实根本不是这样的，尤其是异地的恋情更难长久。一段时间后，我欣喜地发现，儿子心智成熟多了，并且主动提出了与那位网友分手，从此更加专心地学习了。

这真是一位聪慧的妈妈，她在发现儿子网恋时，没有冲动地采取措施，而是先寻找相关专家，然后因势利导和儿子做好沟通，最后把儿子从虚幻的网络世界中拉回了现实。

所以，妈妈们遇到儿子网恋的事情时，不要冲动，更不要感情用事，也不要强硬地让儿子断绝网恋，而是应该耐心地和儿子沟通，让他了解到网恋的虚幻性，慢慢地男孩自然会主动放弃这段“梦中花、水中月”的虚幻感情。

教会男孩一些自我保护的方法

有一位妈妈在网络论坛上这样求助：

儿子上了初中之后，我发现和他之间的沟通越来越困难，而他也渐渐脱离我们的掌控，想干什么就干什么。一天，我帮他整理房间，发现他的电脑开着，有一个QQ未读消息，我一时好奇，打开来一看，发现对方的头像是一个漂亮的女孩。接着，我打开了这个女孩和儿子的聊天记录，让我震惊的是，他们在网上竟然已经“老公”“老婆”地互相称呼，言语非常暧昧。看着他们之间这些肉麻的话，我顿时蒙了。生气之余，我又感到非常担心，因为我听说网上有很多骗子，万一儿子被人骗了怎么办？

想必很多男孩妈妈也都和这位妈妈一样担忧儿子在网上上当受骗，轻者儿子的感情受伤害，重者生命都可能遭到侵害。因此，妈妈们必须要教会儿子一些自我保护的方法，要教会他辨别骚扰、拒绝诱惑、抵制侵害、及时求助等方法，必要时还要给儿子讲一些性知识。

例如，平时要经常告诉儿子，不要把自己真实的信息随便告诉网友；如果和自己交谈的女网友言谈放荡，甚至涉及一些色情信息，一定要注意远离；不要轻易地和网友见面等。

细节42 “我们班有俩男生……”
——如何预防孩子同性恋的倾向

16岁的小越是一名高一学生，他从小在单亲家庭长大，妈妈对他一直管束很严，因此逐渐形成了他懦弱、温柔的女孩性格。他从上初中开始，就喜欢和那些高大、健壮的男孩一起玩儿，后来他还喜欢上班上一直很照顾他的男孩。小越在自己的日记中这样写道：“我特别喜欢和他在一起，如果看到他和别的女生、男生很亲密，我就很忌妒，而且我喜欢和他有亲密的身体接触，我想我已经深深地爱上他了，虽然我们都是男生，但只要他接受我，我可以为他去做任何事，让我去死我都愿意……”后来小越的妈妈知道了儿子有同性恋倾向之后，心里非常着急，她甚至鼓励儿子去找女朋友，但是小越非常反感妈妈这样做，在一个周六的午后离家出走了。

其实，像小越这样具有同性恋倾向的孩子在中学生群体中并不是特例。据一家青少年心理咨询中心的专家说，在每年接待青少年恋爱咨询的案例中，前来询问同性恋问题的就占20%，而且有着逐渐增加的势头。

心理专家认为，父母在中学生同性恋问题上应负主要责任。父母离异、父亲和母亲在家庭中的角色错位、父母一味反对儿子和异性交往、父母对儿子的关怀不够、父母给儿子太多的学习压力……这些都会使男孩在青春期心理、生理变化的压力下性取向发生偏移。

那么如何尽早预防和疏导具有同性恋倾向的男孩呢？

不要太过压制青春期男孩与异性的交往，要正确塑造他的性别角色

一位妈妈担心上初中的儿子早恋，于是严令禁止他和任何同龄异性交往，而是让他多和学习好的男孩子在一起玩。这个男孩从初中到高中，一直到上大学，他的朋友圈里都是男生，就算上了大学后，同学们让他去参加与女生的联谊，他也总是想办法推脱。事实上，这个男孩在学校表现很出色，学习好，长得又帅，喜欢他的女孩子也非常多，但他一个也看不上，他的妈妈看到儿子的表现还很高兴。可是等到儿子大学毕业之后，和一位大他一级的学长在外面合伙租公寓，并且整日形影不离，动作亲昵，这位妈妈才开始着急。

一般来说，青春期男孩的同性恋行为，多是因为本身性心理发育阻滞或者环境因素造成的。就拿上述这个男孩为例，进入青春期的他由于体内荷尔蒙的分泌，对异性产生兴趣很正常，但是他的妈妈以学习为由强硬地掐断了他和异性之间的交往，导致他只对同性产生崇拜和情感共鸣，再加上长时间和同性在一起，难免在情感上会更倾向于同性之间的恋爱。所以说，妈妈不能太过压制青春期男孩与异性的交往，而且有些时候还应该鼓励儿子多和女孩进行学习交流，中学阶段，男孩女孩的正常交往是他们互相学习的最佳途径。同时，妈妈们还要注意正确塑造青春期男孩的性别角色，不能把儿子当女儿养，要多让儿子学习男性身上的阳刚之气。

妈妈不要只关注儿子的学习，要和儿子保持交流的通畅

有一位妈妈在网上写下这样一段文字：

前几天，上高中的儿子留下一封信走了。在信中他对我说："妈妈，我不想上学了，我感觉压力好大。您每天都让我学习，每天检查我的作业，最期盼的也是我的学习成绩，可您从来都不知道我想什么，我真正想要的是什么。后来，我找到一个人，一个和我有共同语言的人，这个人了解我，喜欢我，现在我要和他永远生活在一起。没错，那个人是个男人……"这对我就像晴天霹雳一样，当场我就晕了过去。我的儿子怎么可能离家出走？我的儿子怎么可能是个同性恋？现在，我又该怎么办呢？

事实上，有很多妈妈和这位妈妈一样，总是把儿子的学习放在第一位，而其他的则考虑得很少。男孩们在学习压力大、又被禁止和异性交往的情况下，就有可能将感情转到更隐蔽的同性那里去。更何况，如今很多青春期的男孩把同性恋看成一种时尚，所以形成同性恋倾向的可能性就会增加。

因此，妈妈不要只关注儿子的学习，而是在关心他的学习之余，还要多注意和他沟通，多了解他学习之外的方方面面，然后及时发现问题、解决问题，这样才能预防儿子成为同性恋。

第六章　给安全套还是戴紧箍咒

——把性教育放到阳光下

很多妈妈视“性”如洪水猛兽，羞于让儿子接受性教育。即使谈到这个问题，也是随便搪塞几句，甚至撒谎骗孩子。男孩没有经过正确的引导，内心更加困惑，于是通过早恋、迷恋色情网站等方式探索心中的疑问。为了防止这样的事情发生，妈妈们应把对男孩的性教育提到议事日程上来。别再不闻不问，也别再躲躲闪闪，而应大大方方、自自然然、开诚布公地与儿子谈“性”。

细节43 “接吻后就能生孩子吗？”

——如何开口对儿子说“性”

一个12岁的小男孩和妈妈一块儿看电视。当看到一对男女接吻镜头不久后又看到了他们的小孩出生，他便问妈妈：“接吻之后就能生孩子吗？”妈妈平静地说：“不，生孩子当然没有这么简单，这其中还有很多程序，就像那天我们看动物世界时，狮子和狮子交配一样。”

“哦，原来是那样子啊，那两个人为什么要接吻，然后生孩子呢？我猜是因为两个人结婚了，对吗？”

“是的，孩子，就像爸爸和妈妈一样，我们彼此相爱，然后结婚，再然后就生了你啊！”

其实，很多妈妈都会遇到这样的问题，而大多数人因为“难以启齿”，所以回避男孩的性问题，这也正是中国家庭性教育尴尬与无奈的现状。事实上，无论是家庭还是学校，似乎都在尽量回避“性”。虽然在中学阶段学校大多都开设了生理卫生课，但有关“性”的章节，老师几乎从来都不讲，而学生自然也无法确切知道有关“性”的知识。

正因为成人对于“性”的躲躲闪闪，才造成了男孩们对于“性”的更加好奇。要知道青春期这个阶段，越是看似隐晦、神秘的东西越是能激起他们的好奇心，挑起他们的冒险意识，甚至很多男孩因为对“性”的错误认识，导致了一系列青春期性问题的出现，像早恋、过度自慰、偷窥癖等。性对于中国妈妈来说是一个很敏感的话题，但我们不能主观地认为“儿子大了对这些问题自然就知道了”，甚至有些妈妈认为对儿子进行性教育是教唆孩子犯罪。这些都是不对的，要知道，正确的性教育不但会对男孩健全人格起到良好的促进作用，而且能决定他一生的幸福。因此，妈妈必须学会如何正确地对儿子开口说“性”。

“打开天窗说亮话”，和青春期男孩开诚布公地谈性

一位母亲苦恼地在网络日志中写道：

一天，我在整理15岁儿子卧室时，不经意地发现儿子竟然在偷看色情小说。我又气又急，但为了不伤害儿子的自尊，我只是把书藏了起来，没把这事捅破。因为儿子一直以来很听话，学习也很优异，也很爱面子，我相信聪明的儿子会察觉到自己的错误，并自觉纠正。

此后一段时间，我发现儿子没有什么异常，对于色情小说的事谁也没提，生活依旧平静，我也很满意自己对这件事的处理——点到为止，心照不宣。

可是又过了一些日子，让人意想不到的事情发生了。那天我因为有事就提早赶回了家，竟然发现儿子在卧室里看起了黄色电影……

为什么这位母亲的回避态度并没有起到良好的教育效果呢？究其原因，是父母越是对“性”讳莫如深，男孩越是充满好奇和兴趣。其实，面对青春期男孩的“性问题”，父母不必遮遮掩掩，而是应该保持平常心来正确看待，大可以“打开天窗说亮话”，和儿子开诚布公地谈性。

另外，父母可以先多了解一些适合青春期男孩的性知识，为儿子进行科学的讲解。同时，自己还要对儿子出现的问题表示理解，引导他正确面对问题，并给孩子提供一些建议，如每天睡觉前运动一会儿，睡觉时把手放在被子外面，不赖床等。

及时疏导男孩的“性困扰”

妈妈除了要对青春期的男孩进行适当的性心理教育、性道德教育外，还应时刻注意男孩此时身体发育方面出现的问题，并对男孩进行正确的指导。

15岁男孩小志曾在上厕所的时候，被同学笑话自己的生殖器太小，此后，小志便感到非常自卑，很少去上厕所。妈妈了解到这个问题后，便告诉了爸爸，让爸爸主动找小志谈谈心，开导男孩，以消除此类问题带给男孩心理上的困扰。

当然，遇到以上问题时，最好还是爸爸出面与男孩谈心，因为随着年龄

增长，男孩一般不乐于与妈妈谈论自己身体方面的事情，对此，爸爸就应在日常生活中多关注自己的男孩，当发现男孩哪些地方不对劲时，就应当及时找男孩沟通，并根据自己的经验给予男孩一些正确的指导。

细节44 “等一下，马上开门。”
——儿子偷看成人片怎么办

妈妈在打扫14 岁儿子的房间时，在儿子的床垫下面发现了两张碟片，碟片封面是一对赤裸的男女，画面尺度非常大，而影碟的名字更是让她看了就脸红。妈妈气得浑身发抖，但仔细想了想，还是把影碟放回到原处。晚上，当妈妈再去床头查看影碟时，发现不见了。妈妈找到儿子，儿子竟一口否认：“我没见过什么影碟。”后来，妈妈把这件事情告诉了爸爸，夫妇俩商量半天也不知道怎么解决这个问题。让他们不明白的是，以前儿子看到电视上有个接吻的镜头都捂住眼睛，现在怎么背着他们偷偷看那些“不堪入目”的成人片呢？

青春期的男孩偷看成人片，是因为他对“性”有极强的好奇心，对未知的女性身体也有一种强烈探寻的心理，而这些心里“渴望”，除了是因为他们第二性征的出现，体内荷尔蒙增加，身体渐渐发育成熟导致，还因为父母、老师都对性问题躲躲闪闪，所以他们就更加好奇。

青少年心理教育专家认为，男孩之所以会偷看成人片，最根本的原因就是他无法从正常的渠道获取有关性方面的知识，即无法从学校开展的性教育课和家长的家庭教育中获取对性的正确认识。因此，要想引导青春期男孩远离成人片，妈妈必须给儿子上好“性教育”这一堂课。当然，也要想办法杜绝他再偷看成人片。

切勿简单粗暴对待看成人片的男孩

一位愁容满面的妈妈向心理专家讲述了她的烦恼：

前两天我进儿子房间，看他很慌张地往床下塞东西。我假装没看到，等他去学校的时候，我竟然从他的床下找出来一本色情小说。我大略翻了一下，发现这本书似乎是租来的，因为扉页上有很多租借记录。我知道儿子喜欢看那些玄幻小说，虽然里面也有一些色情的描写，但比起他现在看的这本书，那简直是“小巫见大巫”。原来我以为每天晚上他都好好学习，却没想到在看这些乱七八糟的东西，而且有一次我打开他的电脑，里面一个硬盘里竟然有很多成人片。儿子回来后，我狠狠骂了他一顿，没想到这孩子不但和我顶嘴，还跑到同学家去住。您说，我该怎么办呢？

青春期的男孩都有一颗易碎的“玻璃心”，这时的他们自尊心很强，但也很敏感，最忌讳的就是简单粗暴的批评教育，而上述事例中的妈妈就是在与“性”相关的敏感话题上，对儿子太过简单粗暴地批评，这很容易在男孩心灵上留下难以抹去的伤痕。

因此，当你发现儿子在接触色情产品时，不要张口就骂“不要脸”“下流”“流氓”等侮辱性词语，更不要上手就打，这会让青春期的男孩要么变得对性产生恐惧感，不利于其未来的人际交往和婚姻生活；要么会让他恼羞成怒，破罐子破摔，更加和你对着干。所以，绝不要简单粗暴对待看成人片的男孩。

用“限”“转”“导”的方法来正确对待看成人片的男孩

有一位妈妈的教育经验是这样的：

最近，我发现上初二的儿子竟然在电脑上看成人片，我没有当面斥责他，而是开始限制他上网的时间，而且告诉他上网必须要以保证正常的学业和生活为前提，然后剩余时间再做其他事情。除此之外，我周末经常带他出去接触人群，并且让他出去和同学打球，鼓励他多做一些感兴趣的有益身心的事情。对于儿子性教育这一方面，我适时引导儿子认清必须学会保护自己和他人，同时也要养成良好的生活习惯。慢慢地，我发现儿子作息时间恢复正常，再也没看过成人片。

这位妈妈做得非常好，她切实可行地限制儿子接触成人片，然后把儿子的注意力转移到其他正常、健康的事情上去，接着再引导儿子正确认识“性”，之后还不忘培养儿子的生活习惯。这种“限”“转”“导”的方法很值得其他妈妈们尝试，对青春期的男孩非常有用。

细节45 “我的行为龌龊吗？”

——儿子过度手淫正常吗

手淫，又称自慰，是指在非性交的情况下，用手或其他物品摩擦生殖器官，以取得性欲满足的行为。手淫这种行为是男孩在胎儿时期就可能存在的一种行为，到了青春期，由于男孩体内的生理变化，很容易产生性冲动和性欲，进而会出现手淫行为。

其实，对于青春期的男孩来说，适度手淫并没有错，正如弗洛伊德认为的那样：性欲需求是“生命意志”的体现，而性冲动即是“一种生命能量”，当这种能量积聚到一定的程度时身体就有将它排泄出去的需求，这种需求是自然的、合理的，是人类的本能。

不过，青春期的男孩过度手淫并不正常，它不但会影响身体健康，如早泄、不射精、阳痿、记忆力衰退、神经衰弱等，还会无端给男孩增加很多的心理压力，让男孩变得沮丧、自卑、悲观、羞愧等。有一位妈妈就遇到了这样一件事情：

近两个月以来，我白天给儿子收拾房间的时候，都发现儿子房间的地上有用过的卫生纸，很潮湿。儿子最近这一段时间没感冒，也没有吐痰的习惯，所以，我怀疑这些卫生纸是儿子手淫留下来的。我仔细回想了一下，儿子自从上中学后，学习成绩没以前好了，而且不爱运动，不爱交朋友，就喜欢闷在家里。现在，他竟然还被我发现有过度手淫的现象，我想说他，可又怕伤到孩子的自尊心，真不知道怎么办好了。

那么有什么办法可以帮助这位妈妈或者遇到类似问题的妈妈们呢？下面

这些方法妈妈们可以尝试一下：

用心理疏导法来帮助男孩戒掉手淫

这天，青少年心理咨询中心接待了一名15岁的男孩，他看起来情绪很低落，他的父母也是一脸愁容。这个正上高一的男孩对心理专家说他从初一就开始有手淫行为，而且在感受到手淫带来的快感之后，他根本控制不了自己，几乎天天手淫。可后来他发现，过度手淫让他经常头晕目眩、失眠、神经衰弱，根本无法专心学习。后来，他还听别人说手淫会大伤男性元气，于是想下决心戒除手淫。可是，每当有性冲动的时候，他仍想进行手淫，因此他感到很矛盾，非常紧张，各种不良情绪严重影响他的生活，有时他还自己扇自己耳光、揪头发、捶胸膛，甚至写血书发誓不再手淫，可是没有任何效用。现在的他每天都像活在地狱之中，总感到自己卑鄙、无能、下流、见不得人。

的确，手淫会给像这名男孩一样的青少年们带来无尽的烦恼和痛苦，并随之产生一系列的生理问题和心理问题。因此，妈妈必须想办法帮助儿子戒掉手淫。

心理疏导法是一种很常见的引导青春期男孩改掉手淫问题的方法，一般来说，心理疏导法的步骤是这样的：第一步，妈妈要学会察觉，即仔细观察儿子是否有手淫现象以及他的各种情绪，如不安、愤怒、沮丧等；第二步，妈妈要学会了解儿子的这些情绪，然后找准机会对他亲近和疏导；第三步，妈妈要学会倾听，并且在日常生活中多增加和儿子的互动，仔细感受他的情绪波动，然后积极帮他调整；第四步，妈妈要学会限制或转移儿子过度的手淫行为，如鼓励他多参加体育运动等；第五步，妈妈要让儿子明白自己因手淫而要承担的后果，如身体健康会受到严重伤害、情绪会受到影响等。

总之，妈妈要尽量帮助男孩减轻因手淫产生的心理压力，帮助他缓解因手淫产生的不良情绪，进而引导他戒掉手淫。

培养青春期男孩良好的爱好和兴趣

有一位妈妈的教育经验是这样的：

自从我发现儿子有过度手淫的习惯后，我没有打骂和斥责他，而是鼓励他多出去走走，多结交一些朋友。我知道他喜欢乐器，就省钱给他买了一把吉他，还给他报了一个吉他学习班。没想到儿子从那之后，把更多的时间花在学习吉他上，而且还结交了很多好朋友，参加集体活动的机会也多了起来。通过仔细观察，我发现儿子手淫的现象越来越少，到后来再也没发生过。

这真是一位聪明的妈妈，她懂得用丰富多彩的业余生活来将儿子过于旺盛的性能量化解掉。

事实上，青春期男孩过度手淫一是因为他们体内过剩激素作祟，二是他们学习压力过大，无法缓解紧张情绪。而良好的爱好和兴趣恰好能够缓解男孩的紧张，并且会占用他们很多的时间和精力，这样就会分散他们的注意力，也无形中把他们从手淫的不良习惯中解脱出来。所以，妈妈要培养青春期男孩良好的爱好和兴趣，一方面可以激起男孩的学习兴趣，增加他们的自信，另一方面也会慢慢改掉他们的一些不良行为习惯，让他们更加健康、快乐地成长。

细节46 “哪来的白色液体？”
——如何对儿子解释遗精

有一个13岁的男孩在日记中这样写道：

昨天半夜我突然惊醒了，发现肚子上很湿，而且都是黏糊糊的东西。一开始，我以为自己尿床了，非常羞愧。几天后，这样的事情又发生了一次，这时我才注意到，那根本不是尿，而是像洗涤剂或奶油一样黏糊糊的白色的东西。我很害怕，我是不是得怪病了？我会不会死啊？

这个男孩根本不是得病，他只是遗精，而遗精是一种非常普遍的现象。一般来说，男孩进入青春期后，不断产生精子和精液的生殖器官在受到刺激后，可不自觉将精液排出体外，这种现象时常发生在晚上做梦的时候，所以遗精又称“梦遗”。

遗精是男孩走向成熟的标志，意味着他从此具有了生育能力。不过，因为很多男孩对首次遗精通常缺乏心理上和知识上的准备，即使他事先略微了解，但毕竟没有亲身体验过，所以一旦发生遗精现象，他会感到突然、意外、惊讶或茫然失措，而这时他必然想要知道“这是怎么一回事？”“我该如何处理？”等问题，否则，他就会感到焦躁不安。

那么妈妈要如何正确引导青春期男孩认识“遗精”这种现象呢？下面就给迷茫中的妈妈们一些建议：

坦白告诉儿子“遗精不可耻”

有一位妈妈的教育经验是这样的：

一天早上，我发现儿子鬼鬼祟祟地在换床单，并且想要偷偷地洗床单和自己的内裤。我看着有些慌张的儿子说：“妈妈给你洗吧！”儿子低着头说：“不用，我自己来。”然后就把我轰到厨房里去了。其实，我知道儿子发生了什么事情，但我也知道儿子很内向，如果当面和他谈论“遗精”的事情，他一定会和我翻脸。所以，我给他写了一张小纸条，放在了他的床头，纸条上写着：儿子，遗精是代表你成熟的标志，并不是一件可耻的事情，也没必要难为情，遗精是青春期男孩很常见的现象，你不妨每天睡觉前在床头准备干净的床单、卫生纸等。妈妈很理解你，如果你学习很忙，妈妈也可以帮你清洗。没想到儿子看完我写的纸条以后，红着脸对我说：“妈妈，谢谢您！”之后，我发现儿子再也没有为遗精的事情而心情不好了。

男孩到性成熟期，出现遗精是很自然的现象。不过，很多男孩遗精后会感到羞耻，他们不是把内裤、床单藏起来，就是忐忑不安地害怕被家人发现。所以，妈妈不必为此大惊小怪，更不要对儿子冷嘲热讽，而是要坦白地告诉儿子：“遗精不可耻，遗精是一种自然现象！”

当然，妈妈们也可以让爸爸在适当的场合，如与儿子单独闲聊时，有意无意地向儿子讲解一些生理知识，让男孩正确认识遗精。

引导男孩正确对待遗精，尽量减少性刺激

上初中之后，孟孟发现自己晚上会做一些春梦，而且醒来后，内裤上还有一些白色黏稠的东西。他觉得自己有点儿变态，可有时候在网上不小心点开一些色情网站，或者看那些限制级的书时，晚上自己就会做一些乱七八糟的梦，醒来之后就会在内裤或床单上发现湿乎乎的东西。孟孟越来越觉得自己是一个不正常的男孩，甚至还把别人口中的那些“变态”“流氓”的字眼扣在自己身上。痛苦的孟孟情绪很差，学习成绩也直线下降，父母也没有及时觉察到他的不对劲儿，到最后他都有些抑郁了。

现实生活中，因遗精而变成像孟孟一样的男孩并不少见。为什么看似正常的遗精会让这些男孩们这么痛苦呢？首先，他们对遗精并没有正确的认识；其次，他们受到外界一些性刺激，像孟孟就是浏览色情网页、看黄书受的性刺激；最后，家人没有及时发现问题。

因此，妈妈必须引导男孩正确对待遗精，尽量减少性刺激，让他们把时间多花在学习上，鼓励他们多参加集体活动，同时让男孩不要看色情书刊、黄色网页、影视等，同时也要引导他们养成良好的生活习惯。

细节47 “这视频是同学传给我的。”
——如何引导男孩远离“黄毒”

目前，电脑、手机已经成为中学生获取信息的主要来源，但正因为电脑网络和手机网络的便捷性和普遍性，一些“黄毒”就很轻易地进入中学生的视野，不断地毒害我们的孩子。

一位妈妈就遇到了这样的事情：

我儿子今年15岁，他上初中后，我就给他买了一部手机。男孩天生好奇心就很强，他自从无意中接触了黄色视频后，就经常通过手机上网浏览黄色视频网站，每次看完他都觉得很过瘾。因为是青春期的男孩子，我一说他，

他就和我顶嘴，最后我也就放弃了。可是，上个月我正在上班，警察局突然给我打电话，到了警局我才知道，儿子竟然在放学后，猥亵一个 9 岁的小女孩。那个小女孩的妈妈报警后，儿子就被抓了起来。此时，我才真正后悔，为什么当初我没有及时阻止儿子的这种行为呢？为什么我不没收他的手机呢？可是现在，后悔已经来不及了。

很显然，这位妈妈发现儿子在手机上浏览黄色视频网站时，并没有进行正确的引导，最后才逐渐导致儿子走上了犯罪的道路。事实上，也有很多妈妈正为“黄毒”对儿子的侵害而烦恼,不知道怎么做才能让儿子远离“黄毒”，是不是不让儿子上网，不让他用手机，他就接触不到“黄毒”了呢？对于青春期的男孩来说，他们原本对于“性”就有一种好奇心理，如果父母强硬地限制他们用电脑、手机上网，那么他们的逆反心理就会越发严重，甚至会做出一些令其后悔终生的事情。

那么妈妈如何才能让青春期男孩远离“黄毒”呢？下面就给妈妈们提供一些方法：

引导青春期男孩戒掉“色情作品”

有一位妈妈的教育经验是这样的：

一天下班回家，我看到16岁的儿子正在房间里上网。可当我一走进房间，他就突然慌慌张张地想要关电脑。我一看电脑屏幕，不禁倒吸一口冷气，儿子竟然在看一部名为《金瓶少妇》的电影。电影海报非常“不堪入目”，我夺过儿子手中的鼠标，粗粗浏览了一下这个网站，上面竟然还有很多三级片、色情小说，气得我伸手就给了儿子一巴掌。儿子挨了打，十分尴尬，但他还是对我解释说，自己刚才只是在网上找动漫看，一不小心就打开了色情网站，一时好奇就点开看看。我逐渐平复心情，等儿子道歉之后，我对他说：“学习正常的性知识是对的，但这些电影、小说千万不能看。一定要戒掉这个坏毛病！”

色情作品不但有大量的裸露镜头或画面，而且充斥着淫秽语言，这对于青春期的男孩来说就像荼毒身心的精神鸦片，让他们沉迷其中难以自拔，危害非常大。因此，妈妈必须引导他们戒掉“色情作品”。

例如，和男孩签订上网协议，只准他浏览固定的几个绿色网站；妈妈要给儿子及时讲解一些青春期性知识，让他对性的好奇心降低；安装一款绿色杀毒软件，将色情信息隔绝出去；鼓励儿子多参加体育运动、听音乐、阅读健康有益的书籍等，以此来转移男孩对色情作品的注意力。

加强男孩的思想道德教育，引导其健康上网

有一位妈妈悔恨地在网络上写道：

儿子变成强奸犯都是我们的错啊！当初他背着我们看黄色小说、浏览色情网站，我们知道后也没有及时教育他，没有告诉他什么是对、什么是错，结果他一步步地深陷其中。我一直以为男孩子的好奇心满足之后就会变正常，毕竟我儿子是一个懂事、热心、学习优秀的好孩子，可没想到他竟然去强暴女同学，犯下这样的错事，我真是悔不当初！

现在很多男孩都可以通过电脑、手机上网，最初他们的目的可能是搜索一些学习、娱乐的信息，但是“黄毒”在网络的世界里无孔不入，所以他们难免受到影响。这时，如果父母不引导男孩正确加以鉴别，不加强男孩的思想道德教育，那么他们很可能会走上歪路。

因此，妈妈对青春期的男孩一定要提前做好预防“黄毒”的工作，不断对他们进行思想道德教育，并且给他们讲解一些性知识，同时更要引导其健康地上网。这样，男孩的世界才会变得更加积极、健康和阳光。

细节48 “我们是两情相悦的。”

——儿子偷尝“禁果”了怎么办

如今青少年初尝禁果的年龄，已降低到初中阶段，而面对偷尝“禁果”的儿子，妈妈们大多不知所措。比如有的妈妈担心太过批评儿子会让他更叛逆，而有的妈妈担心儿子一冲动之下就过早“成家立业”，也有些妈妈担心儿子会因此变得对感情不负责任，等等。

以上妈妈的担心不无道理，因为青春期的男孩身心并未成熟，他们可能只是因为一时的性冲动或者对“性”的好奇，而和异性发生性关系。一般来说，这种情况下偷尝“禁果”，会让他们从刺激、欣喜变得忐忑、恐惧，接着他们会怕承担责任，会担心被家长发现而惶惶不可终日。所以，当妈妈发现儿子已经偷尝了“禁果”，一定要谨慎小心地处理，千万不要把事态扩大，更不要气急败坏地批评、咒骂、暴打儿子，因为这样只会让男孩的心更加叛逆、怨恨。而是应该平心静气地倾听儿子的想法，开诚布公地和他讨论解决问题的最佳方法。

除此之外，下面这些教育方法也值得妈妈们尝试：

从正面引导男孩度过性冲动时期

男孩不可能永远长不大，不可能永远没有欲念。所以，他在青春期出现了“性冲动”是非常正常的事情，也是一种成长的表现。只要能够加以正确引导，分散其注意力，男孩的“性冲动”现象就会有所缓解。妈妈可以先从净化儿子身边的环境做起，把儿子的一些具有刺激性的书籍、刊物、音像等物品“借”走。此外，还可以多带孩子参加一些体育活动、集体活动；多让他读一些与自然科学，社会科学等有关的书籍，长此以往，他的心思就会集中到学业上了。

告诉儿子“可以做什么”

现在很多妈妈总在担心青春期的儿子会做出一些出格的事情，于是不停地提醒他们“这个不许做”“那个不许做”,还总是喜欢把事情的后果严重化。岂不知这种“强迫式”的切断儿子与“性”之间关联的方法，只能让男孩对“性”的神秘性愈发好奇，甚至促使他们更想去试一试。

因此,妈妈最好在给自己的儿子讲解各类性问题时,告诉他“能做什么”,如何与女同学正常交往等。

当然，有些原则妈妈一定要及早对男孩强调，例如，恋爱不要太早、不要轻易去尝试性关系、对感情要有责任心、不要把爱与性盲目地联系在一起，等等。

发现男孩偷尝“禁果”，不要呵斥他

15岁的琤琤是一名初三学生，他有一个交往一年多的女朋友，两个人感情还不错。于是，正值青春年少的两人就偷尝了“禁果”。没想到两个多月后，那个女孩突然对琤琤说她怀孕了，琤琤听到这个消息一时没了主意，根本不知道怎么办。很快，女孩的父母就知道了这件事情，并且找到了琤琤家。双方父母都不想把事情闹大，于是就让两个孩子分手，女孩把孩子打掉。这件事情并没有就此结束，从那之后，琤琤每天回到家都被爸爸妈妈骂，说他“丢人”“不要脸”“不干正事”。刚开始，琤琤还能忍受，最后，他实在忍受不了就离家出走了。

琤琤因为发生偷尝“禁果”这件事情，内心深处已经很担忧和茫然失措，但这时候家人不但没有安慰他、理解他，相反还不停地打击他、辱骂他。这对一个未成年的男孩来说是一种极大的伤害和刺激，他最后的离家出走也是家人直接导致的。

所以，当你发现儿子偷尝“禁果”后，不要总是呵斥他，甚至侮辱打击他，而是应该站在孩子的角度表示你的理解和同情，并且协助他一起把事情解决好。最重要的是，在解决问题的过程中，你要让儿子认识到他的错误，以及他应该承担的责任，让他明白在青春期哪些事情是应该做的，而哪些事情是被禁止的，只有这样他才会真正成长。

第七章 学海无涯“乐”做舟

——给学习插上快乐的翅膀

青春期正是学习的关键期，男孩学习成绩的好坏时刻牵动着妈妈的心。把学习当成负担，和老师关系不好，考试焦虑等，这些问题无不令妈妈苦恼，和儿子对着干、冷战、取消儿子的零花钱等都不是正确的办法。对于正值青春期的男孩，妈妈应该多一些关心，准确了解男孩对学习的想法和心态，有的放矢地帮助男孩顺利度过青春期，并取得优异的学习成绩。

细节49 “每天都学习，烦死了！”
——如何培养儿子的学习兴趣

青春期的男孩似乎有永远也消耗不完的精力，动来动去，总是安静不下来。对于青春期男孩，这是不是一种正常现象呢？当然不是。男孩在学习中的不专心，归根结底是他对学习没有兴趣，感觉学习就是一种负担，所以就会寻找一切机会玩，这才是他的乐趣。

而当他在玩时，兴趣盎然，思维活跃，精力高度集中。在男孩的世界中，对于他所感兴趣的事物，他会调动一切热情来享受这些事物带给自己的快乐。因此，这么看来，如果在学习中他也有这样的兴趣，他一样也会很专注，很有热情。

爱因斯坦说过：“对所有人来说，只有兴趣才是最好的老师。”世界上很多的科学家、文学家等取得巨大成功的人，都是从兴趣开始的。有了兴趣，才能点燃人们的热情。

有一位妈妈的教育经验是这样的：

上初二的儿子最近所有的心思都放在网上了，根本没兴趣学习。所以为了培养儿子的学习兴趣，我就从他最喜欢的网络着手，例如，我会让儿子参加一些英语的语音聊天室，让他在学习外语知识的同时也锻炼了自己的听力；平时我也鼓励儿子在网络上找一些有趣的数学题做一做，或者阅读一些好文章。为了预防儿子产生网瘾，我和他协商后，规定了上网时间。这样实行一段时间后，我发现儿子对学习的兴趣大大提高了。

对于大多数青春期男孩来讲，学习可是件苦差事，是一件与乐趣完全不搭边的事。许多男孩宁可挨妈妈骂也不愿去学习。其实，男孩有不爱学习的毛病，因为男孩的某些天性与学习所需要的状态有些背离。例如，学习时需要注意力集中，而男孩的注意力特别容易受周围事物的影响或吸引；学习时需要耐心，而男孩天性好动又耐不住性子，很容易失去耐心；学习是一件烦琐的事情，而男孩天生就怕麻烦……因此，妈妈应该找对方法来提高男孩的学习兴趣。

引导男孩采取科学的学习方法

下面我们看一下这位妈妈是怎样培养儿子的：

李女士的英语不好，在工作中没少因它而受影响。但是这也不能怪她，在当时那个年代，大家都是到了初中才开始接触英语，根本没有学习语言的那种感觉和氛围。因此，李女士决定对儿子的外语教育要提前开始。

在儿子咿呀学语的时候，李女士就开始给儿子放英语歌，并陆续教一些简单的单词。当儿子上小学的时候，李女士总是提前教儿子预习老师所要讲的内容，并告诉儿子做好复习。生活中，李女士还尝试与儿子用简单的英语交流，让儿子不再害怕张嘴说英语。现在，上初中的儿子英语成绩非常优秀，而且英语会话能力已经超越了李女士。

之前我们已经介绍了男孩在学习方面存在的弱项，那么妈妈不妨及早做好预防工作，恰当地弥补男孩学习上的弱项，引导强项，让他轻松应对学习。只有采取科学的方法教男孩学习，才能让他不再惧怕并喜欢上学习。

培养青春期男孩的竞争意识

男孩子争强好胜，妈妈可以充分利用这一点，激发他的兴趣，让他爱上学习。男孩一旦具备强烈的竞争意识，就基本不用家长督促，能够自觉地学习，并且乐于在学习中探索。

晚饭时，上高一的南瑞向爸爸、妈妈提出了一个要求：“爸爸、妈妈，我想好了，我要去上奥数班。”爸爸说：“把你的理由说来听听。”南瑞说：“我们班的戴飞报了奥数班，我也想报。当然，不仅仅是怕落后于戴飞，还有以下理由：第一，我喜欢数学，更愿意去学奥数。第二，戴飞的数学成绩还不如我，他都能拿到奥数的高成绩，我想我也可以。”

当然，十几岁的男孩去学什么，并不是最重要的，重要的是他被竞争意识所激发，有兴趣去学，这样，他才能爱上学习，取得更大进步。

细节50 “老师看我不顺眼。”
——如何消除男孩对老师的敌对情绪

上初二的钱枫学习成绩一般，还非常调皮。一天课间的时候，钱枫在教室里和几个同学玩闹，不小心把班里的玻璃给踢坏了。班主任孙老师当着同学们的面狠狠地批评了钱枫：“怎么好事找不到你，坏事你一件都不落下！你要是把玩闹、打架的时间都用在学习上，我也就不用整天跟你着急上火了。放学后写一篇检查，明天当着全班同学读。还有，明天把你家长也叫到学校来！”说完，孙老师气呼呼地走了。

钱枫一听要让他写检查、请家长，还要当着全班同学的面承认错误，心里对孙老师顿时充满怨恨。他可是堂堂男子汉，那样做太丢人了。可是自己又不能违抗老师的命令，他心里对孙老师一点儿好感都没有了。

还有一次，钱枫上孙老师课的时候，被几个搞怪的同学逗得哈哈大笑，结果惹恼了孙老师，两个人就在课堂上吵了起来。钱枫回到家之后，看到妈妈黑着脸看着他，心想：“那个老孙一定又告我状了！”于是，他赶紧申辩说：“我今天没做错事，孙老师看我不顺眼，他老找我事！”

妈妈听到儿子的话非常担忧，因为现在儿子对孙老师不满，孙老师又对儿子满腹牢骚，这样的师生关系，如果影响了钱枫的学习怎么办？

其实，很多青春期男孩的妈妈都遇到过类似的情况，都会或多或少地听到儿子对自己老师的抱怨。那么是什么导致男孩与老师关系不好呢？一般来说，有这样几种原因：老师的批评让男孩下不来台，导致男孩不是感到尴尬、愧疚、委屈，就是变得固执己见和老师对着干；男孩认为老师瞧不起自己，例如，有些自卑的男孩学习不好或者家境不好，就认为老师轻视自己，进而和老师产生了心理隔阂；男孩担忧老师记恨、报复，像有些男孩和老师大吵大闹之后，就会“后怕”，担心老师找机会报复自己……

所以，妈妈为了儿子能和老师和睦相处，就应该仔细了解儿子和老师之间是否有敌对情绪，如果有，这种敌对情绪产生的根本原因是什么，然后再采用恰当的方法来解决孩子和老师之间的矛盾。

下面这些方法，妈妈们不妨一试：

当着男孩的面肯定老师“恨铁不成钢”的心情

有一位妈妈的教育经验是这样的：

这天，上初中的儿子一回来就气呼呼地坐在沙发上，我问他：“怎么啦，谁惹你了？”儿子绷着脸说：“还不是我们班的王老师，竟然说我这一辈子都没出息，还说我根本考不上高中、大学，哼！”我很了解我的儿子，他平时学习很散漫，在学校也总是调皮捣蛋，是老师们的一块心病，而王老师我也认识，是一位很严厉的老教师。于是，我对儿子说：“你们王老师那是‘恨铁不成钢’，他以前对我说你很聪明，但就是不把心用在学习上，我觉得他说的没错。如果你不好好学习，是没希望考上高中、大学的，你常说的那些梦想估计也不好实现！”儿子一听，马上说:“那要是我好好学习呢？”我笑着说：“就像你们王老师以前和我说的那样，你要是好好学习，凭你的聪明劲儿，一定会很有出息！”没想到，经过和我的这一番谈话，儿子再也没说过王老师的坏话，而是开始认真专注地学习。后来，他考上重点高中，还特意去给王老师报喜呢。

如果在学校里老师的批评让男孩下不来台，心理上难以接受，那么妈妈一定要向儿子强调老师“恨铁不成钢”的心情,让男孩不再对老师心存芥蒂。妈妈们要知道，很多时候老师批评学生，哪怕言语过激，他的出发点都不是仇视和厌恶学生，而是真的出于“恨铁不成钢”的原因，他们是想帮助男孩们纠正错误，让他们在学习的道路上能够找到正确的方向。

所以，妈妈一定要让男孩明白老师“恨铁不成钢”的心情，即使让自己下不来台，也不要过于计较，毕竟老师和妈妈都是为了孩子好。

帮助男孩克服自卑感，鼓励他主动向老师承认错误

刚豪今年14岁，他平时不太爱说话，胆子也小，也从来没主动问过老师问题，他在班里的学习成绩也一般，并不是老师眼里那种“聪明”“领悟力

强”的学生。所以，他总觉得自己在老师的眼里是可有可无的，甚至老师心里根本没有他这个人存在。有一天，教语文的班主任让他起来背诵课文，幸好前一天晚上他在妈妈的监督下已经背会了。背诵课文的过程中,他很紧张，有几次脑袋里都是一片空白，班主任不但没有批评他，还笑着鼓励他想想。最终，刚豪磕磕绊绊地把一篇文章背完了，班主任还表扬了他。几天后，刚豪没有完成作业，妈妈就鼓励他主动向老师承认错误。老师不但原谅了他，还对刚豪说以后有什么不懂的，可以直接来问老师。从那之后，妈妈和老师们都发现刚豪变了，他学习变得更努力，而且学会主动问问题了，老师们也都越来越喜欢他。

这真是一位用心良苦的妈妈，她鼓励儿子和老师沟通，并且和老师一起来帮助儿子克服自卑感，让他学会正视自己。其实，妈妈就应该这样做，因为如果儿子太自卑，那他学习的积极性就会下降，有了缺点也不知道改正，只知道逃避。

所以，作为妈妈，我们应该和老师多沟通，然后针对老师提出的建议和意见，帮助儿子努力学习，改正缺点，提高他的学习成绩，进而不断增强儿子的自信心。同时，我们也要鼓励男孩主动和老师沟通，让孩子诚恳地、认真地和老师谈心。

细节51 “我不想上课外班。”

——该不该给儿子报课外班

有很多妈妈对于该不该给儿子报课外班很纠结，有位初中生的妈妈就说：“我儿子班里很多同学都报名参加课外班，我要是给儿子报的话会担心他压力太大，不报的话又担心时间一长，他的学习成绩会落后于其他同学。真是发愁啊！”

那么对于“该不该报课外班”这个问题，男孩们是怎么想的呢？下面，我们就先来听一听他们是怎么说的：

“我今年刚上小学五年级，但是我妈早两年就给我报了很多课外班。刚开始，我对这些班还感兴趣，可是慢慢地我发现这些班其实没什么必要，我只要上课好好听讲，学习成绩就很好。”

“我上初中后，压力已经够大了，我妈假期的时候还不让我轻松一下，总是给我报这个班、那个班，我说我不去，她就常在我耳边唠叨‘学总比不学好’这句话，但我的学习压力太大了。”

“每次看到别人周末、假期就可以休息、娱乐，而我却要苦哈哈地上课外班，我心里就厌烦透了。真希望世界上从来没有课外班。”

“我觉得上课外班挺好的，我平时数学成绩老是提不上去，自从上了课外班，我觉得学习数学变得轻松起来，我也自信了很多。”

“课外班有时虽然很累，但经过一段时间的学习，我发现自己学习能力增强了，也结交了几个好朋友。所以，我觉得课外班还是有必要的！”

……

由此可见，孩子们对待课外班也是褒贬不一。其实，课外补习班对于那些领悟能力差、上课反应慢的男孩还是有一定好处的，他们可以通过课外班的学习来赶上班里其他同学的进度。但是上课外班，妈妈也要掌握好度，否则就会无端给男孩增加学习、心理、身体等各方面的压力，甚至让他们更加叛逆。

那么具体来说妈妈们应该怎么做呢？下面这些方法或许能有一些帮助：

尊重儿子的意见，引导他学会查漏补缺

有一位妈妈的教育经验是这样的：

我儿子一直以来作文就不好，上初中之后，老师每个周五都会布置一篇作文，星期一上交，这对儿子来说是最让他头疼的一件事情，每个周末他都显得很沮丧。我觉得儿子对作文有一种恐惧感，一提写作文就吓得不敢动笔。虽然每次都能完成作文，但写作的过程让他非常难熬，甚至两天的时间他都记挂着“写作文”这件事情。为此，我决定给儿子报一个作文补习班，不过我事先征求了他的意见，问他要不要去学习一下。儿子想了一下，答应在“五一”小长假去学习几天。没想到，经过几天的强化训练，儿子完全克服了写作恐惧，对写作文充满了信心。从那之后，他每周用30多分钟就能写出一篇完整、流利的作文。后来，我又鼓励他多注意观察生活，多看看大自然，把那些觉得有趣的事情记下来。慢慢地我发现儿子写作文的能力提高了很多，而且作文水平也上升很快，有几次老师还把他的作文当成范文在班里朗读。

虽然说，报课外班是为了提高男孩的学习成绩，但前提是我们必须尊重他们，不能在他们毫不知情或者反对之下，强硬地让他们去上补习班。那样往往会激起男孩的逆反心理，会让他们觉得压力突然增加，更加抵触课外班，即使去了也无法取得我们想要的效果。

但如果妈妈们都能像上述事例中的妈妈一样，报课外班之前先征求儿子的意见，并且引导他认识到通过课外班的学习可以弥补他在学习上的不足，那么他可能就会心甘情愿地去上课外班，而且学习积极性也会相应提高。

激发儿子对课外班的兴趣，适当减少他的学习压力

教育专家认为，孩子上课外班是否必要，主要取决于两方面：一是孩子对自己所学内容的掌握情况，二是孩子对课外班的兴趣程度。也就是说，当一个男孩意识到他对所学的内容掌握得并不好，而且他对课外班也产生了兴趣，那么补习的效果就会非常好。反之，成效就会略差。

有一位妈妈就遇到了这样的一种情况：

我儿子今年上高一，学习成绩还不错，但我希望他能把基础打得更牢一些，所以就想在寒暑假给他报英语、数学的课外班。但是儿子一听火气一下子就上来了：“我不去上课外班，累都累死了！”我也不愿意了：“小孩子累什么，我看你整天上学挺轻松的，每天晚上回来我都没见你写过作业，一放学不是玩，就是看电视、上网！”儿子说：“我的作业在学校就完成了，而且我学习成绩也没有下降啊！每天上课我都努力听讲，现在我学习挺好的，我对课外班没兴趣！”后来，我强拉他去补习，结果他的学习成绩也没什么长进，还总是和我就此事生气，我真是出力不讨好。

其实，像这种“出力不讨好”的事情，妈妈完全可以避免。因为当你发现儿子对课外班没兴趣的时候，你首先要做的不是“逼迫”，而是仔细权衡一下课外班对孩子有没有必要，如果有，那么你就要想办法激发儿子对课外班的兴趣，同时也要适当减少他的学习压力，这样他才能游刃有余地在课外班和正常课堂的学习上齐头并进，收到双重效果。

细节52 “我找到解题的规律了。”
——如何提高男孩的思维能力

俄国著名作家列夫·托尔斯泰曾经说过：“知识，只有当它靠积极的思维得来，而不是凭记忆得来的时候，才是真正的知识。”而思维，就是人们在工作、学习、生活中每逢遇到问题时的“想一想”，它是通过分析、综合、概括、抽象、比较、具体化和系统化等一系列过程，对感性材料进行加工并转化为理性认识并用以解决问题的。一般来说，思维的基本形式是概念、判断和推理。

如今，思维能力低下的男孩学习成绩永远没有那些思维能力强的孩子好。比如说数学学习主要靠逻辑能力，如果一个男孩逻辑能力很差，那么他在数学、物理等方面的学习就会遇到很大的问题；而如果一个男孩的语言思维能力、想象能力很差的话，他说出口的话就会让别人觉得“前言不搭后语”“不知所云”和“干巴巴”,所以妈妈必须要想办法提高男孩的思维能力，以便他们能更快速地提高学习效率。

有一位妈妈的教育经验是这样的：

我儿子在学习上显得很迟钝，似乎总比别人慢半拍，领悟能力也没有别人强。但我知道有些东西虽不能强求，但可以通过后天的锻炼弥补。所以，平时我会给儿子买一些趣味性的书籍，让他学会开动脑筋，有的时候我还会找一些“脑筋急转弯”，锻炼他的反应能力和逆向思维能力。虽然儿子很大了，但我也给他买一些符合他这个年龄段的益智玩具，我希望他在玩的过程中，能够锻炼自己空间想象能力、创造力等。一段时间以后，我发现儿子想问题更加全面，学习的时候也更注重思考，而且自己还总结了一套解题思路出来，他的学习成绩自然也上升很快。我想，这与我对他的思维训练是分不开的。

这真是一位智慧的妈妈，她懂得根据自己儿子的实际情况，找到一些适合的、能提高他思维能力的方法，像看趣味书、做“脑筋急转弯”、玩益智游戏等。这些方法都有利于提高男孩各方面的思维能力，像逆向思维能力、发散思维能力、想象思维能力、创造思维能力等。

当然，除了借鉴这位妈妈的教子经验之外，下面这些方法也值得一试：

让男孩学会把自己置身于问题之中

法国著名文学家巴尔扎克曾经说过：“打开一切科学的钥匙都毫无疑问是问号，我们的大部分的伟大发现都应当归功于探索，而生活的智慧就在于凡事问个‘为什么’。”没错，妈妈要想使男孩的思维活跃起来，最佳办法就是让男孩学会把自己置身于问题之中。因为一旦心中有了“问号”，他的思维才能活跃起来，思维能力才可能在解决问题的过程中发展起来。

有一位妈妈是这样做的：

为了锻炼儿子的思维能力，我让他做事情的时候凡事都要问个“为什么”，比如数学课本里说：“等边三角形是最稳固的几何图形。”儿子就会问我：“妈妈，您知道等边三角形为什么是最稳固的几何图形吗？”我说：“是不是因为等边三角形三条边是等长的，三个角也都是60°，而且它的重心、内心、外心、垂心重合于一点啊？”儿子惊讶地说：“妈妈，您真厉害，说得很对。”有时，我也经常问儿子一些“为什么”，例如，春天大地为什么会变绿，树叶变黄是因为什么，炒菜锅为什么会生锈等问题。儿子每天都在问问题和解答问题的过程中度过，而且我发现儿子懂得的知识不但越来越丰富，他的思维能力也越来越强，很多同龄人想不到的解题思路，他都能想到。

这位妈妈抓住了提高男孩思维能力的关键点，即提出问题和解决问题。

其实，男孩在学习知识的过程中就是要不断地提问，然后去找寻答案，这样才能获取知识，并且把知识记牢。

所以，要引导男孩善于发现问题，凡事让他多问一个“为什么”。另外，还要鼓励男孩上课积极思考老师提出的问题，并且要敢提问、会提问，多丰富自己的知识，上课前多做一些准备，这样提问的时候才不会抓不住头绪。

培养男孩学会独立思考

我国著名数学家赵访熊教授说过：“有些学生学习效率之所以不高，主要原因就是缺乏思考。”没错，一个不懂得独立思考的男孩，他的思维能力是根本提高不上去的。

下面这个男孩就是如此：

高峰是个初中生，在父母和老师的眼里他是一个很聪明的男孩，但他就是“懒”，尤其是在学习上。比如作业总是抄别人的，不按老师要求去背诵文章，也不爱提问题，遇到难题总是让别的同学帮他做。虽然每次都仗着小聪明考试及格，但他不思进取，认为这点儿成绩已经对得起自己了。后来上了高中之后，他的学习能力根本赶不上别人，学习效率更是很差，没上一年就退学了，他的理由是自己不是学习的料。

高峰真的不是学习的料吗？当然不是，他只是不爱思考，喜欢依靠别人，这样一旦有问题产生，他首先想到的不是自己思考、解决，而是去找别人。这样一个懒于思考，不善于发现问题，更不喜欢独立去解决问题的男孩，最后自然会陷入学习落后的境地。

因此，妈妈必须要培养男孩独立思考的好习惯，让他学会自己发现问题、分析问题、解决问题，并且能自己判断对错。久而久之，他的学习效率自然会提高上去。

细节53 “我本来可以避免出错的。”
——孩子马虎怎么办

以下是一位妈妈的网络日记：

我儿子挺聪明，可就是做事太马虎了。明明平时学习不错，可一到考试的时候就特别粗心，错了很多不该错的题。比如把“6”写成“0”。在平时，他也总是丢三落四的，不是上学时忘带书本，就是下课后忘记写作业。唉，孩子这么小，总是马虎怎么行呢？

与细心的女孩相比，男孩进入青春期之后就变得更马虎。妈妈们千万不要觉得这是个小问题，如果不改掉这个习惯，将来会造成很严重的后果。

妈妈首先要找到儿子学习马虎的原因。一般来说，主要有以下几点：

1. 态度原因。很多男孩的马虎现象是由于学习态度不端正造成的。他们在做作业、答题时常常敷衍了事，马马虎虎凑合着做完就溜之大吉了。

2. 性格原因。如果男孩是急脾气，做任何事都心急火燎，难免会出现错误。

3. 习惯原因。这类男孩从小做事就马虎，久而久之，马虎已成为他的习惯。

“马虎”不仅会影响到青春期男孩的学习成绩，而且还有碍他发展成才。妈妈们必须帮助男孩改掉马虎的坏习惯，养成认真、仔细的好习惯。针对男孩“马虎”的不同情况，妈妈可以分别采取不同措施。例如，对待学习态度不端正的男孩，应主要解决他的态度问题，使他认识到马虎的危害，从而端正自己的态度；对待个性急躁的男孩，则要通过训练改变其急躁的性格；对待习惯不好的男孩，应纠正其不良习惯，培养严肃认真的好习惯。

教男孩编一本错题集，了解易出错的地方

男孩马虎，经常出错，如果他对错误不认真分析，则很难吸取教训。为了引起男孩对错题足够的重视，妈妈可以帮助他编一本“错题集”。什么是“错题集”？具体的制作方法如下：让男孩把自己在作业、练习、考试中答错的题，都原封不动地抄在一个本子上，“记录在案”。然后，让他认真地检查自

己究竟错在了什么地方，是因为不会做，还是因为马虎。无论是哪种原因，都要在错题下面标清原因，最后写出正确答案。

男孩最烦的就是改错，他们宁愿再做几道新题，也不要改一道错题。妈妈可以利用男孩的这一心理，告诉他犯了错误就会很麻烦，如果你怕麻烦以后就要认真、仔细，争取做到不马虎，不犯错。

下面是一位妈妈的教子经验：

我的儿子是"粗心大王"，平时答题时常常审题错误、漏做题。孩子的粗心让成绩大打折扣，非常可惜。为了减少这方面的失误，我让儿子编了一本"错题集"，把自己答错的题目全抄到这个本子上，了解自己易出错的地方，及时总结并在今后加以注意。

现在，我的儿子已经很少再有马虎的情况发生了，用他的话来说，就是："每当我在答题前，脑中总会晃过'错题集'里我常出现的毛病，它们基本上都是由于我马虎造成的，错得很可惜，所以，我不能再因为马虎而丢分了。"

妈妈每隔一个阶段，就可以让儿子做个统计，统计因"马虎"而错的题占所有错题的比例是多少。接着，再加以说服和引导，可以使男孩充分认识到马虎的危害。

"错题集"不仅是一个杜绝马虎的"警钟"，实际上还是一本很好的复习材料，让男孩在考试前翻一下，可以弥补他学习上的薄弱环节。

让男孩先玩再做作业，纠正作业粗心问题

最近美国兴起了一种"好好玩耍，好好读书"的教育模式，即让孩子自主拟订游戏与读书的计划。据报道，美国孩子拟订的计划，几乎都是"先玩再做作业"，结果孩子们做作业时的粗心现象大有改观。

以下是一位 13 岁男孩妈妈的讲述：

我发现，儿子的粗心问题总是发生在我强迫他做作业时，那个时段电视里正在播放动画片，他很不情愿地去做作业，结果是错误百出。

于是，我和儿子达成了一个协议：我允许他看他喜欢的动画片，但他在复习功课时一定要保证质量。结果，我发现，当天儿子的作业一个错误都没

有。后来，我允许儿子采用“先玩再学习”的模式，效果很好，因马虎而出错的情况几乎没有了。

各位妈妈们不妨借用这种“先乐后苦”的方法，让男孩先看完动画片、打完球，然后再复习功课，那时，他心定了，学习质量也有保证了。最重要的是，男孩会养成规律的生活习惯，改掉马虎的毛病。

细节54 “一想到背东西我就头痛。”

——如何提高男孩的记忆力

美国一项研究数据表明：人类大脑能够存储的知识相当于一个美国国会图书馆藏书的50倍,也就是大约一千万册图书的50倍。面对这惊人的数字，我们不禁感叹人类大脑的记忆潜能。

人类记忆力的高低常常与其理解力有着很大的关系，所以妈妈在着重培养男孩的记忆力的同时，也不要忽视对理解能力的培养。记忆力和理解力对孩子的学习成效都会有很大的影响。

小旭今年15岁，是个刻苦学习的好孩子，老师布置的作业总会认真地去完成，但是他的学习成绩总是上不去，于是就经常抱怨妈妈把自己生得太笨了。其实，小旭一点儿也不笨，只是理解能力差，学习时只知道死记硬背。例如，在做数学题时，他虽然把公式记得非常清楚，但是一遇到需要变换公式的题目，就不知所措了。这让他开始怀疑自己的能力，慢慢地产生了自卑心理，学习成绩一再退步了。妈妈对此也非常忧心。

学习，单靠死记硬背是不会取得好成绩的，必须要有好的记忆力和理解力做保障。培养和提高青春期男孩记忆和理解能力并非是一朝一夕的事情，还需要妈妈平时耐心的教导。

教育青春期男孩掌握记忆的规律

下面是一位妈妈的育儿经验：

我儿子今年15岁了，上初三，成绩还算可以，我对他成绩方面的要求不是很高。可是，最近我却发现儿子的记忆力很不好，明明前两天才背下来的古诗，你今天再问他，他就记不清了。

后来我改变了对儿子原有的教育方式，不再让他每天晚上都背一首古诗了，而是让他隔一天背一首，中间空出来的一天用来温习前一天背下来的古诗，这样一来，儿子每背一首诗都有时间温习一遍，记忆更加深刻了。

专门研究记忆的心理学家艾宾浩斯做过一个著名的实验：熟记13个无意义的音节后，仅过1小时，就遗忘了7个；两天后，又遗忘了1个；6天后，虽然遗忘还在继续，但是速度变慢了。可见，当记忆过程一结束，遗忘就开始了。遗忘的速度是先快后慢，记忆刚结束，在短时间内就会遗忘很多，越往后则遗忘越少。

正是因为已经记住的东西在遗忘的时候有先快后慢的特点，所以妈妈要教育男孩掌握记忆的规律，针对遗忘的特点来进行学习。一般来说，刚学过的东西要多复习，以后的次数可以逐渐减少，间隔时间可以逐渐延长。

教男孩掌握一些正确的记忆方法

妈妈应有意识地教育男孩掌握一些正确有效的记忆方法。比如以下几种：

归类记忆法：把许多同类的事物归为一类，归类过程其实是一个理解的过程，本身就已经具有记忆的功能，男孩在边归类边理解的过程中，就已经在记忆了。

协同记忆法：在记忆某种东西时，让男孩边读、边写、边听，让多种感官都参与到其中来，这样有利于增强记忆效果。现代科学研究表明，人由视觉获得的知识，能够记住25%；由听觉获得的知识，能够记住15%；若把视觉与听觉结合起来，能够记住65%。

联想记忆法：在记忆时，发挥想象力，根据材料的特点，形成记忆的组织。比如：接近联想，即把时间、空间、状态、特点等比较接近的事物联系在一起进行记忆；对比联想，即把具有相反特点的事物联系在一起记忆。

歌诀记忆法：可以让男孩把需要记忆的材料采用谐音、诗歌编排的手法，制作成歌谣或口诀等形式来加强记忆。

反复练习是记忆的关键

上初一的丁丁每天放学回来，妈妈都会和他聊上一会儿，听他叙述一遍当天的学习情况。上了什么课，发生了什么事，新学的什么课文，数学新公式，等等，妈妈听得兴趣盎然，还不时地问上几句，丁丁讲得更带劲儿了。原来聪明的妈妈是在与儿子平常的交流中，有意识地帮助他巩固当天学习的重点内容。

有的男孩对所学的东西当时理解了，也能够记住，但时间久了，还是会忘记。所以很多时候，他的记忆需要反复强化，比如有一些问题，这次理解并记住了，妈妈下次提问他时可以换个角度，这样他一方面懂得了从不同角度思考问题，同时又对这个问题有更深刻的印象。就像学生在学校里考试，也是一种记忆的练习，从不同的角度强化了记忆。当然大多数男孩并不是记忆大王，他不会过目不忘。所以，更需要妈妈来帮助他多练习，多巩固。

细节55 “我不是学习的料。”
——努力学习却没有进步怎么办

有一个15岁的男孩在QQ空间这样写道：

我平时学习成绩一般，爸爸妈妈总说我学习不认真，太马虎，一直以来对我的学习成绩都很不满意。可自从我上了初三之后，我意识到要想改变一个人的命运，必须努力学习，所以我每天都比别人花费更多的时间在学习上。早上，别人还没起床的时候，我已经开始背英语单词了，课余时间我也在温习功课，晚上别人老早就睡了，我还在被窝里看书。期中考试的时候，我的数学成绩第一次得了 90 多分，所以我非常兴奋，一放学就拿成绩单回家。我原以为爸爸妈妈会表扬我，可是他们还是批评了我，说我没什么大的进步。哎，看来，我真的不如别人，自己根本不是学习的料！

这个男孩已经很努力地学习了，可他的学习成绩提高得并不明显，他自己也很苦恼。那么作为妈妈应该怎么办呢？很显然，决不能像这个男孩的父母那样不把儿子的一点儿进步放在眼里，要知道，哪怕提高一分也可能是孩子花费心力得来的。

所以，当男孩学习没有进步，甚至退步的时候，妈妈首先要做的不是批评孩子和表达你的失望，而是应该帮助男孩找到他学习没有进步的原因。

一般来说，男孩的学习是否有成效，取决于两点：一是学习方法对不对；二是对学习感不感兴趣。其实，只要妈妈帮助男孩找到对的学习方法，他们的学习成绩提高了，那么他对学习就有了信心，自然而然对学习会越来越感兴趣。可见，学习方法对于提高男孩学习成效是关键。

那么如何帮助男孩找到对的学习方法，进而不断提高他的学习成绩呢？

下面这些方法，妈妈们不妨一试：

帮助男孩巩固学习基础

期末考试的时候，张毅门门功课又亮红灯，尤其是数学，惨不忍睹。不过，妈妈看到他糟糕的成绩单并没有动怒，而是心平气和地对张毅说：“毅毅，你想提高成绩吗？”

听了妈妈的话，张毅先是一愣，而后马上说：“想呀，当然想了，做梦都想。”

妈妈说：“那好，我们就从提高数学成绩开始，我告诉你一个‘秘诀’——每天把数学课本上的一节内容搞懂。”

“就这样？”张毅怀疑地问。

妈妈说：“没错，就这么简单，只要你把每一节里面涉及的定理、公式以及它们的推导过程都弄明白，学习成绩很快就会提升。”通过这种方法，张毅的数学成绩提高很快。

张毅妈妈的做法很值得称赞。她在面对儿子糟糕的成绩时，没有像其他家长那样又是打又是骂，或者通过“题海战术”提高儿子的成绩，而是一切从基础抓起。她先帮儿子扎牢基础，这种做法不但能减轻男孩的学习负担，而且成效也显而易见。有相同境遇的妈妈们不妨试一下这位妈妈的做法。

其实，男孩每次考试都不见起色，与基础不牢固有很大关系。学习就像盖房子，地基打不牢，上面盖的砖瓦越多越容易坍塌，而且经不起一点儿考验。所以，只有稳扎稳打，才能迎接一个又一个新的问题。

帮助男孩掌握适合自己的学习方法

学习必须要讲求学习方法，才能事半功倍。因此，妈妈必须帮助男孩掌握适合自己的学习方法。一般来说，好的学习方法必须从自身实际出发，有的时候适合别人的学习方法不一定适合你的孩子。值得推荐的学习方法有以下这些：

让男孩先学会了解自己，让他知道自己的强科是什么、弱科是什么，哪些科目提高的空间还很大，以便做出时间上的调整。

让男孩学会课后复习和课前预习功课，遇到不明白的要做标记。告诉男孩要学会总结以往的成功经验，并且学会和家长、老师沟通。

让男孩学会独立思考，遇到难题自己要先解决，实在解决不了再去求助家长、老师和同学。

给男孩准备一个错题本，让他把做错的题收集起来，这是提高薄弱科目的成绩再提升总成绩的最好的方法。

让男孩学会充分利用课堂时间，认真听老师讲课，遇到不懂的问题就要提问，或者标上标记，下课问会的同学和老师。

不要让男孩掉进“题海战术”苦熬，会做的题目尽量别浪费时间再去做。帮助男孩提高学习的执行能力，如时间管理能力、计划能力和专心能力。让男孩学会劳逸结合，要知道只有休息好、玩好才能学习好。

细节56 “我就是不喜欢学语文。”
——如何看待男孩偏科

很多妈妈面对男孩的文科成绩，通常都是忧心忡忡的，下面这位妈妈就是这样：

儿子数学成绩一直就非常好，但语文成绩很差。后来上了中学，文理科的成绩分化更为严重，常常数学、物理这样的科目是优秀，而语文、外语这样的科目是不及格。我真不知道怎么帮助他学好文科，他似乎并没有这方面的天分。

其实，男孩在文科方面的潜能并不比女生差，如果稍加引导，他们的文科成绩就会突飞猛进。下面就给妈妈们提供一些方法：

注意提高男孩对英语的学习兴趣

我们都知道，如果一个中国孩子从小生活在英国，当孩了长大后，说的就是一口流利且地道的英语，语言表达能力和英国小孩没有区别。这说明，英语的学习是需要一定的语言环境的，而在中国，这个环境只能通过妈妈有意的安排而实现。

小陈今年12岁了，上小学五年级的他英语成绩一直很差，而让他自己学习英语的时候，他不是表现出很不耐烦，就是效果很差。为了让小陈更好地学习英语，妈妈想到了一个点子，那就是为小陈创造良好的学习氛围，比如陪小陈看美国动画片；妈妈还与小陈用英语进行简单的交流；有时，小陈妈妈还会陪儿子一起背单词，虽然那些单词小陈的妈妈都会，但是为了儿子，她还是装作一副不会的样子与儿子一起学习……时间一长，小陈对英语产生了浓厚的兴趣，每天学得更认真了，他的外语水平提高得非常快。

其实，生活中有很多的方法可以去弥补英语环境的不足，妈妈们可以尽量去观察生活，发掘创造环境的潜力。比如全家一起看电影，像迪斯尼卡通、变形金刚之类的，都是孩子的最爱，妈妈完全可以创造全英文的电影电视环境，一起看，一起听，还增加了家庭交流的机会。

现在“80 后”的妈妈越来越多了，受过高等教育的也非常多，可以尝试用中英文两种方式与孩子交流，培养孩子说英语的习惯。渐渐地，你儿子的口语就会越来越流利了。

提高作文分数，鼓励男孩多读多练笔

“我家儿子表达能力也可以，可就是写个作文简直是太难了，一个字一个字地向外蹦，半天写出干巴巴的几句话，看他写作文的那痛苦样，我都跟着郁闷。”这是许多妈妈的心声。对男孩来说，写作文有时的确是件头痛的事，明明讲出来很清晰，写时却不知如何下笔。久而久之，从心里就对作文产生了反感。一到写作文时，就千方百计地应付了事。

川川从一年级下学期就开始写日记了，到现在一直坚持了三年了。妈妈开始让他写日记的时候，也是费了一番脑子。川川总是以没什么可记、字不会写等为理由拒绝天天写日记。于是，妈妈就每天晚上让他叙述一下当天做过的事，然后拣印象深的事情重点讲讲。经过妈妈的提示，川川有时会高兴地说起当天发生的一些趣事，有时也会不开心地说起当天遇到的烦恼。每当这时，妈妈就说：“宝贝，这不，你可以写下来了。”于是，川川就把说过的话，以日记的方式记录了下来。

从科学角度来讲，男孩逻辑思维能力强，女孩的形象思维能力强。因为这一区别，许多妈妈认为，男孩的作文不如女孩的作文写得好是正常的，虽然发发牢骚，但也并不急着去帮助孩子提高作文成绩，反而认为孩子还小，等到大一些，初中高中时再补才更有效果。因此，造成了男孩的作文恐惧症。其实，写作文和语言学习一样，越早越好。

写作是一种重要的表达和交流的方式，写作能力也是一种综合素质的体现，而且伴随人们一生的学习和工作。因此，妈妈要从小就培养男孩的写作能力。而写作能力的提高，也直接影响语文及其他科目的成绩。

细节57 “知识就是力量。”
——如何让男孩爱上阅读

从来到这个世界上，一切的事物对于男孩来说都是新鲜的，而天生好奇的他，怎么才可以得到满足呢？阅读无疑是一个最好的方式。阅读可以让他获得知识，启发他想象及创造力，开阔眼界，增强他对外界事物的判断和识别能力。教育家苏霍姆林斯就说过这么一句话：“30 年的教育经验使我深信，学生的智力发展取决于良好的阅读能力。”古往今来，很多的伟人之所以成为伟人，就是因为他们自小就阅读了大量的文学名著等书籍。

很多妈妈却忽视了孩子的阅读需要，让他做不同的练习题，上不同的课外班，只把孩子的考试成绩放在第一位。

在南非世界杯赛的直播中，解说员贺炜给无数的中国观众留下了很深的印象。他被观众誉为最文艺的解说员。在他的解说过程中随时闪耀着智慧的光点。

当比赛镜头一转的刹那，一只麻雀在球场一隅啄食，贺炜来了一句：“在这忙碌的世界杯赛场，唯有这只悠闲的麻雀在享用它的晚餐……”

当英格兰被德国淘汰之后，他以这样一段话结束了整场解说：“在这个时刻，可以想象在柏林、在慕尼黑、在汉堡、在科隆大教堂……无数的德国球迷正在兴高采烈地庆祝；在伦敦、在利物浦、在曼彻斯特、在泰晤士河畔的小酒馆里……无数的英格兰球迷黯然神伤。但令我感到温暖的是，在这个精彩的人生节点，我是与亿万球迷一同度过，这是我的幸福，也是大家的幸福！我是贺炜，观众朋友们，再见！”

“如果说把鲁尼比作亚瑟王，那今天陪伴在他身边的绝对不是圆桌武士……”

贺炜以他丰富的地理、历史、文学知识，把一场场球赛解说得声情并茂，绘声绘色，让观众为之着迷。他如诗歌般的语言，让观众体味着难以言说的伤感和激动。这哪里仅仅是对于球类的知识掌握，更体现了他各种知识的丰富。这当然与他自小的阅读积累有关。

大量的阅读，可以丰富孩子的思想，使他获得一生用之不尽的财富，确立自己正确的人生观、世界观。使他的人生更具宽度和深度，在他以后的成长中给他更多意想不到的收获。由于男孩还在成长期，还需要妈妈给予一定的指导，这样，才能让他走入课外阅读的殿堂。

营造读书的家庭氛围

古代有“孟母三迁”的故事，孟母为了给孟子营造一个良好的学习环境，不惜一再搬家；近有傅雷的母亲为了培养儿子成为一个有学问的人，曾一次次地搬家，从农村到城市。通过这些例子，充分说明环境对人的影响。俗话说“近朱着赤，近墨者黑”，什么样的环境就容易造就什么样的人。因此，家庭环境对男孩的影响是非常大的。如果家里有一个良好的学习氛围，那么男孩就会受影响爱上阅读。有的妈妈在孩子很小时，就开始拿着书给他讲童话故事，而孩子也习惯于在妈妈的怀中听着书上美丽的童话故事安静地入睡。时间长了，他也就会爱上读书。在良好的读书氛围中，男孩的心就会变得安宁，慢慢地自然养成了阅读的习惯。

根据男孩的兴趣选择适合的书

冉冉喜欢自然科学方面的书籍，尤其是对机器人、UFO方面的内容特别感兴趣。如果是他买书，大部分是买这方面的。妈妈很想让他的阅读面更广一些。于是,就给他买了《上下五千年》《十万个为什么》等好几本大部头的书，并苦口婆心地让他有空看看这些有用的书。可冉冉只是翻了翻，就再也没有动过。任凭妈妈如何说,他还是提不起兴趣,依然抱着他的书,看得津津有味。妈妈只能干着急没办法。

男孩有自己的独立思想和个性。同样，对读书，他也有自己的喜好和选择。他们有的喜欢读童话，有的热衷于科普读物。而妈妈引导孩子阅读，也要顺应孩子的喜好。在此基础上予以指导，而不要想当然地认为他读的书没用，就禁止他读；或者认为一些书对他有好处，就强行让他阅读。被强制的没有快乐的阅读，只会让他产生逆反心理，进而没了阅读兴趣。

第八章　孩子遭遇网络时代

——妈妈如何为男孩上网把关

当前，互联网已经成为人们生活的一部分，对男孩来说，它既是天使，又是魔鬼。它给男孩铺设了通向知识海洋的广阔大道，同时，它又充斥着暴力、色情、赌博、诈骗等不良内容，吞噬了男孩们宝贵的青春时光。因此，作为妈妈，应改变自己不正确的家庭教育方式，及时拉回沉迷网络的孩子，给儿子战胜挫折和抵御诱惑的力量。

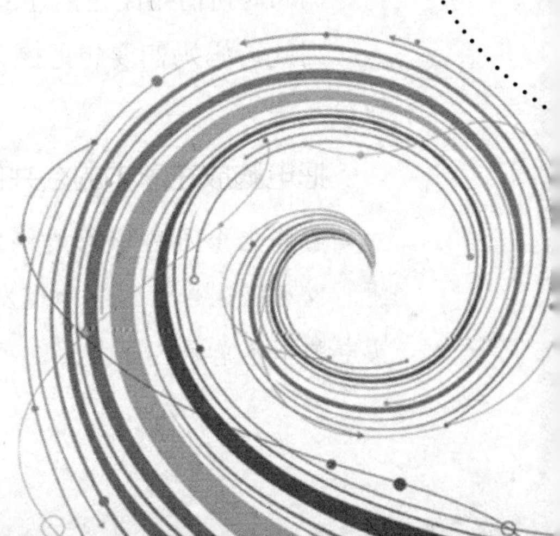

细节58 “再让我上一个小时吧！”

——如何把握男孩上网的“度”

一位妈妈在网络上发了这样一个求助帖：

我儿子京京上初中了，非常喜欢上网，因为家里都很宠爱他，所以对他上网的事情也就没怎么管，即使他经常玩通宵，我们也就是说几句。前两年，我发现儿子面对电脑的时候，总是眯着眼，于是就带他去检查视力，结果是近视300度，当时就给他配了一副厚厚镜片的眼镜，可没想到两年后，儿子的近视已经达到了1000度。这中间我一直劝说儿子不要玩电脑，但他根本不听，我是真不知道怎么办了！

现实中很多妈妈也有类似的问题，因为过度玩电脑，孩子很容易患上近视眼，甚至变得脸色苍白、身形消瘦，但是这些似乎都没能让男孩们从电脑前面离开。当然，面对儿子因为玩电脑而身心受创的情况，妈妈自然会十分担忧，并且各出奇招，希望能够让儿子少玩一会儿电脑。

例如，有的妈妈会故意把家里的网线切断；有的妈妈干脆把电脑卖掉或者锁起来；有的妈妈随时关注儿子的一举一动，不让他有机会去网吧；有的妈妈用批评、指责、谩骂等来阻止儿子玩电脑……但是以上这些处理方式对于引导儿子合理有度地使用网络效用根本不大，而且很可能会起到相反的效果。要知道，青春期的男孩，你越是不让他做什么，他就偏要做什么，而且与妈妈的对抗情绪比之前还要激烈。

因此，妈妈们要想把握青春期男孩玩电脑的“度”，最好尝试以下几种教育方法：

把电脑放在家中的公共位置

李修上个月央求爸妈给他买了一台电脑，他的理由是为了查找资料方便，也可以让自己快速知道发生的新闻事件。李修的妈妈虽然知道儿子要求买电脑不单单是为了学习，可能很大一部分原因是为了玩，但他们没有马上拒绝儿子的提议，而是跟儿子做了一个约定，那就是：买来的电脑必须放在客厅里，周末也不能搬到自己的房间。李修爽快地答应了妈妈的这个要求。电脑买回来的前几天，李修很兴奋，一放学回家就赶紧打开电脑，可是李修的妈妈渐渐地发现，儿子对电脑的热情渐渐降下去了，因为有时候，爸爸在客厅看电视，李修也会跟着看，妈妈就建议他先关了电脑。结果看完电视，吃过晚饭，李修也没有了再打开电脑的心情，看会儿书就睡了。

现在，很多家庭都忽视了这样一个问题：电脑应该放在哪里？有很多妈妈可能因为家里的地方不大，就把电脑放在了儿子的房间，或者本来就是给儿子买的电脑，放在他的房间理所当然。但是，把电脑放在男孩的房间很容易造成他们关上门整夜网游或网聊等一发不可收拾的局面。

因此，我们应该尽量把电脑放在家中的公共位置，像客厅。总之，电脑宁可放在妈妈的房间，也绝不要放在男孩的房间。

给男孩制订一些上网规则

为了正确引导12岁的儿子有节制地上网，我在经过他的同意和合作下，制订了下列“网规”：

1. 每天上网不得超过2小时。
2. 不准浏览黄色网页、不得消除邮件记录。
3. 别人推荐的网站必须经过爸妈批准才能进入。
4. 在网上不可暴露自己的真实身份和家庭地址。
5. 文明上网，不得损害公共利益，要对自己的行为和言论负责。
6. 妈妈也必须遵循以上规则，根据特殊情况可做适当调整。

自从我和儿子签订了这份上网协议书之后，我发现儿子遵守得很好，而且也没有出现违反规则的事情。

这位妈妈的教育经验很值得其他妈妈借鉴，要知道和孩子签订上网协议，相当于孩子和妈妈之间达成了某种承诺，这本身对男孩就具有很大的约束力。所以，在给孩子买电脑之前应先拟订一份上网协议书，以此来规范和限制孩子上网。

细节59 “上网是我最大的乐趣。”
——儿子上网成瘾该如何引导

一天，一位焦虑的妈妈推开了青少年心理咨询专家的门，她对专家说：“我儿子今年上初二，上网成瘾，可以连续一天不吃不喝，晚上还经常通宵玩游戏。”

专家问：“现在您孩子还有什么表现？”这位妈妈说：“我儿子现在对于网络已经到了一个如痴如醉的地步，你要是说他两句，他就暴跳如雷。我们也带他出去散过心，希望他忘记电脑，但是他整天郁郁寡欢。我甚至带他去看医生，还给他开过药，但这孩子把药都扔了。他说，他已经分不清网络与现实了。您说我该怎么办啊？”专家对她说：“您儿子网瘾程度太严重了，我觉得他需要住院治疗。”

由此可见，上网成瘾无论是对一个家庭还是对男孩自己来说，都是一种极大的痛苦和伤害。更何况长时间玩电脑游戏，不但损害青春期男孩的身体健康，引发头晕眼花、疲乏无力、双手震颤、视力下降等症状，而且在男孩心理上也会引发一系列变化，导致他变得情绪低落、暴力、食欲不振等。因此，妈妈应该采取有效措施，及时帮助青春期男孩戒掉“网瘾”，让他学会理性上网。

但是青春期的孩子逆反心理很严重，如果妈妈采取不当的方式，很容易适得其反。因此，妈妈们可以尝试以下引导方式：

不用逼迫男孩与网络脱离关系

妈妈一到暑假就坐立不安，因为放假时，儿子每天总是喜欢玩会儿电脑。为怕儿子染上“网瘾”，妈妈从儿子坐在电脑前就开始紧张不已，一直在房间内走来走去，对儿子啰唆不断，接下来干脆在电脑上设置了密码，甚至拔掉了网线。儿子对此非常生气，经常偷偷跑到外面的网吧去上网。

对于男孩喜欢网络的问题，妈妈最错误的方法就是无端指责和限制。

比如有的男孩由于一些原因喜欢上网，刚开始时并不严重，但妈妈被气昏了头，不分青红皂白就打孩子。妈妈越打，男孩去网吧就越频繁。到了后来，母子之间简直没办法沟通，双方处于“敌对状态”。这样的妈妈无异于自己“取消”了自己的教育权。

其实男孩每天上网不超过两小时，就不能算是“网瘾”，妈妈大可不必过于紧张。而且，网络作为现代社会不可或缺的交流工具、学习工具，对青春期男孩的学习和生活也是十分有帮助的。

明智的妈妈常常是这样的，她们不会告诉男孩再也不要上网，而是积极引导孩子健康地使用网络，告诉儿子如何利用网络来学习知识、充实生活，并积极地参与到他所喜好的网络生活中。

妈妈可以和儿子约法三章

有一位妈妈的教育经验是这样的：

儿子上了初中之后，迷上了上网，有时周末连家都不回就去网吧。我担心儿子在网吧结识坏朋友，也担心他遇到什么危险，于是，就给他买了一台电脑。但是我和儿子约法三章，他每天上网的时间不能超过两个半小时，周五可以延长至四个小时，电脑上要安装各种绿色软件，而且上网主要用于学习。儿子是一个很重承诺的孩子，他按照我和他之间的约定来上网，我发现这样做之后，儿子的生活、学习规律多了。

这位妈妈的教育经验很值得其他妈妈尝试一下，要知道和儿子约法三章，就相当于孩子和妈妈之间达成了某种承诺，这本身对男孩就具有很大的约束力，妈妈可以以此来规范和限制儿子上网。

完全禁止儿子上网也是不妥的，毕竟网络上也有孩子需要的信息和知识。因此妈妈们可以和儿子约定上网时间，心理学家认为，每天两个小时是孩子玩电子游戏的时间上限，妈妈可以根据这个参考数据来调配儿子上网时间的长短。

另外，妈妈还可以和儿子约定上网形式，如在家上网，或者让自律性强的儿子去外边上网也可以；和儿子约定上网内容，即上网主要是为学习服务，还要让儿子明白限制的必要性。

细节60 “我的QGG病了，我要买Q币救它。”

——儿子爱上网络消费怎么办

随着电脑、手机和网络的普及，网络消费已经不知不觉地进入了青春期男孩的生活，手机铃声下载、QQ 宠物、QQ 秀、网购、点卡……这些令妈妈们感到不知所云的词汇就代表着不同特色的网络消费。据相关权威部门调查，超过半数的中学生都有网络消费行为。

那么，什么是网络消费？男孩们网络消费的主要内容是什么，他们又为什么喜欢网络消费呢？其实，网络消费就是指人们以互联网为工具手段而实现其自身需要的过程。一般来说，网络消费分为三种情况：以网上订购或支付的方式购买现实商品的实物消费；为了参与网络娱乐项目而以购买虚拟货币、点卡等方式进行的虚拟物品消费；以银行或手机账户等方式向网络企业购买自己所需要的服务消费，如手机铃声、付费资源等。这三种网络消费形式也是青春期男孩网络消费的主要形式，尤其是虚拟物品消费，例如，很多男孩就经常在网络上使用“Q 币”这种虚拟货币来消费。

男孩们之所以喜欢在网络上消费，原因大多有以下几种：

网络上的收费项目很有趣，让他们觉得十分新颖好玩；

现实生活乏味，网络消费能让自己进入丰富有趣的虚拟世界；

受周围朋友或者同学的影响，觉得网络消费非常新潮、时尚；

父母有网络消费的习惯，男孩受其影响；

网络消费方便、快捷，可以省去很多现实中的烦琐程序；

……

不过，很多妈妈也担忧，网络消费虽然能够满足孩子的某些需求，但很多时候孩子网络消费没有节制，而且很容易沉溺其中，不但造成金钱的浪费，也影响孩子的正常生活。当然，也有些妈妈完全反对儿子网络消费，但这种方式很容易激起男孩的对抗情绪，结果可能更糟糕。

因此，妈妈必须正确面对孩子网络消费这件事情，并且要学会正确引导他们。下面这些方法对妈妈们很有帮助：

妈妈要以冷静、平和的心态面对网络消费

云雷今年16岁，是一名高一学生。为了方便购买学习用品，妈妈允许他在淘宝注册了一个支付宝账户，并给账户里充了1000元钱。云雷最近一段时间迷上了网络消费，一有时间就到网上购物，买回来的许多东西都是没用的，只能放到一边贮存起来。刚开始妈妈并没有太关注，可是等他把账户中的1000元钱都消费光了，又让妈妈给账户充钱时，妈妈才知道问题的严重性。

妈妈也不只一次地批评他，可是网购成瘾的云雷已经控制不住自己了。妈妈只好把支付宝账户密码改了，不再让他自主购物了。

当然，网络消费毕竟关系到男孩怎么花钱的问题，钱数少的时候，很多妈妈不当一回事，一旦像云雷那样一次性消费成百上千，大部分妈妈都不会坐视不理。但责骂、打罚绝不是最好的引导方式，要知道网络消费已经成为一种趋势，妈妈要做的就是让男孩形成一种成熟的消费理念，不让他在网络消费中吃亏上当。所以，妈妈一定要以冷静、平和的心态面对网络消费。

告诉男孩什么是合理的需要

网络电商的商品有成千上万种，但并非每种都是我们所需要的，所以妈妈要告诉儿子买自己最需要的、物美价廉的商品。但正处在青春期的男孩性情比较冲动，有时不知道什么是自己必需的东西，只是一时兴起就拍下了，所以这就需要妈妈告诉他。比如，因为他的衣服小了或破了，妈妈才会给他买新的，作业本用完了才需要换新的等，并不是看着什么好玩、好看就漫无目的去网上拍。多和男孩说出买的理由和拒绝的理由，孩子就知道了什么是合理的需求。

教男孩控制自己的欲望

大人有时看到精美的物品都忍不住有购买的冲动，更何况是自控力还比较弱的孩子。妈妈在理解男孩的同时，也要教男孩控制自己的欲望。如，男孩要买的东西的时候，妈妈要先问问他为什么要买，如果合理就同意，当然除了需要的之外，其他的东西是一概不能买的。慢慢地，孩子就学会了在物品面前控制自己的欲望了。

细节61 “妈，我中奖了！”

——告诉男孩如何防范“网络陷阱”

如今，网络已经成为大多数男孩生活中的一部分，它会借助图片查看、文字阅读、影音播放、下载传输、游戏聊天等软件工具从图片、文字、声音、视频等方面给男孩们带来极其丰富的信息和美好的感受。不过，浩如大海的网络世界也存在很多危险，对于那些虽然身体日渐成熟，但是社会阅历尚浅的青春期男孩来说，他们很容易掉进“网络陷阱”。

我们先来听一听那些在网络上曾经上当受骗的男孩们是怎么说的：

“我新买的手机功能很全，我也开通了上网业务。一天，我收到一条短信，说是有人给我点了一首歌，让我拨打一个号码收听。我就真的打了过去，可是当月我的话费消耗特别快，后来我才知道自己被骗了。”

“我在网上聊天认识了一个女网友，通过一段时间的QQ聊天，我们的关系变得很亲密。她让我去找她，于是我就跟同学借了几百块钱去另一个城市找她。可没想到，她竟然是一个骗子，幸好我察觉早，逃了出来，否则还不知道我现在会变成什么样呢！”

“我的QQ消息上或者微博消息里有几次提醒我说中奖了，得知这个消息我特别兴奋。于是注册了账号想要领奖金，结果对方还要我先打钱，可是打完钱之后就再也没有消息了。现在，我才知道有好多人都和我一样“中奖”

了，这根本就是一个骗局。”

……

其实，像以上这些男孩们所说的“网络陷阱”比比皆是。“网络陷阱”，即“网络诈骗”，通常来说有这几种主要形式：利用手机向用户发送虚假信息，骗取被害人邮寄费、信息费、预付款、定金等；利用网上拍卖进行诈骗；在网上发布虚假信息诈骗钱财，如发布假的中奖信息、虚假的考试答案等；通过网上聊天结识网友，骗取信任后，伺机骗财骗色；假借网络购物、网络招工、网络婚介等骗取钱财，等等。

这些“网络陷阱”别说让涉世未深男孩们难以抵挡，就是社会经验丰富的成人也有不慎落入骗子圈套的时候。

因此，妈妈一定要告诉男孩防范“网络陷阱”，不要轻易被网络上的语言、信息所诱惑。下面就给妈妈们提供一些引导青春期男孩应对“网络陷阱”的方法：

告诉男孩“占便宜的事不做”

尊敬的手机用户，您好！恭喜您的手机号已被抽取为移动“十周年庆典”幸运用户，您将获得由本公司送出的奖金10000元及手机一部。

相信很多人收到过这样的手机短信，难道天上真的会掉馅饼吗？当然不会。

曾在电视上看到这样一则新闻：

一名17岁的中学生在某小区的10楼纵身一跃，当场死亡。警方调查后发现，该男孩因“手机中奖短信”被骗了2000元后跳楼自杀。

17岁，正是朝气蓬勃的年龄，却被网络黑手夺去了美好的生命，让人不禁潸然泪下。

如此丰厚的奖金和奖品，对于每个人来说都是多么巨大的诱惑啊！不用付出多大的代价就可以不劳而获，这又是多么幸运的一件事，这样大的便宜，我们为什么不占呢？

类似上述事例中的事情在现实中时有发生，而且无论骗子的手法多么荒诞和幼稚，还是会有一些男孩上当受骗。这究竟是为什么呢？归根究底就是这些男孩们以为自己被“天上掉下的馅饼”砸到了，或是自己被“幸运女神”眷顾了，才有这么大的便宜可占，面对金钱、名利的诱惑，他们很难做出正确的判断。

所以，针对青春期男孩的这种心理特点，妈妈一定要时常告诫他们：占便宜的事情不要做，没有不劳而获的“好事”。同时也要让他明白：那些突然降临到你面前的“大便宜”，很可能就是一个“大陷阱”，你越是被它吸引，你上当受骗的概率就会越大。

巧妙运用一些让男孩远离“网络陷阱”的防范妙招

教育专家们给妈妈们提供的使男孩们远离“网络陷阱”的防范妙招是：

安装家庭电脑保护软件，在自家的电脑上设置防护措施，以便帮助男孩“过滤”掉那些黄色、暴力内容等；

妈妈要控制儿子上网时间和地点，同时也要限制儿子不必要的网络消费；

教会男孩学会识别网络黄毒和网络陷阱，让他接触健康科学的性知识书籍；

妈妈可以定期适当检查儿子上网内容，一旦发现有不良信息就要及时提醒儿子；

给儿子普及一些网络安全知识，让他不要轻易地将自己的真实姓名、电话、住址、学校名称等个人信息告诉别人；

引导儿子尽量不要和网友见面，对于那些网上求爱者、谈话内容低俗者要采取拒绝态度；

……

总之，妈妈要教会儿子识别网络上有可能出现的各种“陷阱”，培养男孩抵制诱惑的能力，并且尽量让儿子把更多的上网时间用在为学习服务上。同时，妈妈还要注意观察儿子的情绪变化，要和青春期的男孩多沟通，时时注意了解他的状态，以防万一。

细节62 “我想玩真人PK。”

——如何阻止儿子把暴力游戏带入现实

一位忧心忡忡的妈妈这样讲述了关于她 14 岁儿子的事情：

正在上初中、原本文静内向的儿子最近突然改变了许多，经常在电话中和同学说一些“今天晚上组队去砍人”“我这次一定要灭了他们”“××× 老欺负我，你们帮我好好教训他一顿，最好‘挂’了他”之类的话。虽然我知道这是儿子策划网络游戏中的“集体活动”，但是每次在家里看到儿子在电脑上打打杀杀，我都担心他在现实生活中因为受到网络游戏内容的刺激而变得暴力。

事实上，过于暴力的网络游戏在让男孩体验刺激的同时，也深深地影响了他们的心理健康和日常行为，甚至会让原本乖巧的男孩变成一个十足的“暴力王”。

为什么有些网络游戏会使男孩变得暴力呢？其实，大部分网络游戏都是以 PK 来吸引玩家的，也就是说玩家只有打败对方才能获得继续前进的权利。而这种虚拟的暴力行为让众多心智还不成熟的未成年孩子感到非常刺激，甚至将其延伸到了现实中。

曾经有位青少年教育专家在电视中披露过这样一件骇人听闻的事件：

有几名十几岁的少年一起玩网络游戏，被游戏中的暴力行为刺激得“热血沸腾”，最后竟然相约决定寻找目标试试“真人 PK”。而一名同龄男孩不幸成了他们的牺牲品，在被这几名少年一拥而上进行殴打后失去了年轻而宝贵的生命……

由此可见，网络暴力游戏已经严重影响到青少年的人格发展和行为模式，并且使他们将虚拟世界的暴力带到现实生活中来。如果一个男孩长期接触暴力游戏，那么一旦遇到了合乎暴力使用的情境时，他就会优先以暴力作为解决问题的方式，甚至走上犯罪道路。

因此，作为妈妈，我们必须正确引导男孩，及时阻止他把游戏中的暴力带入现实。

巧妙使用分级制让暴力游戏远离男孩

有一位妈妈的教育经验是这样的：

自从 15 岁的儿子玩上了 CS 电脑游戏，我发现他脾气变得越来越暴躁，最近好几次还因为打架被老师或其他同学的家长找上门来。我认为这一切都是儿子玩游戏惹的祸，因为他每天放学回家第一件事情就是打开电脑玩那些打打杀杀的游戏，嘴里还大声地叫着："杀杀杀""打死他""爆他头""他真没用"……看着儿子动不动就在游戏过程中摔鼠标、拍桌子，嘴里吐脏话，我的心就颤颤的。但幸好，他还愿意听我们的建议。于是，我和爱人就给儿子找了几款画面比较柔和，内容以模拟经营和人际交往为主的新游戏，并且我们每周都对儿子的游戏时间进行合理安排。这样一段时间之后，儿子对新游戏有了兴趣，也不再把"杀人""砍人"之类的话挂在嘴边了。

妈妈们如果简单粗暴地命令男孩不能再玩任何游戏，那么必然会造成他们的逆反心理，家里不让玩就去网吧或者同学家，而且玩得更疯。可见一味对男孩实行禁玩政策并不是良策，此时妈妈们不妨学习上面事例中这位妈妈的教育方法：实行分级制。

所谓分级制就是给游戏划分种类和级别，将那些含有暴力、色情等画面或内容的游戏隔绝出去，选择一些适合未成年人玩的游戏。其实，"游戏分级制"在日本和欧美一些国家早已实行。这些国家根据游戏中包含的暴力、血腥、色情等内容多少将其划分为不同等级，内容最单纯的可以出售给任何年纪的玩家，含有少量不良内容的游戏未成年可在妈妈陪同下玩，而含有大量暴力血腥内容的游戏则被划定为"成年人专用"，任何商家不得向未成年人出售。

妈妈要学会不断激发男孩"好"的动机

内蒙古心理卫生协会副理事长魏德俊曾在接受某报采访时说："根据调查得知，孩子们大多喜欢以暴力场景为主的网络游戏。究其原因，网络游戏是一种释放焦虑心情的途径，它可以补偿游戏玩家在生活中遇到的挫败感，因此动作游戏和枪战游戏成为游戏玩家喜欢的两种暴力色彩很浓的游戏。换句话说，生活中的不满、愤怒等情绪需要得到发泄，正确的发泄途径是建立在不对他人和自己造成伤害基础上的，网络暴力游戏就给游戏玩家提供了合理的释放渠道。在玩网络游戏的时候，游戏玩家的大脑会处于一种兴奋状态，并且分泌出一种激素，这种激素会令人感到兴奋，这正是游戏玩家痴迷于网络暴力游戏的原因。"

没错，多数未成年人喜欢暴力游戏很可能和他在现实中某种心理需求没有得到满足有关。

一个15岁的少年，因为学习不好而经常被妈妈教训，所以为了发泄心中苦闷，他就特别喜欢玩那种打打杀杀的游戏，甚至将游戏中的人物当成现实中那些对他不满的人，然后通过在游戏中杀死他们体验一种报复的快感。

很多教育研究表明，青少年的表面暴力行为，实际上是他们内心有阴影，暴力的背后是他们在现实中缺乏安全感，其实他们内心脆弱、渴望关怀。因此我们可以激发男孩好的动机，让他明白，必须运用良好、有效的办法，才能增强心理承受能力、实现自己内心的强大，才能真正变成一个强者。

细节63 “网上有很多我需要的信息。”
——如何教孩子正确使用网络

很多妈妈不理解青春期的儿子为什么这么痴迷网络，那么我们就来听一听男孩们是怎么说的：

“我喜欢在网上浏览新闻，不但新闻量大、内容丰富，而且有很多的新闻评论可以看，我觉得很长知识。”

“网络上有很多征文比赛、英语口语比赛，还有很多其他最新的活动，网络能够让我快速地了解这些我喜欢的活动。”

“ 网络给我自由，我可以随心所欲地做我想做的事情，而且还可以交很多朋友，很有意思。”

……

网络的确给青春期的男孩们打开了一个丰富多彩的神奇世界，它同时也给男孩们的学习、生活带来了很大便利。

通常来说，网络对男孩们来说主要有这样一些益处：首先网络可以开阔男孩的视野，让他了解外界很多事情，同时也让男孩吸收更丰富的知识；其次，网络可以满足男孩与外界交流的心理需求，让他可以向别人敞开心扉说出自己的喜怒哀乐；最后，网络可以帮助男孩促进学业，让他可以更快速地学到自己缺乏的知识。

当然，网络在带给男孩益处的同时，也潜藏着很多的危害，例如，过度上网会影响男孩的学习成绩，长时间地面对电脑也会伤害男孩的身体，过度沉溺网络游戏或网络聊天会严重影响男孩的生活学习，等等。

所以，妈妈应该正确引导男孩上网，让网络对孩子的益处发挥到最大化，而将危害降到最低。

帮助男孩选择绿色健康网站

有一位妈妈的教育经验是这样的：

我儿子经常沉迷网络，无论我怎么劝说，甚至打骂阻止，他对网络的痴迷丝毫不减。每次考试都是全班倒数，由于附近的网吧禁止未成年人进入，他竟然逃课回家上网，老师已经不止一次地给我打电话对儿子的行为提出批评。其实，儿子偶尔上网我倒没什么意见，但是他不分时间地上网，影响到学习，更何况网络上还有很多不良信息，我真怕他学坏。但是我又找不出什么合适的方法阻止儿子上网，因为他软硬不吃。就在我打算放弃的时候，无意中在网上看到了一款叫“绿色童年”的上网控制软件，我本来也就是本着“死马当活马医”的态度，没想到这样一次偶然的尝试，竟然让他彻底摆脱了网络的阴暗面，同时我自己也多抽出一些时间和儿子沟通、交流，慢慢地儿子又变得活泼、开朗起来，学习的积极性也提高了不少。

这位妈妈所选用的“绿色童年”软件，主要具有这样的功能：可以过滤不良网站，帮助男孩净化网络环境；对于爱玩游戏的男孩，这款软件采用游戏的多样化管理，既让男孩的游戏时间得到控制，更能设置游戏禁止开放，避免了男孩游戏成瘾；它还可以保证男孩在没有家长陪同下依然有规律地上网；这款软件还具有定时提醒功能，可以帮助男孩保护视力。

因此，担心儿子沉迷网络以及担忧网络侵害儿子身心健康的妈妈们，可以为电脑安装这款“绿色童年”软件。这种类型的软件不但可以帮助男孩选择绿色健康信息，而且有助于男孩在享受网络冲浪的同时获得更多的知识。

引导男孩目的明确地上网

妈妈可对自己儿子的上网活动做出规划，如学习、游戏、娱乐等，也可以给儿子布置一些任务，例如下载歌曲、资料、图片等。同时，妈妈还要对儿子进行正面引导，让他远离不良网站的诱惑，使男孩形成健康的审美观念，不上色情网站，不沉迷暴力、血腥游戏，学会理智处理上网娱乐与上网学习的关系。

有一位妈妈就做得很好：

现在是网络时代，上网对于青春期的孩子来说是“必修课”，我自然也不会让儿子落下这一课。但是，网络毕竟是虚幻的，而且会有很多我们家长也控制不住的事情发生，比如色情信息、网络游戏等。因此，每次儿子在家上网的时候，我都会事先让他列好一个表，上边写上他上网要完成的任务，例如，下载英语歌曲、搜集图片、搜索观看即时新闻，等等。渐渐地我发现，儿子已经在我的影响下形成了上网分配时间和任务的好习惯，他也从不去接触那些黄赌毒的网络信息，我相信他已经越来越有是非判断力了。

所以，妈妈应该多引导男孩带着明确的目的去上网，做到有的放矢，这样才能在较好利用网络丰富资源的同时，巧妙地避免网络上的不良诱惑。

细节64 “格式化，重新分区。”

——“网盲”妈妈是否该补习网络知识

据相关调查显示，那些经常在网上和家长互动的孩子，网络对他起到的积极作用会更大。但调查也显示，有近 60% 的家长在网络时代，并不能很好地理解孩子。下面这些妈妈们就有这样的烦恼：

“儿子整天说上网，我不会上网，所以他说的我一点儿都不懂！”

“虽然我有时也上上网，但是从儿子嘴里说出来的网络用语，我是一点儿也不明白，他老说我过时了！”

“儿子最近整天说我笨，说我不懂下载和格式化，不会 PS，还说我连基本的电脑常用知识都不懂。气得我整天骂他，我又不是专门搞电脑的，我怎么会知道啊！”

……

这些妈妈的烦恼，你是不是也感同身受呢？如今是网络时代，而且青春期男孩的生活、学习已经和网络越来越分不开了，妈妈不可能完全禁止儿子接触网络，而一旦进入网络世界，他们对新事物的适应能力和操作能力，比妈妈们要快速得多。所以，“网盲”妈妈一定要适当补习一些网络知识，这样才能参与孩子的生活，寻找母子之间的共同语言，同时也有助于妈妈察觉儿子的网络动态，带着他们健康成长。

当然，也有一些妈妈对网络文化不屑一顾，甚至非常反感网络，认为网络是“毒害”孩子的根源。但调查显示，在那些家长不会或者很少上网的家庭，孩子的上网频率反而更高，而那些爸爸妈妈喜欢上网的家庭，孩子对网络的依赖程度反而较低。

由此可见，妈妈补习网络知识是一件有益于孩子的事情。那么妈妈应该怎么做呢？下面这些方法可以给妈妈们一些提示：

了解青春期男孩，妈妈要学会正确利用网络教育

一天，青少年心理咨询中心的专家接待了一位焦虑的妈妈。这位妈妈对专家说：“我儿子今年 16 岁，很喜欢上网。因为怕他在网吧结识坏朋友，我就给他买了一台电脑。结果，儿子几乎不怎么用来学习，每天就是上网聊天、玩游戏，我要是说他两句，他还顶嘴，我们之间的关系越来越差。后来，我听一个朋友说，可以在网上和孩子交朋友。虽然我也买了一台电脑，可是我根本不知道如何利用网络来教育他。专家，您说我该怎么办呢？”

如今，网络正在改变着青少年的观念和生存状态，虽然大多数妈妈愿意利用网络教育孩子，但却和上例中的妈妈一样，不知道正确的做法究竟是什么。

教育专家认为，要想正确利用网络教育青春期男孩，妈妈首先要懂得正确引导，变堵为疏，要充分认识到网络的优越性；其次，妈妈应该多和儿子沟通，在现实生活中，给予青春期男孩更多的关爱和照顾，为他创造一个轻松、自由、民主的家庭氛围，还可以和儿子一起学习网络知识；再次，妈妈要尊重和理解儿子对网络的需求，引导他通过网络去开阔眼界，获取有益于他学习、生活的知识；最后，面对那些对网络抵抗力差的男孩，妈妈可以培养男孩自律、守时、守信的习惯。

补习网络知识，用网络架起与孩子沟通的桥梁

一个 13 岁男孩在自己的网络空间写道：

最近这一段时间，爸妈因为我上网的事情总吵架。我爸对我上网倒没什么意见，他觉得我大了，有自己的主见，对网络上的东西也有一定的分辨力。我觉得我爸说得很对，虽然有时候我上网聊天、打游戏，但我也能从网上学到很多有用的知识。但是我妈就不一样了，她整天说上网的孩子不好，还说网络上都是骗人的，都是一些不好的东西。她真的什么都不懂，每天要给她解释那些网络专有名词我都要费半天劲，后来我就懒得解释，她爱怎么想就怎么想吧！不理解我也没办法，谁让我有一个“网盲”妈妈呢！

其实，关于青春期男孩“上网”这件事情，妈妈比爸爸更焦虑。原因就是在日常生活中，妈妈将更多的精力投在家务和儿子学习中，对上网并不是很感兴趣，只知道网络“影响孩子学习”。正因为接触少，妈妈的接纳能力自然弱于爸爸，所以在这种情况下，就有一大批“网盲”妈妈的出现。因此，妈妈要想解除焦虑，首先就要补习一定的网络知识，然后通过网络来拉近和孩子之间的关系。

细节65 “咦，这是什么网页？”
——如何让孩子远离网络垃圾信息

这天，妈妈下班回家后看到儿子正在上网，便瞟了一眼网页上的标题，发现儿子正在看社会新闻，可是这个网页的右下角一直闪烁着小方框，而小方框上是一个穿着很暴露的女人。妈妈赶紧对儿子说：“马上关掉这个网页，找别的看！”儿子不解地问:“怎么啦,我新闻还没看完呢！”妈妈皱着眉头说：“你没有看到那些色情网页吗？”儿子却见怪不怪地说：“这些是网络广告，很多网页都是这样，一打开都有网络游戏或者色情信息的链接，这很正常。”看着侃侃而谈的儿子，妈妈十分担忧，这万一儿子一时好奇就点了进去，那对他不就产生了不良影响了吗。可妈妈一时半会儿也想不出什么好的解决办法。

这位妈妈的忧虑也正是其他青春期男孩妈妈的“心病”，因为如今网络就像一片广阔的大海，里面充斥着网络色情、暴力、赌博等种种网络垃圾，而青少年时期正是孩子吸收外界信息的黄金时期。假如我们的孩子一上网，看到的都是色情、暴力、赌博等网络垃圾信息，那么他们又怎么能受到积极的影响呢？

更何况青春期男孩还没有足够的过滤、辨别、筛选身边各种信息的能力，往往好坏不分，全盘接受。长此以往，这些网络垃圾信息就会严重冲击他的世界观、价值观和人生观，甚至导致他走向犯罪与堕落的深渊。

因此，妈妈必须想办法让青春期男孩远离网络垃圾，让他们能在一个健康、绿色的网络环境中自由“冲浪”。

早发现、早警惕，及时纠正网络垃圾信息对男孩的影响

有一位妈妈的教育经验是这样的：

自从儿子上了中学之后，他上网的时间开始增多，并且要求我给他买一部电脑。我答应了他的要求，但前提是周一至周五晚上，他只能上网两小时，周末的时间适当延长。儿子一开始很爽快地答应了，而且也按照我们之间的约定实行了一段时间。可后来我发现，儿子晚上上网的时间越来越长，而且总是关着门。为了了解儿子上网都干了些什么，我在他不知道的情况下，查看了他的浏览记录，竟然发现儿子在看色情小说。我了解青春期的孩子对于性会有一种好奇心，再加上网络上这类垃圾链接很多，所以我也有些担心这样下去会害了儿子。于是，我和儿子进行了一次谈话，我告诉他我不反对他上网，但上网是为了学习和健康的娱乐，如果他不能戒掉自己的某些“坏毛病”，我就要没收他的电脑。儿子感觉出来我说的“坏毛病”是什么，他感到有些不好意思，但他也向我保证，以后绝不点开那些不良链接。之后，他自己在网上下载了一个绿色软件来隔绝那些网络垃圾，我觉得很欣慰。

网络就像一把双刃剑，它能给男孩带来强大的信息，也能帮助男孩开阔视野，但同时网络也充斥着对青春期男孩产生不良影响的垃圾信息。因此，妈妈必须多留心观察儿子的情绪变化，并且注意随时察看他们登录过的网站。如果发现儿子经常上网，还随之出现精神委靡、不合群等异常情况，要及早警惕、制止和纠正男孩的不良行为，防止青春期男孩受到网络垃圾信息的影响。

妈妈要督促儿子远离网络垃圾，并教他学会自我保护

13岁的小星自从学会了上网，大部分时间都浪费在网络上。刚开始，妈妈还以为小星上网是为了查学习资料，可是后来她发现儿子除了聊天、玩游戏，还看一些色情图片，而且还进入一些成人聊天室。原先很乖巧的小星，脾气越来越暴躁，妈妈还发现他有暴力倾向。后来，妈妈不得不把网线给儿子拔掉，带他去看心理医生。医生告诉小星妈妈，一切都是网络垃圾惹的祸，再加上小星年纪小，不懂得保护自己，也不懂得分辨是非，所以受网络垃圾毒害比较严重。

小星不是唯一一个被网络垃圾毒害的青春期男孩，教育专家认为，未成年人是网络垃圾的最大受害者，现实生活中有很多男孩都或多或少地正在受网络垃圾的不良影响。因此，妈妈一定要给予男孩更多的关爱，督促他们远离网络垃圾，引导他们接触有益的事物，并向他们讲解网络垃圾的危害。另外，青少年心理专家还建议，妈妈在给予青春期男孩亲情关爱的同时，还必须采取一些强制性措施，如坚决禁止男孩在成人网站上聊天、漫游；禁止他与网上的陌生人对话；随时掌握男孩的上网情况等。

第九章　跳出“流行”的旋涡

——让男孩远离不良社会习气的侵扰

在男孩探索世界的生命旅途中，他需要有所参照和模仿，以加速适应这个纷繁复杂的现实社会，于是他们很容易染上一些不良的社会习气。另外，由于很多男孩都是独生子女，妈妈总是极力满足儿子在物质上的所有要求，因此，男孩容易出现盲目追求高消费、讲名牌现象，妈妈若不加强引导力度，男孩就容易丧失自己单纯、热忱的心。

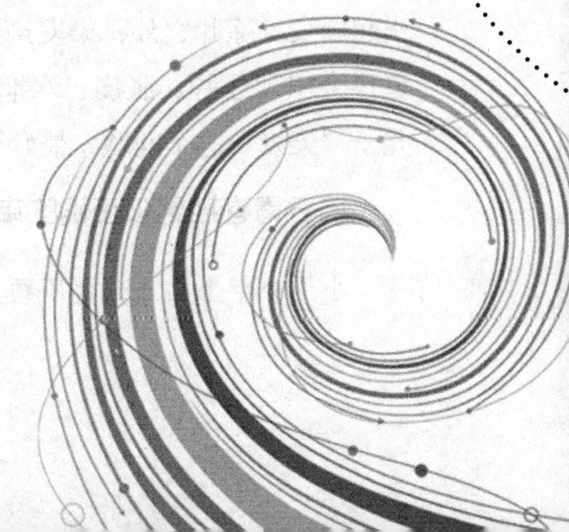

细节66 “染发才能跟上时代。”

——儿子想染发，妈妈如何制止

如今，走在大街上，我们会看到一些孩子染着颜色不一的头发，为什么这些正值青春年少的孩子这么喜欢和自己的头发“较劲”呢？我们先来听一听他们怎么说：

“我讨厌一成不变的黑发，我们班好多男生都染了黄头发，特别帅气！”

“我染头发不为别的，就想换个心情！”

“我爸妈越是讨厌我做的事，我就越是想做！”

“上次我陪着几个好哥们儿去理发店，在他们的撺掇下，我一时冲动就染了。本来没什么，可后来老师让我染回去，我就舍不得了！”

……

青春期男孩想染头发的原因各种各样，包括上面这些男孩所说的为了追求时尚，为了换个心情，甚至是为了和家长、老师作对。不过，目前中国的中小学里，并不提倡学生染头发，甚至很多学校都明令禁止学生染发。

其实，青少年因为追求时尚、潮流而染发可以理解，但是染发虽然能给男孩增添一些美感和魅力，但是却也能给他们的健康带来威胁。因为染发剂是通过化学药剂的渗透作用来改变一个人头发的颜色，而这些化学药剂大多都含有毒性较大的二氨基甲苯等，其中更有不少致癌物质。曾有科学家通过研究证实，普通的染发剂不间断地使用10年，只要人的皮肤吸收1%就能引起癌变。除此之外，染发剂还容易导致皮肤过敏，轻者出现发痒症状，重者还会出现红肿、胀痛、水疱、渗液等症状。因此，妈妈必须重视青春期儿子“染发”这个问题，最好引导他放弃“染发”，而选择最自然的黑发。

培养青春期男孩正确的审美意识

小周今年上初三，他不顾父母和老师的反对，执意要染黄头发，因为他觉得染了黄头发会让自己在别人眼中变得更“潮”、更帅。后来，他又把前面的几缕黄头发挑染成了红头发，还买了很多父母眼中的“奇装异服”。他知道自己的审美父母和老师都不接受，但每当看到大家瞧见自己的头发和装扮时所表现出来的嗤之以鼻的神情，他反而觉得很开心，就像自己打了胜仗一样。

青春期男孩的审美意识大多是盲目地跟随潮流，就拿上例中的小周来说，他觉得染黄头发就是美，穿大人不喜欢的奇装异服就是美，这种表达个性、片面的、跟风似的审美只能毁了男孩原本建立的良好的自我形象。所以，妈妈要不断培养青春期男孩正确的审美意识，给他树立正面榜样，让他自己去思索什么才是真正的美，什么是自己应该追求的人生方向。

转移男孩想染发的注意力，引导其发现染发的危害性

有一位妈妈的教育经验是这样的：

上个周末，上初三的儿子突然问我要 100 块钱，我问他：“你要钱干什么？”儿子说：“我想染头发，我朋友小胖和李自强都染了，特酷！”我想了一下说：“你要是实在想染发也行，不过今天妈妈兜里没这么多钱，要不这样，下周妈妈也正好要剪头发，我们一起去吧！放心，我不会阻止你！”儿子爽快地答应了。不过，接下来的几天，我找了一些关于染发有害健康的文章和一些现实案例发给儿子看，结果他看过之后，再也没说染发的事情。后来，他对我说，还是自然的黑发好，只要让发型师给他设计一个新发型，同样可以很帅气。

这真是一位聪明的妈妈，她没有当面拒绝儿子的要求，也没有斥责儿子不应该染发，而是选择先转移儿子的注意力，然后利用缓冲的时间，将一些染发有害的信息传达给儿子，让他自己学会分辨。

这是一种非常有效的引导方法，因为对于青春期的男孩来说，他们自尊心很强，逆反心理也容易被激起，妈妈处理稍有不慎，就会适得其反。所以，当你的儿子想要染头发的时候，你不妨向这位妈妈学习，先转移儿子的注意力，然后引导他发现染发的危害性。

细节67 “文身真的很时尚。”
——为何你的孩子喜欢文身

文身，又称刺青，是用带有颜色的针刺入皮肤底层而在皮肤上制造一些图案或文字，这些在身体上刺上各种花纹、文字、个性图案等过去多是为吉祥、崇拜之意。不过，延续至今已有几千年历史的刺青文化，在我国却慢慢被人曲解，以至于大众把文身当成了一种不良人群的标志。

其实，随着时代的发展、文身已经变成了一种时尚的自由追求，一些青春期男孩也非常喜欢文身。

有一位妈妈就讲了这样一件事情：

一天，儿子放学回家后，突然向我要钱，我不解地问：“零花钱我不是给过你了吗？”儿子说：“我想去文身，您再多给我点儿钱！”在我的印象中，只有那些社会上的流氓，那些不学好的人才会去文身。我有些生气地说：“文什么身！小小年纪你不学好，想学人家当黑社会啊！”儿子一听，也生气了：“什么黑社会！您一点儿都不懂，您不给我钱我也能去，文身有什么了不起的，我就图好玩！”

一般来说，青春期的男孩喜欢文身的原因有这几种：追求个性与时尚；受明星等偶像的影响；为了表达对某人的爱意；逆反心理作祟……但文身会对男孩的身体健康造成伤害。

所以，妈妈一定要想办法正确引导想文身的男孩，尽量打消他们文身的念头。下面这些方法可能会帮上妈妈的忙：

妈妈要搞清楚儿子文身的原因，多疏导、少强制

有一位妈妈的教育经验是这样的：

我儿子从小就很喜欢打篮球，他喜欢的篮球明星大多都是国外的明星，像乔丹、科比。我也一直很支持儿子打篮球，既能让他锻炼身体，也能培养他的爱好。但有一天，上初二的儿子突然回家跟我说要文身，我问他为什么要文身，他说看到自己的偶像有文身，自己也想文。我当然不同意他文身，这不但伤害他的身体，在学校的影响也不好。但我没有强烈地反对，因为我知道这个时期的孩子很叛逆，我要是强烈拒绝他去文身，那他可能反而马上去文身了。所以，我语气很平和地说：“你文身妈妈并不反对，当然出于对你健康的考虑，我也不表示十分赞同。因为我知道文身首先要忍受很大的身体疼痛，而且文身还有色素，还可能会造成细菌感染。你如果非要去文身的话，妈妈希望你先考虑和查证这些问题，要在保证自己身体安全的情况下去做。其实，你喜欢那些篮球明星，不是喜欢他们的球技和精神吗？至于文身，那只是个人爱好而已。孩子，好好考虑一下！”儿子听我这么说，接下来的几天真的都在考虑，最后他对我说：“我不文身了，因为文身又疼又可能不安全。”

这真是一位聪明的妈妈，她懂得不应该用强硬的态度逼迫儿子不去文身，因此选择疏导，让儿子认识到文身既没有必要，又会对他的身体造成伤害。经过妈妈这样的一番分析，男孩自然会考虑文身这件事情值不值得去做。

所以，当有一天儿子突然对你说“老妈，我想文身”时，千万不要激动，要用平和理智的心态来面对这个问题，然后弄清楚他想要文身的原因是什么，多疏导、少强制。

采用“以退为进”的方式解决男孩“文身”的问题

添添上初一的时候，为了显示自己的男子汉气概，就在自己的右手臂上文了一个神秘的图腾，自己也觉得特别神气。虽然他已经做好了和妈妈因为文身而大吵一架的准备，但是令他感到意外的是，妈妈并没有责骂他，而是很淡然地说：“既然你都已经文过身了，我也没什么好说的了。”添添对于妈妈的理解感到很开心，可是过了一段时间后，他的烦恼就来了，当他在公共场所出现时，他右臂的文身很惹人注目，而看到他文身的同学也大多不愿意和他交朋友。所以仅仅两个多月后，他就把文身去掉了。

生活中，有很多青春期男孩和添添一样，都想通过文身来表达一些情绪，比如男子汉气概，或者是对某个女孩的爱意，或者是模仿别人，但是文身过后，他们会发现，大部分人并没有像他们想象中的那样肯定他们文身的行为，相反，很多人不喜欢和文身的人交朋友。

所以，妈妈们与其为了文身和儿子正面对抗，不如选择“以退为进”的方式，让他自己亲身感觉到文身带给他的麻烦和烦恼，过后，他自己就会主动想办法解决令妈妈头疼的问题。

细节68 “学好数理化，不如有个好爸爸。”
——如何消除儿子的“拼爹”思想

为什么某些孩子的心中会有“拼爹”思想呢？这是因为如今的社会，贫富差距越来越大，孩子的贫富意识也越来越明显，这就造成了他们比拼各自的父母，例如经济能力、社会地位等。于是，很多男孩认为自己花费时间去努力学习和不断增长能力，其实都不如有个“成功”的老爸、老妈。对于青春期的男孩来说，除了贫富差距导致他们有了“拼爹”思想之外，自身虚荣心作祟、喜爱炫富、过强的自尊心、青春期攀比心态、父母的溺爱等也是造成他们“拼爹”的主要因素。

那么妈妈们如何消除儿子的“拼爹”思想呢？下面这些方法妈妈们不妨一试：

引导儿子学会自信自强，告诉他“拼爹不如靠自己”

有一位妈妈的教育经验是这样的：

我儿子上的中学是一所私立学校，每年的费用至少一万元。因为我和老公平时工作很忙，没时间照顾儿子，所以咬咬牙就让儿子上了这所中学。可是开学才几个星期，儿子就发现他的新同学每天都在攀比，比谁的老爸有钱、有权，比谁家的房子好，比谁穿得好，比谁的零花钱多。有一天，儿子放学后就问我：“妈妈，为什么我们班同学家里那么有钱？他们不是开豪车，就是住豪宅，我们家却还要再过30年才能还完房贷。”儿子的话让我既心酸又担忧，我要怎么来告诉他这个社会的现实呢？抱怨、唠叨、不满？不行，我不能让儿子还没进入社会，就对社会开始失望，不能脚踏实地而是变得急功近利。我是这样说的：“儿子，别人住得好、吃得好，那是因为你那些同学的爸妈比我们会挣钱，但这不代表他们比我们优秀。这个世界上有的人会理财，会赚钱，但有些人虽然赚钱不多，却对社会作出巨大的贡献。就拿你爸爸来说，他虽然挣钱不多，但他是一名合格的医生，他很爱我们，在工作上他认真负责，在家庭中他敢于担当。妈妈觉得，人和人比的不应该是财富、父母，而应该是自己的能力。只要你自信自强，妈妈相信依靠你自己的能力，将来你一定会比很多人成功。”儿子听完我的话，笑着说：“妈妈，我知道。我才不和别人比老爸、比有钱呢，我要和他们比学习、比能力，而且我以您和爸爸为荣！”听完儿子的话，我欣慰极了。

假如青春期的男孩只知道和别人比老爸、比财富，那么他就会变得更依赖自己的家人，自己也会失去主动学习进取的动力，因为他知道，就算将来没能力、没工作，他照样有老爸养活。可万一哪天他老爸这棵大树倒了，那么他就不知道如何生存了。

所以，妈妈应引导儿子学会建立自信心，告诉他“拼爹不如靠自己”，人只有依靠自己的力量，不断学习和积极进取，才能取得属于自己的成就。

不溺爱、不娇惯，教导儿子多吃苦、多磨炼

恩远生长在一个十分富裕的家庭，他的父亲是有名的地产老板，家资千万，而且他也是家里唯一的孩子。不过，他的父母从来都不娇惯他，虽然他在私立中学读书，但周末的时候，别的同学都被豪车接走了，他需要独自乘公交车回家。平时他的零花钱都是按计划给的，吃喝穿戴与普通小康家庭的孩子差不多，而不是像其他同学那样有大把大把的零花钱。恩远有时候也觉得委屈，但他妈妈对他说：“儿子，从小生活太安逸，长大之后你就不会知道艰难困苦。我们希望你能凭借自己的双手开创自己的前途，爸爸妈妈虽然有些钱，但我们更希望能够看到你独立、坚强，不怕苦、不怕累地去创造你自己想要的东西。”

如今，人们生活水平高了，独生子女家庭也变多了，家人对孩子的溺爱也比以往更甚。这很容易束缚住孩子的手脚，娇生惯养的他们一离开大人的怀抱，就无法承受风雨。

所以，妈妈对青春期的男孩不应该溺爱和娇惯，而是应该教导他多吃苦、多磨炼，告诉他“宝剑锋从磨砺出，梅花香自苦寒来”。

细节69 “明星真是太酷了！”
——儿子狂热追星怎么办

一位妈妈无奈地给心理咨询专家讲述了这样一件事情：

我儿子是个“超级TFBOYS迷”，按说已经上初三的他是个渐渐成熟的大男孩了，可他竟然说：“世上无人能比得上TFBOYS。”一听到有人说TFBOYS的坏话，他就非常气愤；凡是TFBOYS的电视节目，他就特别关注。我们平时给他的零用钱，他都用于买TFBOYS的影碟唱片和宣传画册，TFBOYS所唱的歌基本都会唱。我并不是反对儿子追星，也不是不喜欢TFBOYS，而是觉得儿子追星“太过”。他把和他毫不相关的人的生日、爱好、琐事等都记得很清楚，但是对我们这些原本应该亲近的家人却不屑一顾。这样的儿子令我既寒心又痛苦，我该怎么办呢？

青少年追星是一件非常普遍和正常的事情，但凡事要有度，如果男孩追星太过狂热，不但影响学习，也会给家人带来很多的负担和烦恼。那么青春期的男孩为什么那么崇拜偶像，尤其是那些影视娱乐明星呢？一般来说，主要有这样几种原因：一是很多青春期男孩追星是为了追寻自我，当他们心中渴望一个看得见、摸得着的活生生形象时，他们就会产生崇拜心理；二是偶像或者明星是青春期男孩心目中妈妈的“替代品”；三是为了和同龄人有共同的话题，极度渴望融入一个团体。

由此可见，妈妈们不必对儿子追星这一现象大惊小怪。如果你一味限制儿子追星，不但不现实，还会起到反作用，激起男孩的逆反心理。与其如此，你倒不如改变一下策略，允许儿子追星，并且引导他正确追星。

让男孩认识到，生活中他能追的“星”有很多

一位妈妈是这样引导狂热追星的儿子的：

14 岁的儿子最近迷上一个日本的流行乐队组合，渐渐地，他开始按照乐队成员的穿衣风格打扮自己，而且也越来越重视自己的外貌，不弄好发型不出门，早晨上学还经常因为搭配衣服而迟到，而且他的谈资也从原来的哪些书好看、哪部英语小说很棒转移到了哪件衣服新潮……

我意识到这样下去，对儿子绝非一件好事，于是，就决定转移儿子的追星注意力，把他往其他的明星身上引，在一番搜索后，我选定了体育明星姚明，希望姚明身上的那种拼搏与努力精神能感染儿子。

于是，从此之后，我就有意识地买了很多有关姚明的体育杂志，还时不时地叫上儿子一起看篮球比赛。青春期的男孩本来就对篮球这一项运动很有好感，没过多久，儿子就彻底迷上了姚明，并对我说：“老妈，我也要像姚明一样，努力、拼搏、不服输，做一个像他那样打遍 NBA 的中国人！”

现实生活中，男孩的偶像大都是些娱乐明星或者电影演员，男孩在追星的过程中不免会有过分追赶潮流或注重外表的坏习惯，此时，妈妈们可以让男孩认识到，生活中他可以追的“星”其实有很多，并积极引导男孩多方面追星，比如，体育明星、科学明星等，让男孩学习这些明星身上坚持不懈、刻苦奋斗的精神。

教育男孩要理智追星

青春期的男孩大多意志力比较薄弱，抵抗外界诱惑的能力不强，因此，妈妈们一定要教育男孩理智追星。

有一位妈妈的教育经验是这样的：

一天，15 岁的儿子亮亮放学回家后就把自己关在房间里，我叫他出来吃饭他也不理，于是，我意识到可能是儿子有了心事，就主动来到儿子的房间

里和他谈心。

“儿子，是不是有什么事不顺心？”

“没什么事。”儿子无精打采地说。

“真的吗？”我继续问。

“哎，就是因为我同桌当着全班同学侮辱我的偶像。”

“然后呢？”我耐心地问。

“然后我们就吵了起来，后来还打了起来！”

“儿子，你的心情妈妈可以理解，就像有人说你不好，妈妈也会很生气的，但是，每个人的看法都不一样，也许他觉得你的偶像不好，你也觉得他的偶像不好呢，对吧？就拿妈妈来说吧，我喜欢的偶像，你爸爸就不喜欢，但是我们因为这事儿吵过架吗？”

“没有！”

“所以啊，你也没有必要为了这样的事情郁闷啊，另外啊，妈妈还要告诉你，追求明星更应该学习他们身上的优点，就像你喜欢的那个明星，从一个默默无闻的人成长为现在众人皆知的明星，在他光鲜亮丽的外表背后，他一定付出了很多泪水与汗水的，对不对？”

“嗯！”

“所以，你应该学习这种精神，让你的偶像知道，你也是一个如同他一样勇敢、坚强的男孩，我说的对吗？”

“我知道了！”

这位妈妈的做法非常正确，她不但对儿子采取尊重的态度，也对儿子的想法有了更深入的了解，而在与儿子探讨偶像明星的过程中，这位妈妈还积极地挖掘了偶像的榜样作用，让偶像的力量鼓励自己的儿子成长进步。

细节70 “我也要买iPhone。”
——男孩爱攀比，妈妈怎么办

男孩一进入青春期，对自身外貌、衣饰等“面子”问题就会更加关注，例如，有的男孩会关心自己容貌是否俊秀，衣服是不是品牌货，在朋友圈里有没有威信等。其实，这归根结底都是青春期男孩的虚荣心和攀比心在作祟。周五，一位妈妈去接上初二的儿子，在学校门口等儿子的时候，她看到很多和儿子差不多年纪的男生、女生在兴奋地聊着天，谈话内容飘进了她的耳朵：

“我爸说他这次发工资就给我买 iPhone 手机，不过，我更想要个苹果电脑，那才带劲！”

“苹果手机算什么，我们家已经打算假期去欧洲旅游了，到时候给你们带点儿纪念品回来。”

“你们不是有礼物，就是出国旅游，今天我也回家让我爸假期带我去香港玩！”

……

这位妈妈听到这些十几岁孩子的对话，真的吓了一跳。心想，如果儿子也像这样在物质上与别人攀比，为了面子而对妈妈提过多的要求，那不但在家庭的经济上吃不消，对儿子的健康成长也不利。

的确，物质的虚荣和攀比是腐蚀青春期男孩健康成长的“毒药”，更是增加家庭负担的沉重“砝码”。因此，妈妈们应该学会引导青春期男孩转换观念，例如，从原来的物质攀比转为精神攀比、学习攀比，这样才会有助于男孩树立正确的人生观。

下面就给青春期男孩的妈妈们提供一些教育孩子的方法：

引导儿子在物质上和最差的比

一位妈妈曾无奈地讲述了她和上初二的儿子的一段对话：

一天，儿子放学后对我说："老妈，给我买一套'阿迪达斯'运动服，我们校庆运动会要穿。"

我问他："老师要求你们必须都穿新买的'阿迪达斯'运动服吗？"

儿子笑笑说："老师是没有要求，可到时候肯定很多人都穿着名牌参加，我不想被大家笑话。"

我不信地问："真的吗？"

儿子马上说："当然是真的！今天在学校大家都说开了，说是在校庆运动会上穿什么牌子的衣服，还有个同学特意让他爸从欧洲给他买运动服呢。我就不让您费飞机票去欧洲了，给我买一套'阿迪达斯'就行。"

其实，青春期男孩在物质上的攀比，是一件非常糟糕的事情。因为每个人的家庭经济状况不同，如果男孩因为虚荣和那些家庭富有的同学比吃、比穿、比玩，很容易产生巨大的落差感，也会对妈妈提出更多的无理要求。假如我们不能满足他们的物质要求，那么他们很可能因此走上错误的道路，甚至毁掉自己的一生。

因此，妈妈们应该引导青春期男孩多看看那些比自己生活条件差的人，让他体会到自己在物质上已经比很多人优越、幸福，例如，引导儿子看一些贫困地区的新闻报道和图片，节假日带他去体验"苦日子"，鼓励他多参加捐助福利院的公益活动等。

引导男孩多和最优秀的人比品质、比学习

中国有句古语："高比，所以广德也；下比，所以狭行也。比于善者，自进之阶；比于恶者，自退之原也。"大意是说，人要和德行高的人比，这样才能不断完善自己，反之，只会使自己的德行减退。所以说，妈妈们应该引导青春期男孩多和那些优秀的人比品质、比学习，这样才能帮助他们树立正确的价值观、人生观、道德观。

一个14岁的男孩在自己的网络博客中这样写道：妈妈一直教导我要多和那些品质优秀、学习努力的人比，要多问问自己，别人比我优秀在哪里。于是，我发现有的人比我开朗活泼，有的人比我热心助人，有的人比我善用

学习技巧，有的人比我勤快……通过这些自我反省和比较让我意识到自己的不足，我自己也知道应该往哪个方向努力，所以现在的我各方面进步都很快。

看吧，只要你引导男孩意识到多向比他强的人学习，那么具有进取心和好胜心的男孩就会多学习别人身上的优点，然后来不断完善自己。所以，在平时的日常生活中，妈妈们应该时常引导青春期男孩多和优秀的人“攀比”品质、习惯、能力等。

细节71 “她不是我妈，是我家邻居。”

——儿子虚荣心膨胀怎么办

随着青春期的到来，男孩就变得特别要“面子”，自尊心也越来越强，于是很多妈妈发现儿子开始变得虚荣了：

“我儿子上了初中之后，我发现他竟然主动开口问我要新衣服、新鞋子，而且不是名牌的他还不穿！”

“昨天，满脸沮丧的儿子对我说不上学了，我问他为什么，他就说自己什么都比不过其他同学，在学校他觉得很丢人！”

“我家小子本来就有些自卑，上了高中之后，学习压力一大，他的学习成绩有所下降，我们没有给他压力，但他自己觉得非常痛苦。”

……

你的儿子是不是也有以上这些“虚荣心”的表现呢？其实，青春期的孩子有点儿虚荣心很正常，但过度虚荣会给男孩造成不良影响，甚至会令他们做出一些令自己感到后悔的事情。正如有人说的那样：“虚荣心很难说是一种恶行，然而一切恶行都围绕虚荣心而生，都不过是满足虚荣心的手段。”

或许下面这个男孩的经历会给妈妈们一些警示：

晓震是一名15岁的初三学生，从上初中开始，他就特别注意自己的衣着打扮，他觉得走在路上好像每个人都在看他，如果他穿得普通或者土气一点儿，他就觉得别人的眼睛里都是鄙视和嘲笑，而如果他穿得很时尚、很帅，那些投在他身上的目光就是赞叹和肯定。正是有了这种感受，他每天都花很长时间来穿衣打扮，不收拾好自己绝不出门。但是因为晓震的家里并不富裕，爸爸妈妈给他买衣服的钱很有限，他就开始自己想办法弄钱。一开始他是把爸爸给他买的学习机卖掉，后来他竟然去偷别人的东西卖掉，而所得来的钱不是买衣服，就是请好哥们儿吃饭、上网。中考时，晓震没有参加考试，而是在一次偷窃的时候，被警察抓住关进了少管所。

可能很多妈妈会认为晓震只是一个特例，事实上，任何一个男孩的虚荣心如果得不到正确的引导，都可能导致他走向歪路。更何况，青春期的男孩为了他最看中的自尊心，为了能赶流行、追时尚，为了吸引别人的注意，他们是会去做一些冲动的事情。所以，妈妈们必须想办法正确引导男孩膨胀的虚荣心。

引导男孩用平常心对待学习、生活中遇到的事情

所谓平常心，其实就是无论遭遇成功还是失败，都能保持一种淡然的心态，但平常心不是消极地对待事情，而是要积极主动、尽力而为地去做某件事情，同时又要具有顺其自然和不苛求完美的平和心态。真正的平常心，就是一种从容淡定的自信心。

有一位妈妈是这样做的：

我发现儿子自从上了中学后就变得很虚荣，甚至开始变得有些自负、骄傲，例如生活上，他总是希望自己吃的、穿的、用的比其他同学好，而学习上他希望每次考试都能名列前茅，如果他在这些方面都比不上别的同学，那他脾气就会变得很坏，情绪起伏很大，而且会对别的同学产生忌妒心，甚至因同学做错一些小事就打小报告。我不希望儿子因虚荣而变成一个心理扭曲的孩子，所以日常生活中我总是教导儿子要有一颗平常心，凡事不要太计较，要学会公平竞争，我告诉他只要他努力地去做事、学习，那么就算不成功，大家也会喜欢他、尊重他。慢慢地，儿子领悟到了我口中的“平常心”，他不

再要求外表的光鲜,也不再做同学口中的“小间谍”,而是成了一个光明磊落、积极努力的男孩。

青春期的男孩是很容易被妈妈引导的，只要你换个角度让他认识到虚荣心能为他带来的东西，平常心也能带来，而且更踏实、更实在。所以，妈妈们要注意在日常生活中引导男孩用平常心对待学习、生活中遇到的事情。

教导男孩凡事谦虚、务实，学会真诚对人

林枫是某市一名中学生，平时好大喜功，爱吹牛，喜欢追求物质享受，而且不肯踏实学习，结交的朋友也都是社会上的小混混。林枫的家里并不富裕，但他对朋友说自己的父亲是大官，妈妈是企业经理，家里有小轿车。在虚荣心的驱使下，他和几个“好哥们”儿开始溜门撬锁，然后用偷来的钱买衣服、住豪华酒店……后来，林枫干脆不上学了，就连他的父母都不知道他去了哪里。

可见，过度的虚荣心对于青春期的男孩来说真是一种可怕的“毒品”，所以，妈妈们要想驱除男孩的虚荣心，必须教导他们学会凡事谦虚谨慎，做到务实肯干，学会真诚对人，这样才不会因为虚荣而断送了自己本来美好的前途。

细节72 “神马？坑爹啊！HOLD住！”
——儿子满嘴流行语，该不该管

一位母亲不小心看到了13岁的儿子的这样一篇日记：

昨天，在外地上班的gg(哥哥)回来，给我带了很多好东东(东西)，都系(是)偶(我)非常稀饭(喜欢)的。虽然其中有一些山寨货，但是偶(我)一点儿都不介意。就酱紫(这样子)，偶(我)就答应gg(哥哥)陪他去逛街，路上还遇到了几个票娘(漂亮)mm(妹妹)……

这并不是一篇错字连篇的日记，而是用网络语言写成的日记。可能很多父母对于青少年之间流行的网络语言比较陌生，甚至听不懂去问儿子的时候，他就会嫌弃似的给你一句：“这都不知道，真老土！”

其实，网络语言，顾名思义就是在网络上衍生出来的一些“人造词语”，并且通过网络的传播而成为年轻人之间流行的词语，例如摔锅(帅哥)、铜子(同志)、酱紫(这样子)、稀饭(喜欢)、灰常(非常)……这些网络词语大都具有表现形式符号化(数字符号、脸谱符号、字母符号)、形象化(恐龙、菜鸟、青蛙、大虾)、自由化的特点；具有很强的表现力，简洁、新奇，介于书面语和口语之间；内容丰富，信息量大。

网络语言产生的原因也多种多样，例如可能是人们为了节约时间和上网费用，如“你才”代替“你猜”；也可能是为了追求虚拟空间的自由；也可能是年轻人蔑视传统，崇尚创新，造出了一些词语；还可能是某些人为了张扬个性以引起重视，等等。

那么妈妈们应该如何正确引导青春期男孩正确使用流行语呢？下面这些方法不妨一试：

引导男孩合理有度地使用流行语

一位妈妈就经历了这样的事情：

儿子上了初中后，讲话风格大变。以前，儿子直接说要吃肯德基，现在变成了“要吃 KFC”。她和老公讨论购房事宜，征求儿子的意见买哪个区的楼盘好，他答道：“打酱油。”“什么打酱油？”她追问一句。儿子又冒出一句让她听不懂的话：“妈，你真 LT。”“什么 LT？”妈妈誓要打破砂锅问到底。“好吧，告诉你。打酱油，就是‘不关我事，不予评论’；LT 就是‘老土’，懂了吧？”儿子的解释，让她啼笑皆非。

随着网络的日益发展，如今的孩子们不但满嘴流行语，有时候还喜欢自己创造一些词语出来。这种行为一方面会增加男孩的创造性和学习的趣味性，但同时也容易给他们的语言基础造成冲击。不过，有些教育专家认为，语言词汇是随着社会进步不断更新的，我们没必要一味抵制，因为有很多网络语言和语文教学中的要求规范是不冲突的，只要让男孩们适时、适度、适量地运用，不但能够恰当地表情达意，还能润色文字，充实内容。

告诉男孩什么场合不可以用网络语言

曾经有家报纸做过一项关于网络语言在中小学生中的使用情况的问卷调查。该项调查显示，有 95% 的学生都确切知道调查人员提供的网络词语所表达的意思，同时还发现有近 73% 的学生表示曾在不同场合使用过不良网络语言取笑或辱骂过同学、老师和网友。

某年的中考刚刚过去，记者了解到大连中考语文作文提供了两个选题，考生可任选其一。选题一要求考生以《我的心灵憩所》为题目写作；另一个选题则要求以“遗憾”为话题写一篇文章，或者叙写自己的遗憾，并从中找到人生的启迪；或者论说世间种种遗憾，在论说中发现它的价值…… 记者注意到，在写作要求中，都特别提到考生“不要使用网络语言”。

现今，网络语言已经广泛地出现在聊天、论坛（BBS）、E-mail 等各种互联网应用场合，并渗透到现实生活中，正在对青少年的生活、学习产生着越来越大的影响，甚至很多中学生开始把网络语言运用在语文写作中。但网络语言毕竟不是正规的语言，它只是语言的一种“变体”，长期使用或过多使用只会让孩子们忘记正确的字该怎么写、准确的词语应该怎么使用。所以，父母们必须重视“网络语言对于孩子语文基础的影响”这个问题，然后找出妥善的办法正确引导男孩使用网络语言。对此，专家给妈妈们的建议是：正规场合不能使用网络语言，引导男孩杜绝使用不良的网络语言。

第十章　为叛逆的男孩“护航”

——引领男孩绕过青春期的“险滩”

西方心理学家把青春期看作个体发展上的“危险期”，他们认为在这一时期时孩子身心发展就会充满矛盾，这个时期可塑性大，同时也是极易形成不良品质的阶段。如果不能正确地加以引导，这个时期的孩子会特别容易染上抽烟、赌博、偷窃等恶习，进而走上犯罪的道路。所以，妈妈一定要掌握青春期男孩身心发展的特点，坚持正面疏导，尊重、保护他的独立性，促使儿子健康成长。

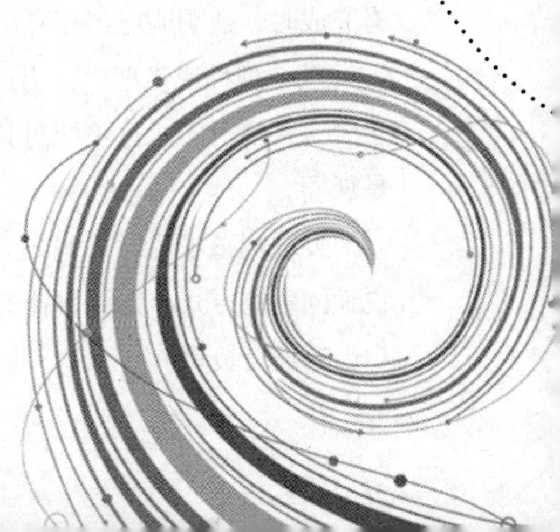

细节73 “我们学校停电，不上课。”

——儿子学会了撒谎怎么办

很多父母都遇到过这样的情况：儿子在自己面前经常说谎！比如，他不小心碰碎了茶杯，却说是小狗弄的；明明放学后和同学出去踢球了，他却骗你说在校打扫卫生；他想要买一件东西没有钱，却对你说最近班里要收学费……面对这样的男孩，父母非常疑惑，我们的孩子怎么变成动画片里的“匹诺曹”了呢？

男孩说谎的确困扰着许多父母，如果你的儿子刚好在说谎时被你抓到，你千万不要发火，应该表现出惊讶、失望的神情。此外，你还要冷静下来，仔细地分析一下男孩说谎的原因。一般来说，下面的几种理由最为常见：

1. 逃避责任：很多男孩都是因为这个原因说谎的。他们以为如果没有人看见他们做坏事，就可以逃避责任。比如，他做错了事，却怕毁掉自己在父母心中的好形象，于是说谎。

2. 虚荣心强：为了吸引别人的注意力，便喜欢在一些真实的故事中“添油加醋”，可以理解为平时我们所说的“吹牛”。比如，有的男孩常常对别人说自己的爸爸是某某公司的董事长，自己的妈妈是某某集团的一把手等，其实，这都是虚荣心在作怪，他希望别人能因为他说的话而尊重他。

3. 报复性谎言：当男孩对父母心怀不满时，可能会通过说谎的方式向父母示威或挑衅。比如，有的男孩不喜欢父母的管教。当父母问他，作业有没有完成时，他明明已经写完了却故意说没写完，以此来激怒父母。

以上种种说谎理由，男孩的妈妈要细心地分辨，查明自己的儿子到底属于哪一种情况。永远不要对其打骂相加，要记住，父母的职责是教育，而不是惩罚。

发现男孩说谎时，妈妈应懂得原谅，并可以和你的儿子一起来讨论处理说谎问题的方式、方法，让他明白：不是别人要惩罚他，而是他自己必须对自己的谎言负责。

父母要诚实守信，孩子才能改掉说谎的毛病

一位经常说谎的男孩在挨父亲训斥时曾这样顶撞说：

“为什么要批评我爱说谎，明明你才是个谎话大王！你难道不记得了吗？这学期期末前，你和我约定过，只要我考试能拿双百，你就带我去游乐园玩。可是，我真的考了双百，你却说你工作忙，没时间，最后就没带我去；有一次，张叔叔向你借钱，明明你刚开了工资，你却对他说最近家里经济很紧张；还有一次，有人来电话找你，你却要我跟电话里的人说‘我爸爸出去了，不在家’……为什么你不说你自己，还要反过来说我呢！”

正所谓“近朱者赤，近墨者黑”，父母是孩子的老师，要知道，你的一切言论、行动无不对孩子起着潜移默化的影响。

有时，父母为了让男孩达到某一个目标，会轻易答应他的要求。因为有父母的承诺，所以男孩会向着父母既定的目标努力前进，最终，孩子达到了父母的要求，而父母却没实现自己当初对孩子的承诺，如此一来，男孩的内心会受到巨大的打击，对父母也会失去最起码的信任，今后，男孩还会以“说谎”来报复父母或周围的人。

另外，有些父母不太注意自己的言行，在孩子面前经常有说谎的行为。殊不知，男孩的模仿能力非常强，父母的一言一行，他都会看在眼里，记在心里。日子久了，便会对孩子产生潜移默化的影响，渐渐地，男孩就会模仿父母，学会说谎。

因此，各位男孩的妈妈应该以身作则，用自己的日常行为，为孩子树立诚实的榜样。你想让男孩养成什么样的好习惯，形成什么样的好品格，自己就应该具备这样的习惯与品格。凡事做到一诺千金，才能使男孩改掉说谎的毛病，养成守约、诚信的好品质。

教男孩学会承担责任

日本著名学者高桥敷在《丑陋的日本人》一书中，曾记述了这样一个故事：

高桥敷曾与一对美国夫妇比邻而居。有一次，这对美国夫妇的小儿子在踢足球时，不小心踢碎了高桥先生家的门玻璃。高桥先生暗想，邻居在当天

肯定会出面道歉，然而，那个闯了祸的小朋友以及他的父母在当天根本没有出现。

直到第二天早上，小男孩才出现在高桥家，他在出租车师傅的帮助下，送来了一块全新的门玻璃。他彬彬有礼地对高桥说："叔叔，对不起，昨天我不是故意打碎了您家的玻璃。当时，商店已经关门了，所以我没能及时赔偿。今天，商店一开门，我就去买了，请您收下它，并且原谅我！"高桥先生原谅了这个男孩，还由此喜欢上了他。

俗话说"好汉做事好汉当"，当男孩做错了事时，一定要让他主动去道歉，不要以找借口、说谎等形式推卸自己的责任，而应学会对自己的言行负责。

克服说谎这个坏习惯的方法是解除他说谎的理由。比如：孩子说自己生病了，不想去上学的时候，妈妈可以马上带他去医院检查身体；男孩弄坏东西，说是爷爷奶奶弄坏的时候，你拉上孩子及时找到爷爷奶奶问清事实的真相……如此一来，男孩在面临谎言被拆穿的"危险"下，便不会再为任何错误找理由、找借口，甚至随意改变事实真相。

当然，妈妈也要承担教育失职的责任，既能让孩子安心，又是对孩子的示范。

拓展孩子的知识面，教他明辨是非

有的男孩知识面窄，喜欢幻想，常常将种种幻想与现实混淆起来。其实，这类"说谎"状况可以理解为孩子的一种想象。对待这类男孩，妈妈应该培养他明辨是非的能力。

妈妈在平时可以通过讲故事、看电视等机会，为男孩分析事情的对与错，说明一些做人的道理，从而让孩子了解什么是对的，什么是错的；什么是应该做的，什么是不应该做的；当他做了错事，会对别人、自己产生怎样的不良影响及后果。

教你的男孩明辨是非，不应该做的事绝对不做，不诚实的话绝对不说，当无意中做了错事，懂得道歉才是一种美德，知错就改才是勇敢的好孩子。

细节74 “谁不服，我就打谁！”

——如何让儿子远离“校园暴力”

现在10~18岁的男孩大多都是独生子，是家中的大宝贝。他们在妈妈的百般呵护和溺爱中长大，往往脾气比较任性。当他们与别人的意见发生分歧时，就会出口骂人甚至动手打人。

一位男孩的妈妈在网络日记中这样写道：

昨天，儿子的班主任又找我谈话，说儿子在学校打架把人打伤了。其实，儿子好斗的性格我知道，只是没想到这次会把人打伤。好在对方的妈妈比较开通，没有深究，但我的心里还是很不安。

晚上，我问儿子：“为什么打架？”他理直气壮地对我说：“开始我没有要跟他打架，是他缠着我说要练练，后来我控制不住就打他了，谁让他没本事被我打伤了，还去告诉老师！”我说：“你打人还有理了！人家找你玩，你出手那么重。你要是被别人打坏了，你难道不去告诉老师吗？大家都是同学，应该好好在一起玩，再怎么样都不能打架，就算闹也要注意一点儿分寸，伤到谁都不好，知道吗？”儿子点点头说：“以后我会注意，不打架了。”跟儿子的此类对话其实已经有很多次了，他说不打架了也就是嘴上说说，回头又不记得了。唉，希望类似的事情以后不要再发生。

其实，很多妈妈们都有过这样的经历：因儿子打架被老师叫去训话，又要为儿子向对方赔不是，而儿子对此却不以为然，满口承诺却屡教不改。不少青春期男孩的妈妈们为此伤透了脑筋。

男孩子天生喜欢征服别人，喜欢用拳头证明自己的勇敢，这对于一个男孩来说也是无可厚非的。但是也要有一个度，要懂得把拳头打在什么地方，而不是到处惹是生非。对于那些屡屡犯戒、打架成性的男孩，妈妈还是要及时选择恰当的方法进行教育，不能让他成为一个“暴力分子”。

为青春期男孩营造和谐的家庭氛围

14岁的小鸥最近在校表现十分不好，逃课、上网、喝酒、打架……用老师的话说就是："这个孩子简直'五毒俱全'！"为此，学校老师向小鸥的父母数次告状。小鸥妈妈非常烦恼，儿子以前一直是个听话的孩子，聪明乖巧、成绩不错，深受老师和同学的喜爱，近来怎么会变成"问题少年"了呢？原来，小鸥的妈妈和爸爸最近的感情出现了危机，两个人每天都会大吵一顿，还扬言要离婚，没想到这样的情景被小鸥看在了眼里，记在了心里。他认为父母不再像从前那样爱他了，这个家庭马上就要破裂了……所以才故意变"坏"，想以此引起父母的注意。

心理学研究证明，男孩出现行为问题，与他的家庭关系和环境变化有关。在一个家庭中，父亲、母亲和孩子是相互支撑的"铁三角"。一旦这个铁三角关系发生变动，父母之间的关系或自己与父母的关系出现变化，男孩为维护家庭的稳定，首先就会牺牲自己。于是，事例中的小鸥才以一些不良行为，来争取自己与父母共同生活的权利。

孩子的内心渴望家庭和谐。如果父母双方产生矛盾，孩子就会既为妈妈着想，又为爸爸考虑，但他的力量毕竟是有限的，没有办法两全。在这种情况下，男孩就会烦躁、愤怒，对父母产生既爱又恨的复杂情绪。为了与父母有更多的交流和接触，他会在潜意识的指挥下，做出一些引起父母关注的事情，比如 逃课、上网、喝酒、打架等。于是，原来很乖的男孩就这样莫名其妙变"坏"了。清楚了这一点，"坏"男孩的父母在接下来的生活中就应该调整自己，尽量维护家庭的和谐、稳定。

让男孩远离残酷、暴力的影视作品

案例一：春节期间，一只流浪狗徘徊在路上，被几个路过的男孩子发现。其中一个男孩提出了一种新玩法，很快得到了大家的赞同。只见，他们把一只"二踢脚"塞进了小狗的嘴中，接着点燃了引线。"砰砰"两声之后，小狗的脑袋被炸开了花，而这群男孩子却为此笑得前仰后合……

案例二：某派出所接到报案，在一个网吧发生了人命案，一个中年男子身中数刀，在被送去抢救的路上停止了呼吸。经过公安人员的调查发现，案犯是一群十五六岁尚未成年的男孩。他们的作案动机荒谬至极，仅仅因为中年男子骂了这群男孩的"小头目"一句，于是男孩们拿出随身携带的凶器向对方刺去……

人类最大的美德，就是对生命的同情。但如果青春期的男孩经常看到屠杀、抢劫的事情发生，人格上就会渐渐扭曲，天长日久，便会干出令人发指的坏事。

随着人们物质生活的提高，电视成了每个家庭必备品。男孩通过电视可以了解到世界各地的信息,同时也会接触到各种不良的内容。比如《古惑仔》等影视作品，其中有很多暴力、血腥的镜头，这对于成长中的男孩来说，无疑是种视觉刺激。因此，作为青春期男孩的妈妈，要帮助男孩从生活中摆脱这种暴力。比如控制男孩看电视的时间；为他挑选合适的电视节目；鼓励男孩多参加一些户外活动等。

细节75 "你不给我钱，我就偷！"

——妈妈如何纠正孩子的偷窃行为

有一位妈妈讲述了这样一件事情：

我儿子华华从小就是一个顽皮好动、花钱成性的男孩子，小时候他经常偷家里的钱买东西，当时我们觉得孩子还小，拿了钱买点儿零食吃不是什么大问题。可是从儿子上了初中后，我发现自己口袋里的钱，没几天就会少十几二十块的，我问儿子是不是他拿的，他死活不承认。

其实，从小学二年级开始，华华就有拿同学东西的苗头。现在上初一，小偷小摸基本没停止过，三个月前不知从哪里拿了一本小说，藏了几小时后扔掉，上个月又拿了同学新买的玩具。要命的是，他所拿的东西自己都有。

面对儿子的这种偷窃行为，我们是什么办法都用尽了，爱心感化、威胁打骂、积分奖励制、冷处理、看心理医生……结果对华华是一点儿作用都没有。前两天，他竟然又偷拿了我放在客厅抽屉里的100 块钱，而且一天就花完了。这个孩子，我要怎么办啊？

偷东西这种行为，相信妈妈们并不陌生。有的男孩偷窃只是偶尔的行为，存有大人不会发现的侥幸心理，与“学坏”“犯罪”并没有必然联系。不过，当你发现儿子有偷窃行为时，一定要及时教育，因为一旦男孩养成这种坏习惯，再来纠正他们就有些困难了。

当然，我们这里所说的“及时教育”，不是要求你把儿子打得皮开肉绽、骂得狗血淋头，因为这样做不但会伤害青春期男孩的自尊心，丢失你们彼此之间的信任，还会让男孩的逆反心理更严重，甚至加重他的偷窃行为。

妈妈们首先要做的就是了解儿子为什么要偷钱或者偷拿别人的东西，是他的零用钱不够？还是受人指使或胁迫？抑或是物欲诱惑？心理学家们认为，孩子具有偷窃行为大致是由这几种心理因素造成的：强烈的占有欲望；异乎成人的冒险心理；自觉花钱的理由不“正当”；虚荣心强等。

然后，当知道了儿子为什么具有偷窃行为时，就要找出好的方法来予以纠正。

帮男孩分析问题，让他认识到偷东西是可耻的

有一位 14 岁男孩的妈妈遇到了这样的问题：

五年前，我离婚了，儿子归我抚养。说实话，我儿子算是乖巧懂事，但是最近发生了一件很是让我头疼的事，上个星期我发现他从我包里偷拿了 500 元钱，开始问不承认，还好被我及时发现，当时我狠狠地批评了他，但没有动手。儿子也承认错了，说下次不会了。可是昨天我发现包里又少了 200 元钱，晚上回来，我问了他，200 元被花掉 100 元，说是请同学玩的。气不过的我就狠狠地揍了他一顿，这次儿子又保证说下次不这样了。儿子平时还算听话，虽然是单亲家庭，但他并不任性。不过，我发现他慢慢有了偷窃的行为，甚至开始撒谎。我真是不知道该怎么办。

其实，这位妈妈发现儿子的问题后，不应该怒不可遏，更不应该对儿子连打带骂，而是要先平复自己的情绪，坐下来和儿子认真交谈，让儿子说出他的想法，例如，为什么拿钱，拿钱买了什么，如何处理等。然后重点给儿子分析两方面问题：一是是非问题；二是想花钱应该怎么办的问题。你要让儿子明白偷窃是一种可耻的行为，很可能会毁了他的一生，还要告诉他，想买什么跟自己说，自己给钱或不给钱是经过思考的。

当作为妈妈的你，能够正视儿子的合理需要，并且勇于在儿子面前做自我检讨，让他服气时，那么，他渐渐地就会改正偷窃的坏毛病。

尊重男孩的人格，给他改正错误的机会

天运今年 14 岁，上初二，平时在妈妈的眼里，他是一个非常听话和努力的孩子。可是有一天，隔壁商店的老板怒气冲冲地找到天运的妈妈说：“您还管不管您家儿子了，我已经看到他几次偷偷从后门进去偷我们家东西，这要是长大了还得了！”妈妈一听，当时就火冒三丈，不但当着这个老板的面狠狠地臭骂了儿子一顿，而且晚上还不许儿子吃饭。天运心里有一股怒火，当天晚上就砸烂邻居家的房门，离家出走了。后来，还是在警察的帮助下，才找到他。事后，天运妈妈赔偿了邻居损失，但她也不敢太批评儿子了，她怕儿子一怒之下会再次离家出走，到时候她就真是后悔莫及了。

妈妈纠正青春期男孩偷窃的行为，首先应该尊重男孩的人格，切不可一时冲动上手就打、张口就骂，更不能当着外人的面来处理这件事，也不要把男孩曾经偷钱或者偷东西的事情挂在嘴边，时不时“揭儿子的短”，这些只会伤害青春期儿子的自尊心，让他在众人面前“没面子”，感觉丢人的他可能更加灰心，甚至破罐子破摔。

所以，妈妈们要尊重男孩的人格，要给他改正错误的机会，同时告诉他，改正了错误他依然是个光明磊落的男子汉。

细节76 “我走了，别找我！”

——如何打消孩子离家出走的念头

曾经在报纸上看过这样一篇报道：

一个男孩因考试没考好被妈妈斥责几句就选择离家出走。妈妈懊悔不已，四处寻子，一周后才在家附近的网吧找到。回家后的男孩并没有意识到自己的问题，依然我行我素。刚开始，妈妈恐怕儿子再次离家出走便多方忍让，谁知男孩变本加厉，行为更加放肆。一天，妈妈忍无可忍，便揍了男孩一顿，并把他锁在屋里，不料下班后，妈妈发现儿子倒在血泊中，他用自杀的方式结束了自己年轻的生命。

我们不可否认故事中的妈妈在教子中存在问题，专家认为，男孩这是典型的青春期叛逆心理，并且妈妈错误的沟通方式也是导致双方矛盾加剧的原因。

一般来说，青春期男孩离家出走的原因主要有以下几个方面：

1. 学习成绩不好，考试压力大，被冤枉和误解，逆反心理严重。

2. 青春期男孩自我意识膨胀，希望寻求独立空间和自由。

3. 妈妈对儿子期望值过高，望子成龙的做法剥夺了男孩的快乐。

4. 妈妈只注重男孩生理方面的需求，忽略男孩青春期心理发育的特征与对关爱的需求。

众所周知，青春期对于男孩来说是一个十分特殊的时期，是他整合自己内心、协调主客体关系的时期，这个时期的男孩在行为和情绪上很容易出现一些问题。因此，妈妈要了解男孩心理，积极调整和儿子的关系，伴随儿子度过这个特殊的阶段。要知道，儿子离家出走是可以避免的，关键是妈妈怎样处理好和儿子的关系，把家营造为儿子喜欢的轻松、安全的港湾。

别给男孩太大的压力

一位叫小强的14岁男孩离家出走了。临走前，他留给妈妈一张纸条：“妈妈，我得不了‘双百’，我不上学了。”原来，家长对小强的期望值特高，但又没掌握科学的教育方法。父母花很多钱把他转入重点中学，又用高价请了两位家庭教师，自己却省吃俭用，受苦受累，连电视都不看，只求孩子学习成绩好，得“双百”，成人成才，为父母争口气。孩子出走之前，因一次小考没考好，和父母无法进行良好的沟通，被妈妈打了一顿，还不让他出门，不让看电视，不让看课外读物，关在房间里整整做了一天数学题。孩子不堪忍受，便决定一走了之。

由于父母对孩子的期望过高，而且太过于省吃俭用，舍不得在自己身上花钱，只为了小强读重点中学，接受最好的教育，参加各类补习班，希望他考试都得“双百”，有“望子成龙”的心，给小强的心里造成无形的压力和负担，致使小强的学习压力过大。小强认为自己无论怎么努力也无法达到父母的期望，于是采取了逃避。

因此，父母一不要给孩子太大的思想压力，要及时地给孩子解压，别让这些来自父母的压力逼迫孩子离家出走。

巧妙处理男孩离家出走的四个关键环节

一般来说，处理青春期男孩离家出走有四个关键环节需要妈妈们特别注意：

1. 从青春期男孩的角度，去体会他们的感受，理解男孩行为的动机和要达到的目的。例如，他们表达愤怒、怨恨可能只是想要获得关注。

2. 妈妈要学会动用必要的社会资源，以低调的方式了解儿子的去向和生活状况，保证儿子的安全。

3. 化解男孩怨气的正确方法是，妈妈要保持冷静和理智，在儿子面前不要表现出极度焦虑，真诚地向儿子表达自己的愧疚、理解、宽容和关爱。

4. 当男孩离家出走事件平息后，应及时地让儿子和你一同接受心理辅导。

假如妈妈们能够谨慎注意以上四个环节，并且在每一个环节中都能做出正确的处理方式，那么相信不但有助于预防男孩的再次离家出走，也会逐渐弥补男孩因为离家出走所受的心灵创伤。

细节77 “你买曼联？我买曼城！”

——如何让男孩远离赌博

2009 年在新加坡召开了预防嗜赌会议，与会专家们认为，妈妈在青少年赌博问题上应进一步提高认识，做到防患于未然。

来自加拿大蒙特利尔麦吉尔大学的儿童心理学家杰弗里·杰列文斯基说：“家长的行为和态度会对孩子产生重要影响，所以预防青少年赌博要重点做好家长们的工作。”美国赌博问题专家雷切尔·福尔贝格认为，妈妈们常常忽略了赌博和其他危险行为的联系，很多妈妈也参与赌博活动，而孩子一旦染上赌瘾，妈妈劝阻的效果将大大降低。

下面这位妈妈就遇到了这样的状况：

上初二的儿子在我们的教育下，对赌博的害处有了一定认识，而且他还写了保证书表示决不再赌。但是一次提前放学的时候，他在街上一个角落看见几个少年正在赌扑克牌，一时心痒就站在别人背后看了起来，几分钟后，他觉得其中一个孩子不会打牌，好几张牌都打错了，自己就跟着着急起来，还一直给那个孩子出谋划策，最后干脆拍着那个男孩的肩膀说：“你不行，我来我来！”其他几个孩子起哄说：“你来又怎么样？谁怕谁呀？”没想到这几句话把儿子惹火了，他一坐下来就玩了几小时。回家之后，他才后悔地对我说：“说好不玩的，可是我一时忍不住怎么又玩起来了。”

由此可见，青少年的赌瘾并不是一下子就能轻易改掉的，很多时候因为男孩意志力方面的原因，他们的赌瘾会反复发作。因此，面对赌博对孩子的诱惑，妈妈们一定要有长期作战的准备。

当然，除此之外，妈妈还应采取相应的教育方法来引导男孩避开“赌”的诱惑：

妈妈应以身作则，不参加赌博

孙纲的妈妈平时很喜欢打麻将、玩牌九，有时甚至在家里摆上几个牌摊子，玩到深夜也不停手。所以孙纲的童年就是在麻将、牌九摊上度过的，5岁的时候他就学着大人的样子玩麻将，小学一年级时就已经能替自己的妈妈玩几把了。后来，孙纲教会了自己的几个好哥们儿玩牌，一有时间几个人就凑在一起玩扑克、打麻将。

最初，孙纲他们就是随意玩玩，可是后来他们开始赌钱，从零花钱、压岁钱，到偷偷拿家里的钱，他们越玩越大，而且赌博占用了他们很多时间，根本没时间也没心思学习，成绩自然很差。后来，他们赌的钱越来越多，孙纲为了凑赌资，就和几个人去偷窃，结果被抓住送进了警察局。

对于青少年教育来说，任何有关“赌”的诱惑都是应该被尽早消灭在“萌芽”中的。因此，妈妈必须要以身作则，如果自己真的赌瘾来了，不妨用“移情训练法”来转移自己的注意力，比如去参加体育运动、唱唱歌、游游泳，或者选择那些益智类的游戏来玩，但绝不参与任何有关赌博性质的活动。久而久之，男孩受妈妈影响，也会远离赌博。

运用典型事件，向儿子说明赌博的危害性

有一位妈妈的教育经验是这样的：

儿子最近迷上了扑克牌“斗地主”，放学之后，总是和几个男孩在院子里玩扑克。一开始，我觉得玩扑克很正常，但是后来我发现他们竟然学着赌钱，我害怕时间一久孩子走上邪路，于是就故意说自己要找些材料，让儿子帮我在网上查一下。儿子帮我查资料的时候，发现资料内容都是赌博害人的事件，例如，有的人因为赌博去杀人，有的因为赌博倾家荡产，有的因为赌博妻离子散。儿子看着这些资料，调皮地对我说：“老妈，您是故意让我帮您找这些资料的吧？赌博还真是害人！”我笑着说：“是啊，赌博就像吸毒一样，也会让人上瘾，而且会占用你学习的时间，也就占用了你成功的时间。”后来，儿子只在寒暑假的时候才玩会扑克，而且从不赌钱。

很多时候，让青春期男孩最直观地面对赌博带来的危害，会让他们记忆深刻，进而逐渐改掉赌博的恶习。所以，妈妈们不妨利用网络、电视、报刊等媒体上的关于赌博危害的典型事件，向儿子说明赌博的危害性。

细节78 “我疼痛，我存在。”
——儿子喜欢自虐，妈妈怎么办

所谓自残是指人刻意地伤害自己的行为，也就是说自残是一种主动行为，是自己有意识地以种种方式来伤害自己的身体，这种自虐行为是人为了减轻情感痛苦和生活压力的一种发泄方式。

一般来说，青春期男孩自残的原因有以下几种：

1. 特殊的家庭环境导致男孩自残。例如，很多单亲家庭的男孩或者长期不和妈妈在一起的孩子，或者妈妈对其期望值过高等。这些男孩因为和妈妈关系冷淡，甚至相互敌视，造成他们很难找到解决问题的方法，于是用自残来回避问题。

2. 特殊的性格与心理特征导致其伤害自己的身体。有很多青春期男孩敏感、易怒、情绪化严重，或者好胜心强、自卑、焦虑等，导致他们怀疑自己，不能用正确方式宣泄情绪。

3. 男孩大脑多巴胺含量的缺乏导致其自虐。有些青春期男孩之所以自残，可能和他们大脑中多巴胺含量较少有关。因为大脑多巴胺含量正常的人会向外发泄自己的愤怒，反之则会伤害自己。

4. 青春期男孩的模仿心理。很多青春期男孩看到或听到同伴自残时，他会去模仿，例如，在手臂上文身、刺字等。

5. 男孩体内有潜在的心理疾病。有些自残的青少年是因为正遭受着急性或慢性心理疾病的折磨，如抑郁症、孤独症、饮食失调症、恐惧症、强迫症等，在遇到紧急情感压力时，他们可能用自残的方式来应对。

通过了解以上青少年自残的原因，妈妈们不妨对照一下自己儿子的日常行为，观察其是否有潜在的自残行为。其实，青春期男孩生理和心理发育都还不健全，会受到来自妈妈、老师、同伴等各方面的影响，而且这段时期又是他们的心理矛盾期和情绪起伏期，因此家庭和外界的关爱对他们的健康成长显得格外重要。

下面就给迷茫中的妈妈们提供一些解决这方面问题的建议：

多给男孩自由和尊重，引导他宣泄过激情绪

赵健今年 15 岁，刚上初二，一放学就跑出去玩，妈妈不叫不回家。赵健对朋友说：“在家老挨骂，太压抑，我就像个囚犯，真不自在。”所以赵健在外边感觉很快乐，想干什么干什么。前几天，赵健的妈妈发现他谈恋爱了，于是狠狠揍了他一顿，而且放学后也不准赵健出去玩，甚至把家里的网线、赵健的手机都没收了。没想到赵健竟然开始用刀子割手臂，然后，赵健就看着自己流血的手臂对妈妈说：“怎么一点儿不疼呀？”这可把赵健妈妈吓坏了。

很多青春期男孩和赵健一样，总认为自己压力很大，所以就选择自残来对抗妈妈的管教或学习压力。当然也有些男孩认为自残是一种成熟和勇敢的表现。

心理专家认为，青春期孩子的生理、心理的发育还不健全，十分需要得到妈妈的关爱、老师的重视、同学的友谊或者异性的青睐。此时的他们正处于身心“断乳期”，自我意识膨胀，认为自己有能力独当一面。如果妈妈没注意男孩这方面的变化，仍是采取压制、干涉、指责的教育方式，那么只会助长男孩的叛逆心理。所以，妈妈们不妨多给这些男孩一些尊重和自由，引导他们合理发泄心中的不良情绪，这样他们才能很好地控制自己的行为。

了解男孩自残的原因，然后“对症下药”

一位妈妈走进青少年心理诊所，这样讲述了自己儿子的问题：

我儿子今年 14 岁，刚上初一，一有时间就想出去玩。上学期他期末考试不理想，我就要求他少出门、多看书。可没想到被我们宠坏的儿子竟然大发雷霆，扔下一句“不让我出去玩我就死给您看”，一头就往墙上撞，吓得我们连忙把他送到医院。尽管没出什么事，但我却怎么也想不通，这孩子的心怎么这么狠呢？

其实，引发男孩自残的可能是一个很小的诱因，例如，妈妈不给自己买电脑，不带自己出去旅游等。教育专家们将这类症结归于妈妈偏向对男孩的

智力教育，而忽视品德教育。

有些妈妈对儿子太过溺爱、娇惯，甚至有求必应、百依百顺。一旦没有满足儿子的要求，他不是要“死”，就是威胁要“跳楼”。因此，妈妈应该先了解儿子做出自残行为的原因，然后对儿子提出的合理要求给予满足，而对于不合理要求则应该学会拒绝，然后帮助男孩纠正其不良行为。

细节79 “我是纯爷们儿。”

——如何对待抽烟、喝酒的男孩

现在在一些中学校门口，经常有三三两两的男孩子放学后聚在一起吞云吐雾，他们觉得嘴里叼根烟根本没什么稀奇，至于喝酒那更是每个“男人”都应该会的，而且抽烟、喝酒在青少年中间十分流行。

曾经有一份调查资料显示，初、高中生的抽烟、喝酒率每年都在大幅度上升，抽烟、喝酒对青春期孩子的生理、心理健康危害很大，因酒后滋事的青少年犯罪率也随之不断上升。因此，青少年抽烟、喝酒的现象必须引起我们的重视。

许多研究青少年行为的专家认为，大多数男孩子产生抽烟、喝酒行为的原因一般包括：

1. 好奇心作祟：青春期男孩好奇心强，看别人怡然自得地喝酒、抽烟，自己便想亲自体验一回。

2. 人际交往的需要：抽烟、喝酒是中国人际交往中不可缺少的，因此很多男孩也学会见朋友先递烟，然后在酒桌上交流感情。

3. 叛逆心理作祟：很多青春期男孩对正面宣传产生逆反心理，越是不让他抽烟、喝酒，他越是跃跃欲试。

4. 心理压力过大：中学时期男孩有很大的学习压力，为了寻求解脱，他们希望借烟酒消愁。在无聊、烦闷的时候，就希望“抽支烟解解闷”“提提神”，久而久之就形成了一种坏习惯。

5. 存有侥幸心理：虽然有些男孩知道抽烟、喝酒不好，但存在侥幸心理，照样抽烟、喝酒。

所以，当妈妈们了解了青春期男孩抽烟、喝酒的原因后，接下来就应该想办法“对症下药”，引导男孩戒除烟酒：

早预防、早发现，让男孩知道吸烟的危害

下面是一位妈妈发在微博上的短文：

真没想到，儿子吸烟了！有一天，我不小心碰倒了儿子的书包，书本撒了一地，我在整理时竟然在书的夹层里发现了一包香烟。儿子告诉我烟是在学校附近的小超市买的。因为看到同学吸烟，觉得好玩就买了一包。儿子还说，学校管得很严，他一般都是躲在厕所里吸，只是觉得吸烟很酷，并没有上瘾。

这位妈妈的担心不无道理，从男孩还没有进入青春期开始，他们就都有强烈长大的愿望，他们以为吸烟是长大的标志；有时也因为好奇心的驱使，觉得别人吸烟很帅，所以自己也想试试。这时，妈妈就要多给他讲解一些“吸烟有害”的知识，并告诉他成长是一个过程，吸烟并不是成年的标志，许多成年人并不吸烟。

男孩一旦进入青春期，受到的诱惑就会更多。这时妈妈一定要培养孩子良好的生活习惯，切忌让他接触不良环境和交一些品行很差的朋友，以免孩子在不知不觉中受到吸烟恶习的侵害。

以身作则，“戒酒”从父亲开始

有一位妈妈是这样做的：

我老公平时总爱喝点儿小酒，有时候也会喝醉。我虽然说过他很多次，但他不以为然，觉得男人不喝酒、不抽烟就不是真正的男人了。

有一天晚上，老公又自斟自饮地喝上了，这时上初二的儿子放学回来了，看到爸爸又在喝酒，放下书包就跑过来问：“老爸，酒是不是很好喝呀？我的

同学说他经常喝，不会喝酒就不是男子汉。您让我也喝点吧，我也去同学面前炫耀炫耀。”我和老公听了都吃了一惊，一下子不知道怎么回答儿子。

由于青少年对酒存在一些错误的认识，或者受朋友、同学的影响与鼓励，或者是因为学习上的压力，他们希望借由喝酒来获得某种安慰。这时，妈妈就要和丈夫一起给儿子做好榜样，尤其是家里有个爱喝酒的老公时，一定要让他戒酒，只有这样才能给儿子正面的影响。

细节80 “吸这个能忘记烦恼吗？”

——如何防范男孩沾染吸毒恶习

曾经有一份公开的调查数据显示，在2004年中国登记注册的114.04万吸毒人员中，35岁以下的青壮年占到了75%，达85.53万之多。而其中16岁以下的就有近2万人。并且，这种吸毒低龄化趋势越来越严重，每年吸毒少年的人数也在大幅度上升。

现在，很多青少年为了追赶时尚、流行，不惜屡次尝试冰毒、摇头丸等。相关数据表明，2008年年底我国查获“90后”吸毒人员1.7万人，而两年之后竟然达到3.7万人，增长了115%。这真是一个很可怕的增长数字，说明青少年吸毒问题必须引起重视。其实，青少年涉毒人数增多有着多方面的原因，例如，目前毒品泛滥的大环境未能得到有效控制；社会、学校对毒品危害的宣传力度不够，政府有关部门采取的预防措施不力；受毒品暴利引诱，毒品犯罪分子猖獗等。所以，预防青少年吸食毒品和对其进行反毒品教育是需要家庭和社会共同努力的，其中家庭教育尤为关键。

下面就给妈妈们提供一些建议：

帮助青春期男孩养成良好的生活习惯

一位戒毒中心的医生在自己的博客中这样写道：

身为一名戒毒医生，每天都会看到一些吸毒的人被送进来，这对我来说已经是习以为常的事情了，但最近两年，看着越来越多十几岁的花季少年被送进来，我的心被刺得更痛了，不禁要问：这些应该在明亮的课堂里认真读书的孩子们，为什么会染上这样致命的"恶习"呢？

前两天，一个15岁的清瘦少年被父母送进了戒毒中心，据他的父母讲，这个男孩子虽然从小爱玩好动，但学习成绩一直不错。但是随着他进入青春期，外面各种各样的不良诱惑就像旋涡一样，不断'吸'着他'下沉'。上初三的时候，这个孩子可能是因为学习压力突然加大，脾气变得很暴躁，而且又爱上了网络游戏。因为爸爸妈妈在家管得严，他就经常跑到外面去上网，于是在网吧里遇到一些不学无术的不良青年。和他们混熟之后，这个男孩开始吸烟、喝酒、打架。有一次，其中一个"哥们"给了他一支"烟"，这孩子想都没想就吸上了，从那之后，他就再也离不开这种"烟"，而且为了能够有足够的钱让自己'享受'，他竟然开始偷家里的钱，要不是妈妈发现被盗后报了警，可能她永远都不知道自己的儿子竟然吸毒。

青春期男孩不良的生活习惯很容易导致其吸毒，例如抽烟、沉迷娱乐场所等。因此，妈妈们应该帮助男孩养成良好的生活习惯，让他与毒品绝缘。例如，告诫儿子不要抽烟、喝酒，多参加健康的集体活动、体育运动，周末全家人可以一起户外旅游，妈妈可以协助儿子规划好生活和学习，让他的生活变得合理、充实起来。

早预防、早发现，让男孩远离毒品

罂粟花虽然美丽，却可以杀人于无形。毒品对青少年的危害不单单是毁掉他一个人，对一个家庭来说更是灭顶之灾。那怎样才能让自控能力差的男孩们远离毒品呢？父母首先要做的就是早预防、早发现。

例如从男孩还没有进入青春期开始，父母就要多给他讲解一些"吸毒有害"的知识，也可以带他去参加一些"青少年预防毒品"的讲座和展览，或者让他观看一些这方面的教育影片。

男孩一旦进入青春期，面临的诱惑就会更多，这时父母一定要培养孩子良好的生活习惯，切忌让他接触不良环境和交一些品性很差的朋友，以免孩子在不知不觉中受到毒品的侵害。

细节81“我就抄了别人一道题。”

——孩子作弊，妈妈该如何教育

对于做妈妈的来说，没有什么比因为自己的儿子考试作弊被抓到而被请到学校办公室来得更尴尬。这不仅让自己的孩子被认为是坏小孩，也让身为妈妈的自己被认为不称职。最糟糕的是，你可能根本想不到自己的儿子为什么会做出这种事来。通常，大多数妈妈听到儿子作弊的第一反应会说：“我儿子不可能干这种事！”如果你这么想了，那么情况可能很糟糕。

一般来说，男孩也知道作弊是不对的，但为什么还要明知故犯呢？这其中肯定是有着特别的原因的，例如，来自妈妈或学校的压力；班级中不良风气的影响；社会中不良风气的影响；男孩缺乏自信等。

但无论男孩作弊的原因是什么，妈妈应该做的就是让男孩意识到作弊是不对的，让他能正确对待考试，同时也要保护好他的自尊心。当然，另一方面你也应该告诫儿子，不要成为别人作弊的“帮凶”。

下面就给妈妈们提供一些应对男孩作弊的教育方法：

抓住男孩心理，善于利用他的自尊心

男孩的自尊心强，有时生硬的批评很容易使他产生逆反心理，但是改用温和的态度，甚至用给予奖励的方式对待男孩的某些“错误”，就会激发他心中强烈的愧疚感，从而让他发自内心地去认识作弊的危害。

一次，帅帅在期中考试中名列前茅，妈妈表扬了他，并给他买了很多玩具。但是帅帅心中并不高兴，每当看到玩具时，心中不免生出愧疚感。原来帅帅在期中考试时作弊，但没有被监考老师发现。

其实，妈妈早就知道帅帅作弊，班主任在批阅卷子时发现了答案雷同的卷子，告诉了帅帅的妈妈，出于保护孩子的自尊心的想法，老师没有将卷子作废。妈妈知道后继续装作毫不知情地奖励了帅帅，并多次在外人面前夸奖帅帅，说自己儿子最大的优点就是诚实。帅帅对于“诚实”两字更是觉得刺耳，于是在心底暗下决心，下次考试中一定要靠自己的实力获得妈妈的认可。果然，在期末考试中帅帅用行动证明了自己的决心，成绩十分优异，因此获得了老师和妈妈由衷的赞扬。

不是只有当孩子做得对、做得好的时候，妈妈才能奖励。就像故事中帅帅的妈妈，明知道儿子的作弊行为还是奖励他。有时候我们应善于利用男孩强烈的自尊心，帮其改正错误，发奋图强，取得成功。

帮助青春期男孩减轻精神压力

生活中，大多家长都比较关注男孩的学习成绩，特别是每次大考的成绩，期待男孩能考得好。虽然这种伴有望子成龙想法的行为本无可厚非，然而，有些家长对待男孩成绩的态度和行为存在严重的错误，不但不能成为促进男孩努力学习的动力，还会打击男孩学习的积极性，甚至导致男孩作弊。

一般来说，妈妈对男孩分数认识的误区有两个方面：一是片面夸大分数的功能，以分数高低作为判断学习优劣的唯一标准；二是机械地、片面地分析分数，一看男孩的成绩差，就说他一事无成。忽视了对男孩其他方面的培养，忽视了男孩的个性差异和能力差异的客观存在。

李昊是个学习成绩非常好的男孩，因为成绩好，家里所有的人都对他抱有很大的希望。一会儿爸爸对他说：“只要考上重点高中，我就给你买一个你想要的手机。”一会儿妈妈对他说：“这次期末考试要是拿第一名，就买最新的山地自行车给你。”有的时候爷爷奶奶也会凑热闹，给李昊点“学习经济补助”……

家长太过重视男孩的分数，无疑会给男孩带来诸多压力，这也是为什么学习差的男孩越学越差的原因之一。此外，还可能导致男孩为了满足家长对分数的要求考试作弊甚至涂改分数欺骗家长，对男孩今后的发展非常不利。

所以，当你发现儿子作弊时，要弄清楚他作弊的原因。如果男孩是因为精神压力大而作弊，那么你就必须改变自己对孩子的态度，向男孩表明：我看重的是你在努力做事的过程中获得了多少知识，成绩和结果并不是最重要的。相信减少了自身的精神压力，男孩们作弊的想法就会逐渐消失。

细节82 “我是情不自禁的。”
——男孩有“偷窥癖”怎么办

一天，某警局突然接到一名17岁女孩打来的电话，她说一个男孩趴在她的住所窗外偷窥，被她和同住的小姐妹抓住了。警方赶到案发现场时，就看到一个和报案人差不多年龄的男孩哭丧着脸蹲在地上，一看见警察来了，他竟然哭着说：“我知道这样做不对，我也不想这样，可我根本管不住自己，你们救救我吧，我快要崩溃了……”原来这名男孩是一名辍学少年，平时喜欢浏览黄色网站，晚上就控制不住地偷窥女生洗澡。他还说，自己坐公交车时，也会忍不住故意蹭女人的胸部和屁股。每次偷窥完别人后，他说自己都有很深的罪恶感，但下一次自己又忍不住，有时真想戳瞎自己的双眼。

青少年维权与心理咨询中心的心理专家认为，这个男孩是典型的偷窥癖，必须引起重视，要尽早介入、防范。家长应尽量减少男孩单独在家的机会，引导男孩多做体育运动，培养他形成良好的生活习惯和健全的人格。

原本男孩进入青春期后，在性的问题上，大多是主动型的，不需特别地唤起就会有正常的性反应，但是他们很多没有能力控制和解决这种性反应，所以很容易出现偷窥行为。

因此，为了更好地引导有“偷窥癖”的男孩，最好采用下面的教育方法：

家中女性穿着不宜太过暴露

有一位16岁女孩的妈妈遇到了这样一件尴尬事：

我和丈夫都是双职工，放暑假后，16岁的女儿每天都一个人在家。上周五下午，女儿独自在家看电视，同村的一个高中男孩偷偷来到我家，并在窗外张望。我快下班的时候，女儿按照惯例早点儿洗澡。没想到，这个男孩居然偷看女儿洗澡。因为突然下大雨，男孩没有进一步行动，慌忙逃离的时候被下班的我撞到，质问之下，才知道事情的原委。不过，因为男孩的妈妈和我们都认识，而且他也没有进一步做伤害我女儿的事情，所以我把那个男孩教训一顿就放了。但自从这件事情之后，我更加担心独自在家的女儿了。

其实，遇到这种事情，上述事例中的妈妈应首先告知男孩的妈妈，由双方妈妈对子女展开教育。例如，这位妈妈可告诫女儿在家也不要穿太过暴露的衣服，洗澡时注意保密性和遮蔽性，不要给别人偷窥的机会，而男孩的妈妈应该鼓励儿子多参加体育锻炼，以积极的方式释放能量。另外，妈妈可以要求爸爸及时跟男孩沟通一些青春期的生理反应，引导儿子找出合理的宣泄方式。

妈妈要注意自己的言行举止，并且尊重儿子

一天，妈妈正在洗澡的时候，12岁的儿子透过冲凉房的门缝，悄悄地向里面看，结果被妈妈逮个正着，于是妈妈揪着儿子的耳朵，边打他的屁股边大吼：“坏小子，我让你不学好！让你不学好！”而儿子则哭喊着说：“没有，我没有……”后来，这位妈妈还发现儿子居然对她和丈夫的亲热行为非常感兴趣，并且不时偷窥。虽然开导过孩子几次，可是没有任何效果，最后不得不求助心理专家。

事实上，上述事例中的男孩出现偷窥这种异常行为和他妈妈的日常生活行为有关系。所以当你面对青春期的儿子时，一定要注意自己的言行举止和穿着，要知道这时期的男孩对女性的敏感器官很好奇，对男女之事也充满好奇。如果你平时不注意，儿子因无知而输入成人的性信息，那就会造成他对异性过度关注，很可能出现偷窥、手淫等行为。

因此，妈妈要在适当的机会给儿子讲解一些性知识，让他明白性并不神秘，但每个人的性，都是个人隐私，所以不应该偷窥别人。另外，妈妈还要

正确引导男孩多关注与学习有关的事情，培养男孩多种兴趣和爱好，让他把精力用在有益身心的事情上。

第十一章　早领悟，早成熟
——一定要让男孩知道的人生智慧

古人说："童年不宜过顺境，中年不宜过闲境，老年不宜过逆境。"这说明，早让男孩知道一些人生智慧，他们就能够早日退去幼稚的思想，向成熟迈进；早让男孩知道一些人生智慧，他们就能少走弯路，少受挫折，加快走向成功的步伐；早让男孩知道一些人生智慧，他们在人生的道路上就会走得更平稳、更顺利，最终寻找到成功和幸福的密码。

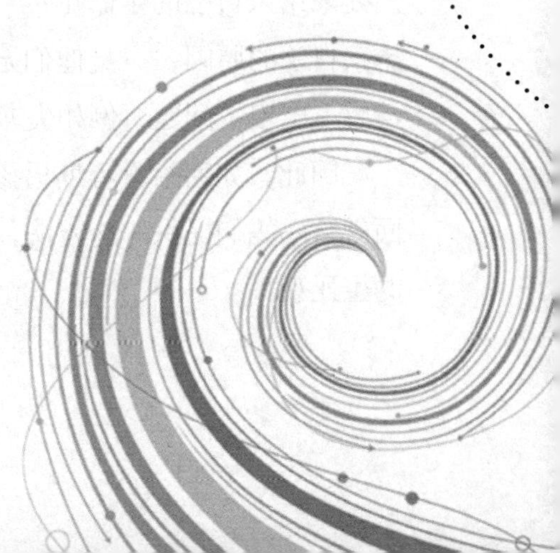

细节83 “人活着为了什么？”

——如何教育男孩珍惜生命

人们常说：“男人如山，女人如水。”因此，在世人的眼里男人就应该是坚强的，他们有一颗能够经受住打击的强大心灵，但再勇敢、坚强、乐观的男人都会有脆弱的一面，尤其是当他还没有成长为一个真正的男人，还是一个青春懵懂少年时，他的心并没有人们想象中的那般坚毅。下面我们就来看两个真实的事例：

初中二年级的李星同学因为不堪忍受同班同学的欺负，竟然趁家中无人之际，留下一纸遗书后，在浴室割腕自杀。李星刚刚 14 岁，平时也是一个十分乖巧的男孩子，从来没让家人操过心，人们在他稚嫩的笔迹里看到这样的话语：“亲爱的爸爸妈妈、爷爷奶奶、三叔、三婶，对不起，我走了。我实在是无法忍受别人的嘲笑和欺负了，我只有选择死，只有死亡才能让我的痛苦结束。我爱你们，但我不想这么痛苦，我以后再也见不到你们了，我爱你们。”

高二的镇镇有一次回到家对自己的妈妈说：“我失恋了，不想活了。”当晚，他竟然真的从自家的阳台上跳了下去，幸好楼下邻居家的雨篷缓解了他急速下坠的身体，才让他捡回一条命，但是摔断双腿的他以后再也无法站立起来了。

看到这里，我们不禁要问：“为什么男孩的心灵也这样脆弱，动不动就用死来结束自己的生命呢？”上面这两个事例恰好可以回答这个问题：造成男孩自杀的原因，一是他们无法很好地处理与他人的人际关系；二是他们在情感上出现了问题，例如失恋。

因此，如何给青春期男孩上好“生死教育”这一课，显得尤为重要。下面就给妈妈们提供一些方法，希望这些方法能够帮助你引导和培养男孩正确的生死观。

让男孩正确认识自己生命的价值

有一位聪明妈妈的教育经验是这样的：

“妈妈，你知道人为什么要活着吗？”14岁的男孩东东突然问妈妈。

“为什么想到问这个问题呢？”

“因为今天看了新闻报道，说有大灾难，死了很多人，很多人受苦，那么，既然痛苦，人为什么还要活着呢？”

“儿子，你这个问题问得很好，人因为爱而活着啊，就比如人面临大灾难的时候，他们要去救自己的家长，陪着他们的爸爸妈妈，孩子坚强地生活，因为这些爱，人坚强地活着，幸福地活着，也骄傲地活着！”

“那我也要活着！”

“傻孩子，你当然要好好地活着啦，因为妈妈爸爸都很爱你，为了爱，你也要坚强地活着！”

“嗯，我知道了，我会为了爱，坚强地活着……”

人为什么要活着，对于成年人来说会有不同的看法，可能一千个人有一种不同的认知，但在回答孩子这样的问题时，家长却应针对男孩不同年龄段有选择性地回答男孩。

如果你的男孩已经进入青春期，他问你这个问题，则代表了他的生活出现了问题，他需要你的帮助，这时，你就应灵活地转变答案，告诉他是为了理想而活着，为了责任和目标而活着，当然也可以深入询问男孩问这样问题的原因，并引导男孩重新认识生命的价值。

让男孩明白，生命有开始也必然要经历结束

现实生活中，男孩不可避免地要接触到死亡，如他辛辛苦苦养的宠物死了、身边的亲戚有人过世了……这些都是妈妈对男孩进行生命教育最好时机。

当然，值得一提的是，妈妈在对男孩进行生命教育时候，千万不要欺骗男孩，比如，很多妈妈都会这样向男孩解释死亡：“他去了很远的地方，那个地方很好，他会在那里好好地生活……”这虽然是善意的解释，但很容易让男孩对死亡产生错误的理解。相反，妈妈应当让男孩接受死亡的事实，告

诉他们死亡是生命的必经过程，谁都会经历，只有他们正视死亡，他们长大后才能够承受住身边“生离死别”的痛苦，才能更加珍爱自己的生命。

细节84 “为什么要学习？”

——让男孩明白学习是为了什么

学习是青春期男孩的重要任务，因为10~18岁的孩子要面对升学、高考等人生关键节点，而且青春期也是男孩精力最旺盛的时期，所以我们一定要在这个阶段让男孩明白，他到底是为什么而学习，这样他才能静下心来，为了自己的未来而努力打拼。

对于孩子而言，学习是人生中的头等大事。古代的少年知道自己为什么学习——为明理而学习，为成圣贤而学习……

然而，现阶段的孩子知道为什么学习吗？

上初一的张扬被一位叔叔问道：“小伙子，你学习怎么样啊？”张扬闷闷不乐地回答：“不怎么样！”叔叔语重心长地说：“你要好好学习啊，将来考个好大学，找个牛气的工作，才能挣大钱，有了钱就能周游世界，能买大房子，能买好车子，想要什么就有什么。”张扬想了想，很认真地说：“我没想那么多，其实，我只想开个玩具店。”叔叔马上说：“开玩具店多没出息，好好考大学！”

对于一个心智还未成熟的孩子而言，他对“赚大钱”并没有什么具体的概念，当把他的学习目的与挣钱联系起来的时候，不但对他是一种误导，也很难起到激励他积极学习的作用。我们应该让孩子知道他为什么学习，赚大钱绝对不是学习的目的，“钱”只是在努力工作之后得到的回报。那么，孩子到底为什么学习呢？

当然，简单地告诉男孩他是为了什么而学习可能效用不大，还需要一些具体的教育方法。

为提升能力而学习

对于任何一个孩子而言，学习是能力训练的过程。在这个过程中，孩子理解能力、表达能力、观察能力、思考能力、自学能力、专注力、忍耐力都会得以提升，进而让自己具备学力。这也就是为什么很多企业重视学力的原因，因为学力在很大程度上代表着一个人的能力。

而当孩子通过学习拥有了各种能力的时候，他长大了就自然会把这些能力应用在工作和生活中。那么，他能力越强，他工作的平台就越高，生活层面也会越开阔，人生自然会越幸福。所以，我们要让孩子知道，学习一定是有用的，只有通过学习提升了能力，才会有幸福人生。

为实现理想而学习

一个哲学家看到3个人在做砌砖的活儿，就问第一个人："你为什么砌砖？"

这个人回答："我是犯人，为了服役而做活儿。"

他又问第二个人："你为什么砌砖？"

"为了赚些钱。"第二个人回答。

他问第三个人同样的问题，这个人满怀喜悦地说："我希望孩子们早日上学，所以，我要赶快把这所学校建好。"

显然，第三个人比其他两个人更有动力。当一个人有了理想和责任的时候，做事就有了动力。而我们也应该帮助孩子树立理想，引导他为实现理想而努力学习。当他每天都在为自己的理想做规划时，学习就成了自然而然的事情。

为自力更生而学习

成年人工作的最基本目的就是挣钱，为自己和家人创造必要的物质条件。然而，孩子学习的目的看似与"生存"无关，但其实有紧密的联系，因为，孩子目前的学习状况直接与他未来的生存状态有很大关系。

所以，妈妈要这样告诉孩子："每个人长大后都要养活自己，你现在学习的目的就是为以后自力更生打基础。有的人不学文化，就只能学手艺，比如：修车、做厨师等，凭手艺生存。有的人文化知识学得好，就靠脑力劳动养活自己，比如：当会计师、医生等。总之，人人必须要学习，因为生存是每个人面临的基本问题。你现在学习越好，以后就越容易找到自己理想的工作，反之，就很难实现自己的目标。”

这样，孩子就会知道，学习是不得不做的事，只要活着就没有逃避的可能，只要他勇敢面对，学习就没有那么难。

细节85 “自信从哪里来？”

——如何引导男孩树立自信，走向成功

美国作家爱默生曾说过：“自信是成功的第一秘诀。”自信对于人们来说是一种修为，一种能力，一个拥有自信的人才会充满信心地迎接困难和挑战。

哈佛大学著名的心理学教授罗森塔尔曾经做过这样一项实验：他在一所普通学校里选择了六个不同年级的班级，在学生中进行了一次煞有介事的“发展预测”。然后，他们以欣赏、赞美的口吻将有“优异发展”可能的学生名单交给了相关的班主任。几个月后，他们再次回到这所学校进行复试，结果奇迹出现了：名单上的学生成绩都有了显著进步，而且在情感、性格上也更为开朗、活泼，求知欲望也更强，经常向老师提问题，敢于发表意见。

这个令人赞叹的实验充分说明了自信心的奇妙之处。事实上，他们提供的名单纯粹是随便抽取的，显然是假的。但正是因为这个“美丽的谎言”增加了这些孩子的自信心，让这些名单上的孩子知道自己就是最好的，最有能力的，才有无穷的力量，去努力学习，去做好每一件事情。可见，自信心完全可以影响和控制孩子们自身的潜力。

培尔辛曾说过：“除了人格以外，人生最大的损失，莫过于失掉自信心了。”所以，身为青春期男孩的妈妈，我们应该在正确认识自信心的深远价值和重要性之后，想办法努力增强男孩的自信心。

帮助自卑的儿子寻找自身的闪光点

刘明是一个缺乏自信的男孩，在班级中成绩平平，其他方面也没有什么过人之处，因此常常感到自卑，认为自己什么方面都不如别人。儿子的问题很快便引起了妈妈的重视。妈妈觉得刘明的身体素质不错，于是给他报了一个篮球班。刘明对篮球产生了很大的兴趣，加上老师的指导和刻苦的练习，很快就成为校篮球队的主力队员。每次比赛时，都会有不少同学为刘明加油呐喊，这让刘明体验到一种成就感，慢慢变得自信起来。

所有的孩子都会有这样一种习惯，他们喜欢把目光盯在别人的优点上，然后拿来与自己的缺点相比较，因此他们很容易产生自卑心理。其实每个孩子身上都有闪光点，只是没有认识到而已。妈妈要学会发现并培养男孩的优点和特长，多给他们积极、肯定的评价，让他看到希望、相信自己的能力，从而建立起自信心。

让青春期男孩体验成就感

自信的男孩，总是在不断的成功体验中增强信心，慢慢让自己的内心变得强大。反之，不自信的男孩，就是因为成功的体验太少，缺乏了这一建立自信的基础，信心薄弱，禁不住打击，一丝风吹草动，都可能会对他造成伤害。

文文——如他的名字，平时文文静静，也不怎么爱运动。遇到事情，总有些犹疑不决。爸爸一直想帮文文增强自信。文文喜欢游泳，每当周末时，爸爸就带他去公园的露天游泳场去游泳。文文比一般孩子游得好多了。在爸爸的鼓励下，他开始试着从高空滑道向水里速滑。“儿子真厉害！我都有点儿害怕呢。”爸爸鼓励儿子说。文文经过一次成功的体验后，又一次昂首挺胸体验速滑了。经过一个暑假的锻炼，现在的文文遇到事情不再说“我行吗”，而是说“让我来试试”。

当男孩完成一件事，同时又得到了别人的肯定，他就会更相信自己的能力。经常有类似的成功体验，孩子的成就感就增强了，他的自信会越来越强大。

保护青春期男孩的自尊心

有一位成年男性教师在谈到当初选择职业的原因时，他是这样说的："我上中学的时候，老师们总是当着全班同学的面揭我的短，每当这时，我就有一种羞辱感，恨不得找个地缝钻进去。因此，我在学生时期并不快乐，甚至现在回忆起来都是黑色的，所以，我当时就暗暗决定，将来一定要当个爱护学生心灵的好老师。"

也许有时在大人看来无关紧要的小事，却成了事关男孩"面子"的大事。青春期男孩的自尊心极强，总怕被人揭短，尤其是当众被揭短，会让他信心受挫。所以妈妈在管教男孩时，要分清情况，不予姑息，也不一味地批评。在给男孩正面教育的同时，多鼓励孩子，尽量保护青春期男孩的自尊。

细节86 "人为什么要有理想？"

——如何引导男孩树立远大理想

人一定要有理想，因为有理想才有努力的方向，才会充满激情地为实现理想而拼搏。但如果目标定得太高，又容易被挫折击倒。关于理想这个话题，曾经有人对一所中学做过抽样调查，在随机抽取的400名学生问卷中，能够清楚、明确地回答出自己以后想做什么，并且对未来有清楚规划的孩子不超过40人。

由此可见，青少年对于理想的制定大多是模糊或者随意的。因此，妈妈们应该帮助男孩制定属于他的理想，但前提是这个理想是男孩感兴趣的，而且不能定得太高。因为人只有对自己感兴趣的理想才会有去实现它的愿望，而切合实际的目标也会让男孩容易实现，并获得成就感，如果理想太高不易实现，就会逐渐打消男孩行动的积极性，甚至会因为太困难而放弃。下面就"如何引导青春期男孩树立远大理想"这一话题，给妈妈们提供一些切实可行的教育方法：

正确引导男孩寻找“我的理想”

儿子小的时候，你问他：“你的理想是什么？”他可能毫不迟疑地回答说：“我想当老师。”或者“我想当警察。”这时的他们只是把自己心中崇拜的对象或者认为美好的职业当成自己的理想。等到他进入青春期，慢慢长成一个能够独立思考的大小伙子，你再问他：“你的理想是什么？”他可能很迷茫，然后有些迟疑地说：“我也不知道我的理想是什么。”也有人说：“我的理想是考上好大学，毕业找个好工作。”

其实，对于 10 ~18 岁的青少年来说，他们的想法正是多变的时候，这一秒钟信誓旦旦地要成为成功人士，下一秒钟就已经为自己的理想感到迷茫了。因此，妈妈们应该从旁引导男孩，帮助他寻找到值得他努力付出的理想。

有一位妈妈是这样做的：

儿子今年刚上初一，我虽然不想给他升学的压力，但我不希望他成为一个没有目标的人。所以我开始从儿子的爱好中去帮他挖掘他的理想。通过对儿子的观察，我发现儿子很喜欢画画和摆弄木头，而且还常常自己设计一些小房子。于是我问儿子他想不想做建筑师，儿子说他也不清楚，只是把这当成一种喜好。不过，我有意无意之间总是给儿子买一些关于建筑的杂志，没想到儿子很喜欢。考大学的时候他报选的专业就是建筑系。我发现儿子自从确定了目标之后，整个人学习的劲头更足了。

由此可见，引导男孩树立理想，对于他以后的人生起到至关重要的作用。

让男孩学着设计自己的未来

有一个成年男性曾自豪地对友人说：“我这些年来最大的收获，就是将10年前给自己规划的蓝图实现了——当上了大学老师，找到了一个温柔的妻子，在市中心买了一套房子……”可见，一个人尽早为自己设计未来，并且按部就班地努力去实现，那么总有一天会获得成功。

所以，妈妈们不妨引导男孩学会勾画一下自己的未来，例如，你可以这样问你的儿子：

5 年后，你会成为什么样子？

10 年后，你会成为一个什么样的人？

15 年后，你会取得怎样的一个成就？

如果你学会引导男孩去构想这些发展目标，那么他很可能用这些问题来鞭策自己，然后朝着既定的目标努力，更会在奋斗的过程中充满激情和动力。

细节87 “钱是万能的吗？”

——如何引导男孩树立正确的价值观

当今社会，在大多数青春期男孩的眼中，钱是万能的，只要有钱就拥有一切。所以我们常常会听到这些青春少年的嘴中吐出这样的“狂言”：有钱走遍天下，无钱寸步难行。

为什么我们的孩子在价值观上持有“金钱至上”的思想呢？其实，这和我们的社会大环境有关，很多男孩正是因为受了周围人的影响，听到、看到的都是“有钱能使鬼推磨”的事情，自然他们也认为有钱就有一切。另外，青春期也是男孩价值观形成的关键时期，再加上很多男孩是独生子，被家人娇惯溺爱，大多以自我为中心，所以他们很可能因此而形成错误的价值观。

威威今年 12 岁，上初中一年级，平时对钱看得特别重，在他眼里钱似乎比家人、朋友还重要。例如威威和姐姐去超市买东西，他会想尽办法让姐姐帮他买一切需要的东西，而自己的零花钱则捂得严严实实，有时姐姐带的钱不够，问他借一些，并保证回家马上还给他，但是威威死活都不借给姐姐。还有一次，威威发现自己的零花钱少了几块，他就以为是姐姐拿的，于是一怒之下竟然用棍子打姐姐。威威的妈妈和姐姐都很伤心，她们没想到，在威威心里金钱竟然比亲情还重要。

创新工场 CEO 李开复在《做最好的自己》一书中写道：“价值观是人生的基石，是成功的前提。一个没有良好的价值观、没有正确态度的学生，即使进了名牌大学，他的成功概率也一定是零。”没错，人只有拥有正确的价值观才能有正确的人生态度，才能正确决定自己的人生目标和生活方式。因此，正确引导青春期男孩的价值观对于妈妈来说就显得尤为重要。

妈妈要具有正确的金钱观，不要“唯钱是亲”

有一个 12 岁的男孩在日记中这样写道：

钱到底是什么呢？为什么我妈妈把钱看得比我还重呢？妈妈总说这年头没钱就是不行，有了钱她就不用整天这么辛苦，就可以过上舒服的日子，就不用忍受别人的白眼。老妈还对我说，让我好好学习，长大考个好大学，这样就能找个工资高的工作，就可以舒舒服服地享受。但老师对我说，好好学习是为了实现自己的梦想，可我的梦想不是要很多很多钱啊！但妈妈对我说，钱比梦想重要，我该听谁的呢？钱真的有这么重要吗？

这个男孩的疑问想必也是很多价值观正在形成阶段的孩子的疑问，而这个男孩之所以有这样的疑问，是他妈妈“唯钱是亲”的观念影响了他，让他陷入了迷茫之中。久而久之，也许这个男孩就会在妈妈的影响下，也变得“唯钱是亲”，甚至认为与钱相比，世界上的一切都不重要，因为有了钱就等于有了一切。

这种错误的价值观对于男孩来说有害无益，如果不及时纠正，那么日后男孩可能因为钱变得六亲不认、唯利是图、自私冷漠，这自然不是妈妈想要看到的结果。

所以，妈妈自身一定要具有正确的价值观，不“唯钱是亲”，不“见钱眼开”，不“唯利是图”，那么男孩在妈妈的影响下，自然也会形成良好的价值观。

金钱是迟早会花光的，而知识却永远都不会枯竭

有这样一个小故事：

很久以前，在一个城市里，一个无知的富翁在嘲讽一个满腹经纶的乞丐：“你举办过生日聚会吗？”

“没有。”乞丐回答道。

富翁又说道：“像你这种贫穷到一年只有几件衣服穿，吃完了今天愁明天的乞丐是永远都得不到财富的……”

而这位有学问的穷人完全有理由把富人说得理屈词穷，可他却在沉默。因为他明白，这个富人虽然有财富，可是他不会制造财富，他的财产只会一天又一天地消失，到时他也会沦落到做乞丐的，而我要做的事是利用我的知识，制造属于我自己的财富，让我的生活过得一点点好起来……

几年后这个城市发生了一场战争，穷人和富人被迫离开。富人的财产全部被侵略军抢走，富人离开城市后自然而然地成为了一个遭人鄙视的乞丐，成为乞丐后，他从没想过去制造财富，只好终身过着吃不饱穿不暖的生活。穷人呢？他离开城市后，利用自己的智慧，不仅赢得了财富还成为一名受人尊敬的教授。

所以，不要把金钱看得太重，要注重学问，知识可以创造财富，一个拥有许多财产的人，如果非常无知，他的财产迟早会花光，而且永远不会再次得到财富。

其实，青春期的孩子，由于心智、年龄、阅历等各方面的原因，难免会走进“金钱至上”的误区。所以妈妈们不妨采用上述事例，慢慢来纠正儿子错误的价值观，引导他从误区中走出来，朝着正确价值观的方向前进。

细节88 “我未来怎样择业？”

——如何引导男孩进行职业选择

有一位妈妈苦恼地对友人说：“我13岁的儿子出奇地喜欢做饭，看电视时最爱看烹饪讲座，还总是跃跃欲试地想给我们露一手。儿子的学习成绩属于中上等，稍微努力一下，说不定能上一个好大学，可是他这个喜欢进厨房的爱好实在令我头疼，这可怎么办啊？”事实上，很多男孩的妈妈也有相同的烦恼，例如，妈妈希望儿子当老师，可他偏偏立志要当机械师；妈妈希望儿子选择医学专业，可他偏偏喜欢搞新闻……

面对未来的职业选择，不但妈妈会有烦恼，男孩们同样也有很多问题，下面就来听一听这些十几岁少年的心声：

“我喜欢历史，但是大家都说历史对以后进入社会没什么用，不如学习一门技术，难道为了生计就要放弃自己喜欢的专业吗？”

“一个人一生怎么能只从事一种职业呢？我觉得一个人应该尝试不同的职业，这样生活才会更精彩！”

“爸妈现在就要帮我订好以后的职业规划，可我觉得还太早，就算大学毕业之后，找工作也不一定找本专业的，着什么急啊！”

可见，未成年的孩子对他们未来的职业并没有什么具体规划，甚至有些孩子根本把职业规划排除在自己的人生计划之外。但作为成年人的妈妈，我们不但要引导男孩正确规划他的未来，而且是宜早不宜迟。

下面就给妈妈们提供一些正确引导男孩职业选择的建议：

引导男孩多看看别人在做什么

有一个 17 岁的男孩在博客里写下了这样一段文字：

为了给日后高考填志愿和毕业后找工作做准备，我时常会注意身边的人都在做些什么，然后看一看、想一想，他们所从事的职业，是不是我感兴趣的，或者适不适合我这类性格的人从事。如果是我中意的工作，我就会主动和他们交流一下，从他们的口中获得一些我想要知道的信息，例如从事这项职业所需要的条件、经验以及要注意的事项等。

事实证明，我这种行为非常具有积极意义，因为自从我确定了自己的职业后，我学习的劲头更足了，有目标的人真是随时都充满力量，本来想要闯荡社会的躁动的心，也慢慢平静了下来。

如果你的儿子对自己今后要从事何种职业感到十分迷茫，那么不妨向这个男孩学习一下，和身边有经验的人多交流一下，对于自己感兴趣的职业也可接触这方面的专业人士或从业人士，这能让男孩在职业选择的道路上少走很多冤枉路。

妈妈要和男孩多沟通职业选择的问题

职业规划和一个人的特长、学习兴趣、能力等各方面都存在很大的关联，盲目地选择自己的职业很可能错失很多成功的机会。因此，妈妈们绝对不要小看关于儿子的职业选择问题，更不要认为职业选择是孩子自己的事情，因为如果没有旁人的正确引导，孩子很可能会选择后悔终生的职业。对于大多数青春期男孩的职业选择，妈妈应该尽早参与。初中是一个关键时期，也就是说儿子进入初中后，妈妈就要和他进一步讨论求学和就业的所有可能的选择，这段时间多观察儿子的兴趣、爱好，引导他思索和建立自己的职业方向。

妈妈们可以参考以下一些做法：

回想自己的工作和生活经历，告诉儿子你的职业是如何选择的，以及尝试过其他什么职业。

尽可能多和男孩讨论他感兴趣的职业种类，然后多收集一些关于儿子感兴趣的工作资料。

了解儿子不喜欢做哪些事情，以及为什么不喜欢，用排除法把择业的圈子缩小些。

考察儿子在校内外参与了哪些活动，尽量从其中发现儿子的特长以及内心需要。

多和儿子的老师沟通，并鼓励儿子多与老师交流获得指导。

多和儿子参加与他兴趣相关的社会活动，让其对该行业有更深入的了解。

第十二章 积累立足于世的资本

——教给男孩比金钱更有价值的东西

每位妈妈都会对儿子寄予殷切的期望，都希望儿子能够成为卓越、优秀的人才。但在男孩通往成功的路上，妈妈所给予的东西中，哪些对孩子是有价值的呢？毫无疑问，品性、习惯、能力、美德、修养等，是比金钱更有价值的东西，如果在男孩可塑性极强的青春期，妈妈能够正确引导儿子，让其养成良好的习惯和品行，不断提高自己的能力，那么，他就会拥有立足于世的资本，走上幸福、成功的人生之路。

细节89 “这事儿都怪你。”

——如何让男孩变得有责任感

责任感是一个人日后能立足于社会、获得家庭幸福和事业成功的重要品质。对于一个男孩来说尤为重要，因为他将来要背负更多的责任。作为一家之主，他要承担起养家糊口的责任；作为一个儿子，他要承担赡养父母的责任；作为一个父亲，他要承担教育子女的责任；作为社会的一分子，他更要承担起建设者的责任……如果一个男人缺乏责任心，就无法担当起自己的职责，无论是对家庭、事业和未来的发展，都是非常不利的。

一天早上，上初二的周飞对妈妈说：“今天学校大扫除，我个子高就主动申请了扫屋顶的工作。”妈妈一听便急了，生气地说：“你这傻孩子，扫屋顶要站在桌子或椅子上，那多危险，掉下来怎么办？再说，扫的时候尘土飞扬，吸进肺里对身体不好。”周飞说：“我已经答应了老师，这该怎么办啊？”妈妈帮周飞想出一个“好”主意，对他说：“你到学校后找老师说你不舒服，她就会给你换个轻松的活了。”周飞在妈妈的“教导”下逃避了劳动。

现代的家庭教育中，妈妈过度娇惯、保护孩子，让男孩从小养尊处优、为所欲为、自私自利、缺乏责任感。当他们做一件事的时候，并不会全力以赴，稍有困难就会选择放弃，根本不考虑后果。有些男孩还会为此找借口，推脱责任。一旦这样的男孩长大成人便会缺乏对社会和对他人的责任心。男孩的责任心是要从小培养的，“树大自然直”的想法是不对的。任何一种好的品质与习惯都不是天生的，需要后天的培养。那么，怎样培养青春期男孩的责任感呢？

让青春期男孩明白责任心的重要性

一位妈妈曾经谈到这样的教子经验：

儿子上初一。因为他的数学成绩比较好，老师就让他和一名成绩不太好的学生结成“互助组”，让儿子经常给他补补课。儿子在开始的时候还挺负责，每天都给那名学生讲解习题。但是时间一长儿子就不耐烦了，不仅扔下那名学生不管了，还向我抱怨说：“他实在太笨了，我都给他讲了三遍他还记不住。”我对儿子说：“老师让你帮助他，是老师非常信任你，你想一想，如果你扔下那个同学不管了，老师还会信任你吗？你看上个月爸爸被评为公司的‘先进标兵’，为什么爸爸会获奖呢？这是因为爸爸有责任心，公司下达的任务无论多难多重都努力完成，你也应该向爸爸学习。”儿子想了想，点了点头说：“妈妈，我懂了，明天我就接着给他补课。”

青春期男孩对于“责任”两个字其实还没有太明确的概念，所以妈妈要让他们认识到责任心的重要性，并且给他们做出一个好榜样，通过言传身教的方式培养他们的责任意识。

让男孩意识到自己的责任，并为自己的行为负责

曾听人讲过这样一个故事：

一个学者在纽约访问的时候，在卫生间里听见隔壁房间有种奇特的响动。出于好奇心，这位学者透过门缝向里面探望，这一看使他大为吃惊。原来里面有个 10 岁左右的男孩正在努力地修马桶的水箱。学者经过一番了解才知道，这个男孩上完厕所后，发现水箱有问题，没有把脏东西冲下去，于是他蹲在那里，千方百计地想修好它。

在没有大人的监督下，男孩竟有如此强烈的责任感，我们不禁为之感叹。但是很多妈妈常常抱怨自己的儿子没有责任心，其实他们的责任心正在被妈妈亲手扼杀。

每个人都有一种积极向上的内在趋势，青春期的男孩也不例外。因此妈妈要密切关注他、鼓励他、扶植他，而不是越俎代庖，帮他去做。例如，在生活中适当地给男孩安排一些家务，让他明白每个人都有自己的角色和任务，这样有利于男孩责任感的培养。另外，培养男孩责任感的同时还要让他学会为自己的行为负责，尤其对于自己犯下的错误。例如，男孩把同学的玩具弄坏了，必须教导他勇于承担错误并做出相应赔偿。只有这样，才能培养

出男孩的责任心，使他对自己负责、对他人负责、对社会负责。

细节90 “一言既出，驷马难追。”

——如何对孩子进行诚信教育

孔子曾经说过：“言而无信，不知其可也。”诚实守信是中华民族的传统美德，更是人们社会交往中最基本的道德规范。诚实就是实实在在，不讲假话；守信就是遵守诺言，讲信用。如果一个人不讲诚信，就不会取得大家的信任，也就没有人愿意和他交往、合作了。

下面是一位妈妈的教子经验：

周末，我丈夫突然决定去钓鱼，12 岁的儿子也想跟着去，就回屋里收拾自己的小渔具去了。出来的时候，我问他：“你不是说今天和小光约好了一起去看电影吗？”

“对啊，但是昨天晚上在网上看了那部电影的预告了，没意思，还是跟老爸去钓鱼好玩！”

“那一会儿小光来找你怎么办？”

“那你就告诉他，我临时有事儿去我奶奶家了。”

“这样你就等于欺骗呀！”我惊诧地问道，儿子怎么如此缺乏诚信之心呢?

“没关系的，就一次半次的事儿，再说了，他又不知道我去哪里了，对吧，妈妈！”

“不行，儿子，我不能帮你这么做，如果你非要去和爸爸钓鱼的话，就必须和小光说清楚，并取得他的原谅，因为这是做人最起码的诚信，你想，如果哪天小光也这样对你，你的内心会如何呢？”

“可是我真的很想和爸爸去！”

这时丈夫开口说：“儿子，要不这样吧，你和小光说一下，我带你们一起去吧！但是你首先应向小光道歉，因为无论如何是你违约了，明白吗？”

儿子说：“太好了！我这就打电话告诉小光。”

对于青春期男孩来说，我们更要注重培养他们诚实守信的品质，因为自古以来“诚实守信”就是评价男性的重要标准，而且他们还是即将步入社会的“男人”。在古代，人们用“君子一言，驷马难追”来形容大丈夫的诚实守信。到了现代，因为人际交往的日趋频繁，诚实守信更成了男性获得他人信任以及建立良好的人际关系的必备条件。所以，我们要重视对青春期男孩诚信的培养，把他们培养成为诚实守信的人。

以身作则，为男孩树立诚信的榜样

妈妈是男孩的一面镜子，妈妈的行为直接影响着男孩，如果妈妈在生活中能够做到诚实守信，那么，久而久之，男孩也会做到诚实守信。然而，生活中的妈妈们虽然知道诚实守信的重要性，却常常忽视自己行为对男孩的负面影响，经常当着男孩面欺骗他人、违背承诺。

门铃响了，妈妈对上初一的儿子说：“儿子，去看看是谁敲门，如果是你李阿姨，就说妈妈很早就出去了，不知道干吗去了。”儿子不解地看着妈妈问：“但是您明明在家啊！”妈妈有些不高兴地说：“叫你怎么说，你就怎么说，你李阿姨找我有事儿，我不想去，哎呀，小孩子管那么多干吗，赶紧去开门，按照我说的办。”

儿子特别想吃隔壁街上的炸鸡，但是妈妈由于急着回家，就忘记买了，回到家看到儿子期待的眼光，妈妈便说：“真抱歉，那家的炸鸡都卖完了，明天再给你买好不好？”

看到上面的场景，你是否会感到很熟悉呢？没错，这些故事都是发生在我们身边的事儿。也许，你也曾经这样欺骗过你的儿子，你总是以为他们还小，这样的话不会对他们产生什么影响，但事实上，你这样的想法是完全错误的。要知道，男孩的模仿能力是非常强的，今天他看见你在说谎，那么，明天他就会学着你的样了去骗别人，久而久之，他就会成为一个不看重承诺、毫无诚信可言的人。所以，妈妈们若想把儿子培养成一个诚实的人，首先要做的就是自己诚实守信，为儿子树立一个良好的榜样。

尽量满足男孩的合理需求

上高一的品品美术课需要用水彩笔，旧的水彩笔颜色已经很淡了，他多次请求妈妈给他买新的，妈妈总是以“等到不能用的时候再给你买”的借口搪塞品品。品品很生气，把旧的水彩笔扔进垃圾桶，回家对妈妈说：“我的水彩笔丢了，上课没有用的了。”就这样，品品通过谎言获得了新的水彩笔。

很多时候，男孩不遵守信用、说谎都是妈妈“逼”出来的。对于男孩的合理要求，妈妈还是要尽量满足的。一旦男孩学会用撒谎来获得想要的东西，那他便会一发而不可收。

细节91 “我要最大的那个。”
——如何教男孩学会感恩

针对当代男孩缺少孝顺之心的问题，中国一家青少年心理学研究中心做了这样一项调查，他们找来了100名年纪相当的男孩，问他们这样一个问题——你清楚地记得爸爸妈妈、爷爷奶奶、姥姥姥爷这六个人的生日是哪天吗?

结果能够肯定地回答出六个人生日在哪天的孩子不足10人；而六个人的生日都记不清的孩子竟高达70多人。更令人感到吃惊的是，一个男孩记得他所有朋友的生日，却不记得自己家人的生日，他每次都要为朋友精心准备礼物，却从未为家人准备过一份生日礼物。

为什么享有家人万千宠爱的孩子们，不懂得回报同样的爱给他们的家人呢？其实，这与妈妈的教育方式有很大的关系。男孩是否具有孝顺之心，与日常生活中很多细节息息相关，妈妈们不妨想想看：

你是否要求过儿子要为你分担家务?

你是否在生日的时候像他们索要礼物那样，让他们为你准备一份礼物？

你是否经常带着你的孩子去看望他们的爷爷奶奶、姥姥姥爷，并要求孩子要经常去？

很显然，很多时候，不是男孩不想孝敬长辈，而是妈妈从来就没有培养他们的孝心的意识，没有给他们表达孝顺之情的机会！

常言道："百善孝为先。"孝是一个人为人处世的根本，更是一切道德的根源。一个没有"孝心"的男孩即便他长大后成为多么出色的人，也不会得到人们真心的称赞和肯定。因此妈妈从小就要教育男孩感恩父母、孝敬长辈。

让男孩多了解一些感恩故事

一位妈妈谈到了这样的教子经验：

我对儿子一直爱护有加，但前几天的一件事，让我感到十分心酸。我生病发烧躺在床上休息，儿子放学回家后，不但没有关心我，反而抱怨我没为他做饭吃。当然，出现这种状况，不能全怪儿子，很大的原因都在我和孩子爸爸身上。为了让儿子学会"爱"人，我周末硬拉着儿子看了《妈妈再爱我一次》。刚开始，儿子对影片并不感兴趣，但慢慢地他被里面的情节感动了，眼睛里还闪烁着泪光。

从那以后，我经常带儿子去看一些关于"爱"的电影，儿子对我和他爸爸的态度好多了，不但学会了关心我们，还学会了关爱别人。

面对一些缺乏感恩心理的男孩，妈妈可以在生活中讲一些与感恩相关的故事，或观看一些相关的影片、电视节目等，让男孩从中反思自己的行为。

让青春期男孩先学会付出

英国作家萨克雷曾说过："生活是一面镜子，你对它笑，它也会对你笑；你对它哭，它自然也会对你哭。"要教导男孩先学会付出，只有付出才能获得回报。而当一个男孩充分体会到妈妈那种"施恩不图报"的心情时，他便会深刻理解"感恩"二字的意义，并会以一颗真诚的心感激妈妈的养育之恩。

一天，洋洋回家对妈妈说："妈妈，今天老师让大家给灾区的孩子捐款，您猜我捐了多少？”妈妈摇摇头说：“不知道。”洋洋得意地说：“我跟老师说我没带钱，我没捐。”妈妈疑惑地说：“我不是给你零用钱了吗？”洋洋接着说：“钱是给我的，我怎么能给别人呢？再说，我又不认识他们。”妈妈很生气，对洋洋说：“人的一生中都会有处于困境的时候，只有你在别人有困难的时候给予帮助，别人才能在你困难的时候伸出援手，没有付出是不会有回报的。”洋洋跑回房间拿出储钱罐对妈妈说：“我明天会补上我的爱心。”

这真是一位聪慧的妈妈，她懂得如何教育儿子成为一个懂得感恩的人。其实，感恩之心不是与生俱来的，它需要靠后天的引导和培养。因此，妈妈应该让儿子从学会为他人付出开始，学着做一个懂得感恩和奉献的人。

细节92 “怎么做会更好？”
——如何让男孩学会自我反省

在家庭教育中，我们发现一个有趣的现象：当男孩犯错后，妈妈打也打了，骂也骂了，但是教育效果却差强人意，而且孩子可能重复犯同样的错误，这也是令妈妈们最难以接受的。有些妈妈不免开始怀疑自己的教育方法，也开始怀疑孩子的品行出了问题。对于这样的情况，妈妈其实还有一项工作没有完成，就是传递给男孩一个好习惯——用积极的心态去反思错误。

清朝初期的著名学者、史学家万斯同参与编撰了我国重要史书《二十四史》。但万斯同小的时候也是一个顽皮的孩子。万斯同由于贪玩，在宾客们面前丢了面子，从而遭到了宾客们的批评。万斯同恼怒之下，掀翻了宾客们的桌子，被父亲关到了书房里。万斯同从生气、厌恶读书，到闭门思过，并从《茶经》中受到启发，开始用心读书。转眼一年多过去了，万斯同在书房中读了很多书，父亲原谅了儿子，而万斯同也明白了父亲的良苦用心。万斯同经过长期的勤学苦读，终于成为一位通晓历史、遍览群书的著名学者，并参与了《二十四史》之《明史》的编修工作。

大多数父母面对男孩的错误时，只是一心想着孩子能早些改正，而不会想到他下次是否还会犯同样的错误，忽略了让男孩养成反思错误的习惯。反思是一种内在的人格智力，是自我认识、自我完善、自我学习的过程。对于少儿时期的男孩而言，他还没有形成完备的自我意识，自我反省能力还处于萌芽阶段，还需要妈妈适当指点，从小培养男孩在错中反思的习惯。

善用“诱导自省法”

“诱导自省法”又叫冷处理法。顾名思义就是当孩子犯错后，不要急于纠正或进行教育，而是将孩子的错误先搁置一边，等待时机成熟稍加引导，让孩子自我反省。这样的教育方式不仅让孩子养成良好的反思习惯，还能使妈妈与男孩之间实现有效的沟通。

一天，妈妈带13岁的儿子秦南到姑姑家做客，秦南不小心把姑姑家的花瓶打碎了。姑姑问是谁打碎花瓶的时候，秦南因为害怕被姑姑责骂，便说不是他打碎的。秦南的妈妈知道这件事是儿子做的，因为他是一个好动的孩子，在家也经常打碎东西。但是妈妈没有揭穿秦南的谎言，并装出一副相信他的样子，一直没有再提这件事。此后，在每天空闲时，妈妈便有意识地给秦南讲诚实守信的美德故事，等待儿子主动认错。后来，妈妈又带秦南去姑姑家，秦南胆怯地对姑姑说：“上次我撒谎欺骗了您，那花瓶是我打碎的。”姑姑看着羞愧的秦南，笑着说：“没关系，敢于承认错误就是好孩子。”

妈妈们都应该向故事中的妈妈学习，引导男孩去反思错误。通过男孩自我认识错误而改正要比正面教诲而改正教育效果更好。要针对男孩的思想状况、错误类型，对他们进行启发式的教育，逐渐培养男孩的自我反省能力。

让男孩学会总结经验教训

很多妈妈喜欢越俎代庖，帮自己的儿子总结经验教训。这无疑会掺杂进妈妈的主观看法，既剥夺了男孩自我反省的空间，又影响了他独立的思想。让青春期男孩学会总结，其实就是培养他们用积极心态反思错误的好习惯。例如，男孩把别人心爱的玩具抢过来，遭到其他朋友的排斥，妈妈可以提示男孩要换位思考，当他第二次抢的时候就会想到“要是我的玩具被抢了，心里一定很不舒服，我也不会理他了”，男孩就不会再抢玩具了。这就是反思的效果。

妈妈要教会青春期的儿子将过程和结果结合在一起考虑，反思上次错误的原因与结果，当再次行动时他就会有判断对错的依据和准则了。

细节93 “我把重要的事排在前面做。”

——如何提升男孩的办事效率

一位妈妈曾无奈地向朋友讲述了这样一些关于儿子的事情：

我的儿子学习好，长得也帅气，就是有一点不好，做事磨蹭。每天早晨起床后，我叫儿子去刷牙，他总是会说：“待会儿再去。”然后磨蹭半天再去。刷牙的时候，他总是缓慢地用牙刷摩擦牙齿，能磨蹭20分钟。

开饭之前，大家都坐到饭桌前准备吃饭，而他却要玩一会儿玩具再过去吃。

儿子上学快迟到的时候，无论你怎么催他加快动作，他都会用不急不慢的语调告诉你：“不着急。”

如果儿子照这样下去，将来做事情也会没有效率。我应该怎么帮助儿子改掉做事磨蹭的坏习惯呢？

生活中，有很多妈妈同样在为儿子的拖沓、做事分不清主次的毛病感到烦恼。一般来说，青春期的男孩做事效率差，主要是由以下几种原因造成的：

1. 在妈妈或老师的强迫下做事，男孩自然没有做事的积极性，难免出现心不在焉、拖沓、散漫等状况；

2. 无法集中注意力，所以容易形成拖沓的习惯；

3. 男孩的时间观念差，分不清事情的主次，处理事情缺乏一定的能力。

所以，妈妈在了解了男孩做事效率差的原因之后，应采取相应的引导方法，以便提高男孩的做事效率。下面就给大家提供一些教育方法：

制订“生活日程表”，引导男孩做事分清主次

小军刚上高一，妈妈发现他做事特别慢。每天心不在焉不知在想什么，尤其在写作业时，一会儿抠抠鼻子，一会儿转转笔，别的孩子到晚上8点就能完成作业，到了小军这里，却要磨蹭到10点多，这可急坏了旁边陪读的妈妈，有时恨不得自己抢下小军的作业本，替孩子写完算了。而且很多时候小军把大量的时间用在无关紧要的事情上，而那些需要专心，并且花时间和精力去做的事情，小军就会拖延，以至于常常是小事做完了，重要的事情还没做，但是时间已经浪费掉很多了。

其实，很多青春期的男孩都和小军一样，之所以做事效率低，完全是因为分不清主次，不会合理安排时间。因此，对待这类男孩，妈妈应该为其制订一个生活日程表，贴在他的房间里，每天记录孩子起床、穿衣、洗漱、吃饭等所用的时间，过一段时间后，再看看有没有进步，而且把重要的、必须提前完成的事情放在“黄金时段”，其他时间可安排一些小事。同时，为了提高男孩的积极性，妈妈可以给他一些奖励，让他为自己的进步而快乐，就会主动加快自己做事的速度，从而加强时间观念。

排除无关诱因，让男孩专心做要事

下面是一位男孩妈妈的成功育子经历：

儿子今年都上初三了，可是做起事情来总是拖拖拉拉的，本来10分钟就能做完的事情，他非要耗1小时。我担心儿子的这种坏毛病会给他带来很多不必要的麻烦，所以我规定儿子每次只做一件事情，而且要把这件事情做到尽善尽美。例如，我让他帮爸爸擦车，那么就要一心一意做好这件事情，不要去惦记游戏、电视之类的。渐渐地，我发现儿子做事的效率提高了，虽然刚开始儿子一次只做一件事让他觉得浪费时间，但是后来他自己也发现，当自己尽力做好一件重要的事情，会很有成就感，不但没有浪费时间，反而在同样的时间里干了更多的事情。

没错，每次只让儿子专心做一件事，并且先选择重要的事情完成，的确有利于他提高做事效率。而且针对注意力不集中的男孩，妈妈们可以学习这

位妈妈的做法：让儿子尽善尽美只做一件事情，竭力排除与当时事件无关的因素，使他能一门心思扑在他正在做的事情上。这样，既加快了速度又保证了质量，长期坚持下去，就会改掉办事效率差的坏毛病。

细节94 “积极性能创造奇迹吗？”
——如何培养孩子的积极性

有这样一个故事：

一个星期六的早晨，一个牧师正在为准备第二天的演讲伤脑筋，他的太太出去买东西了，小儿子由于没人照看一直在旁吵个不停。牧师随手拿起一本旧杂志，顺手一翻无意间看到一张色彩鲜丽的巨幅图画，那是一张世界地图。他于是把这一页撕了下来，撕成碎片，丢到了客厅的地板上然后对小儿子说：“强尼，来，把它拼起来，我就给你两毛五分钱。”牧师以为他至少能安静半天，怎料不到10分钟，他的书房就响起了敲门声，“爸爸，我已经拼好了。”儿子强尼喊道。牧师惊讶万分，他怎么能这么快就拼好了，而且每一片纸片都整整齐齐地排在一起，整张地图又恢复了原状。“儿子，你怎么做到的？”牧师问道。“很简单呀！”强尼说，“这张地图的背面有一个人的图画。我先把一张纸放在下面，把人的图画放在上面拼起来，再放一张纸在拼好的图上面，然后翻过来就好了。我想，假使人拼得对，地图也该拼得对才是。”听完，牧师忍不住笑了起来，给了儿子两毛五的镍币。“儿子呀，你把明天演讲的题目也给了我了，”牧师说道，“假使一个人是对的，他的世界也是对的。”

故事意味深长，想要告诉我们的就是，如果你不满意自己的环境，并力求改变，那么首先应该改变自己的心态；假如一个人有积极的心态，那么他四周所有的问题都将迎刃而解。

积极的心态是心智健康的营养，它能让男孩充满自信、受人喜欢、知足常乐、倍感幸福，更重要的是它还能让男孩改变自我、改变世界。有一句话是，心有多大，舞台就有多大，说的正是这个道理。所以，为了你的儿子能够获得成功，你应该培养他积极进取的心态，让他成为一个进取心强、喜欢竞争和挑战的人。

鼓励男孩参加各种竞赛

让男孩多参加竞赛活动，既可以让他适应激烈的竞争，还可以培养他的自信心。有些男孩不愿意参加竞赛类活动是因为缺乏自信，害怕在大庭广众之下丢面子。这时候，妈妈需要多给他鼓励，并告诉他比赛的成绩并不重要，重要的是比赛的过程以及在比赛过程中得到的锻炼与提高。当儿子参加完比赛，无论比赛成绩怎么样，妈妈都要提出适度的表扬，这样可以提高他参加比赛的积极性。妈妈应该相信，当儿子勇敢地迈出展现自我的第一步，他会慢慢变成一个自信、积极进取的人。另外，如果男孩非常缺乏自信，可以让他参加一些他自己比较有优势的比赛。这样，孩子的自信心才会慢慢培养起来，从而有勇气和信心去和他人竞争。

为男孩树立理想和目标

吕东强十分聪慧，但是由于不用功，学习成绩只能在班里排到中下等。

有一天，妈妈趁着吕东强高兴，对他说："新学期到了，妈妈给你制订一个学习目标，好不好？"东强非常爽快地答应了。妈妈说："上次期末考试你的成绩在40个人里面排名23位，这次期中考试能不能排到20位呢？"吕东强想了想说："一共才前进3个名次，没问题。"妈妈说："既然你同意妈妈制订的学习目标，那我们就用笔写出来，贴在你的书房里。"妈妈找来纸和笔，把制订的学习目标写出来，贴在了儿子的书房里。以前，吕东强十分贪玩，但是每当看到贴在墙上的学习目标时，他马上就不玩了。吕东强本来就非常聪明，再加上学习比以前用功，他的考试成绩一下子前进了14名。

吕东强的妈妈是一位非常优秀的妈妈，她懂得为儿子制订学习目标的重要性。一句名言是这样说的："理想是前进的动力，是照亮道路的火炬。"一个人树立了理想和目标，在前进的道路上会充满动力，并且不会迷失方向。所以，我们要引导男孩树立远大的理想，并且鼓励他为自己的理想去拼搏、去奋斗。

另外，在给男孩制订目标方面，我们应该遵循下面两点原则：第一，不要把自己的意愿强加给他。如果这项目标是妈妈单方面制订的，孩子不仅没有执行的兴趣，甚至还会产生厌烦的感觉，这项目标自然也不会得到很好的执行。第二，制订的目标大小要适中，最好是那种男孩“跳一跳”就能够到的那种。如果我们把目标制订得太高，男孩不仅不能完成，还可能会挫败他的积极性和进取心。

多给男孩积极的评价

初凡是一个学习非常努力的孩子，但是语文成绩一直不好。有一次，他的语文只考了62分。当他把成绩单给妈妈看时，心里非常忐忑不安。但令他吃惊的是，妈妈看了看成绩单，不仅没有批评他，反而拍着他的肩膀说：“虽然你的语文不太好，但是你的数学非常棒。而且你是一个学习努力的孩子，只要你再接再厉，你的语文一定会学好的。”听了妈妈的话，初凡悬着的心终于放下了，并且没有对语文失去信心。

常常有妈妈抱怨：“我家儿子就知道玩，学习成绩也不好，连一点儿进取心都没有。”不知大家想过没有，很多时候男孩没有进取心是我们一手造成的。例如，当男孩做某件事没有达到我们的要求时，我们没有鼓励他，而是给了他太多的责备。由于不断受到妈妈的否定，男孩早已失去了做下去的兴趣，甚至还会产生一种想法：反正我怎么也达不到妈妈的要求，还不如不努力的好。由于男孩产生了这样的想法，进取心自然没有了。所以，妈妈要多给男孩积极的评价，让他从妈妈这里获得前进的动力。

细节95 “失败后该怎样做？”

——男孩如何应对挫折和失败

任何人的一生，都不可能是一帆风顺的，总要经历坎坷与不顺，换言之，一个没有经历过挫折与坎坷的人，是注定无法成就大事的人。

可是，现在的孩子已经习惯于依赖自己的妈妈，几乎没有独自一人面对过挫折，也正因如此，这样的男孩长大之后，大都缺乏承受挫折的能力，一旦遭遇挫折就很容易被击垮，因此，妈妈应该教育男孩正确看待挫折，不畏惧失败。

小楠今年14岁了，从他5岁起他的妈妈就让他自己收拾房间、洗袜子、清洗自己吃饭的碗……小楠的爸爸以前当过兵，所以每天都要求他一定要把被子叠得很整齐，因此，小楠每次都是一个人在房间里叠很久，然后让爸爸来检查。

爸爸看到满脸大汗的儿子和还是有些歪斜的被子，笑着问：“很累对吗？”

5岁的小楠点点头。

“那为什么还是坚持下来了？”爸爸继续问道。

“因为爸爸说男子汉是绝对不会轻易放弃的，妈妈说我就是男子汉，所以，我一定要叠好被子。”小楠说。

“很好儿子，你做得真棒。”

转眼间，9年过去了。在这9年中，小楠通过各种家务和父母分配的特别任务明白了生活是需要付出的，当然，小楠也通过这些付出变得更加有耐心、更加坚强。

一次，小楠被班级里选出来参加一次全国化学比赛，结果小楠在离参加比赛还有一个月时间的校内比赛中，考得很不理想，很多老师私下也都和小楠谈话，告诉小楠这样的成绩是不可能在全国比赛中取得名次的。那段日子，小楠的压力非常大，但是坚强的小楠硬是挺过来了。他尽量不让自己去想不好的事情，他只告诉自己还有一个月的时间才去比赛，这一个月足够我追上来了。就这样，小楠静下心，把全部的精力放在做题上，并自己主动分析了校考失利的原因，积极总结经验。一个月后，小楠高高兴兴地拿回了全国化学比赛一等奖，全校师生都为他感到骄傲。

小楠之所以能够顶着巨大的压力，取得全国比赛的胜利，这与他自身的抗压能力和克服挫折的能力是分不开的，与他父母的培养也是分不开的。

生活中，男孩在遭遇挫折的时候，通常有两种选择：要么悲观消沉，要么勇敢地面对并积极地克服。小楠选择了后者，他把自己的压力化成了奋斗的动力，最终赢得了比赛的胜利。而平日里，大部分男孩缺少的正是小楠这种不怕输、勇于面对困难、克服困难的精神。

妈妈都希望自己的男孩能够像故事中的小楠一样优秀，成为一个敢于面对困难、克服困难的男孩。那么，生活中的妈妈，应该如何正确地引导自己的男孩正视挫折、战胜挫折呢？

鼓励男孩正视生活中的挫折与失败

失败和挫折是每个人都必须经历的，也是人们奋发向上的起点，尤其是对于小男孩来说，挫折与失败更是一种挑战与考验，是孩子走向成熟、获得成功的必经之路。

因此，当你的男孩遇到挫折时，你首先应引导他主动分析自己受挫的原因，并从挫折中吸取教训，想方设法克服困难，才能让他在克服困难的过程中体会到成功的喜悦，增强克服困难的信心。此外，如果他尚没有办法克服困难，那么，此时你一定要多给予他一些鼓励和安慰，并适当地给他提供一些帮助，以免男孩过于紧张，影响身心健康或干脆对自己产生错误的评价。并且告诉他：“只差一点点就能做好，下次一定行的。”鼓励他克服困难，勇敢地从挫折中走出来，并吸取受挫的经验。

要知道，挫折和失败都是男孩成长路上的“导师”。孩子从小到大，免不了要碰到数不清的麻烦，经过挫折和失败的打磨，男孩会逐渐学会在逆境中生活，学会控制自己的情绪，坦然面对生活中的失败，并把挫折当作一种挑战，绝不退缩，勇往直前地面对。以上的所有经验都会成为男孩人生中宝贵的财富，赋予男孩解决问题、成功办事的能力。

让你的男孩看到你勇于克服挫折的一面

父母是孩子的榜样，是孩子成长路上的引路人。你如何对待人生道路上的挫折，对孩子的影响很大。

小衫的爸爸是一家外企公司的主管，平日里爸爸是一个非常温和的人，在家里面总是笑着，小衫很少看见爸爸有愁眉苦脸的时候。一次，小衫爸爸的公司出了些问题，最糟糕的是小衫爸爸辛苦做的策划案因为公司内部的变动被搁浅，小衫的爸爸非常难过，但是随后他就调整了心情，准备重新做一份新的策划，针对改制后的公司。

那天晚上，小衫的妈妈得知此事后，就对小衫说："小衫，一会儿爸爸回来后，要主动给爸爸倒水知道吗？今天爸爸的工作出了些问题，他对此很难过，你一定要安慰他知道吗？"小衫点点头，答应了。

一会儿，小衫的爸爸下班回家了，小衫给爸爸倒了杯水，然后就坐在一旁看着自己的爸爸，直到爸爸开口问："为什么一直盯着我看呢？""妈妈说您工作出了问题,会很难过,可是我一点儿都看不出来,是不是妈妈骗人呢？"

"呵呵，孩子，你妈妈没骗你，爸爸在工作上的确出现了一些小问题，而且很棘手,不怎么好解决。不过,即便如此,我也没有理由愁眉苦脸不是么？儿子,你看爸爸有你,有妈妈,生活多幸福啊,有什么困难是我解决不了的呢？那我又为什么要生气，要难过呢？"

小衫听着爸爸的话，重重地点点头，随后日子里，小衫在父亲的熏陶下，也学会了正视挫折，平淡地看待挫折。

如果父母在挫折面前表现得积极乐观，把挫折看成是人生的一个新契机，那么，孩子也会在父母的言传身教下，直面人生的各种挫折，以积极的心态去迎接各种来自生活的挑战。反之，如果父母不能积极地面对挫折，一遇到困难就消极悲观，回避现实，那么，不仅会降低父母在孩子心中的威信，更不利于教育男孩正视挫折。

提高孩子受挫后的恢复能力

男孩遭遇失败或者挫折之后，情绪肯定会受到波动，会变得不开心或者表现得很失落。这个时候，做妈妈的切忌以怜悯的态度对待男孩，心痛地抱着男孩长吁短叹，或是把孩子护得更紧，生怕他经受不住挫折。要知道，这些做法都是错误的，不利于男孩的健康成长。

正确的做法是让孩子明白每个人都要面对挫折与失败，然后再从失败与挫折之中吸取经验，从受挫的痛苦中摆脱出来，找出战胜失败和挫折的方法。

细节96 “我绝对不原谅他！”
——如何让男孩学会宽容

英国著名剧作家莎士比亚曾经说过：“宽容就像天上的细雨滋润着大地。它赐福于宽容的人，也赐福于被宽容的人。”没错，在人生中，宽容是一种伟大的力量，它能够让敌人变成朋友，让朋友更加亲密。一个懂得宽容别人的人不但能得到他人的尊重与理解，还能建立良好的人际关系。对于一个男孩来说，宽容是必不可少的品德。

大概每位妈妈都希望自己的儿子能够成为一个胸襟宽广的人，那么怎样才能让他们拥有宽广的胸怀呢？答案其实很简单，就是让男孩学会宽容和理解，等他们学会了宽容和理解别人，他们就不会再为一些鸡毛蒜皮的小事情而斤斤计较，更不会因为别人的一时冒犯而睚眦必报了。

但是因为妈妈的过分娇惯，现在很多步入青春期的男孩自我意识非常强烈，他们不愿意吃一点儿亏，也不愿意受一点儿委屈，一点儿也不懂得宽容别人。

同桌忘了带语文课本，想和小邦合看一本，小邦说：“上次我和你借橡皮你没有借给我，我才不和你合看呢。”

两个男生揪打在了一起，老师问他们为什么打架，其中一个说：“他把水泼到了我身上。”第二个孩子说：“是你先把水泼到我身上的。”第一个男孩说：“我当时正在做值日，又不是故意的。”第二个男孩说：“我妈妈告诉过我，做什么事都不能吃亏，你把水泼到了我的身上，我自然也要往你身上泼，要不然我就吃亏了。”

常言道：“比大地更宽广的是蓝天，比蓝天更宽广的是男人的胸怀。”相对于那些斤斤计较、小家子气的人，胸襟宽广的男人更有大将风度，也更具有人格魅力。而像上述事例中的男孩，他们不但会让自己与同学之间出现矛盾，同时也给他人留下了坏印象。

当然，一个人的宽容之心不是天生的，和妈妈的后天培养有着最为直接的关系。所以，我们应引导青春期的男孩学会宽容，让他们拥有一个比蓝天还要宽广的胸襟。

引导男孩学会换位思考

15岁的苏子峰喜欢看书，一次他把爸爸给他买的新书拿到了学校，并在课间时翻阅起来。不巧，一个同学把书碰到了地上，书沾上了脏水。苏子峰心疼坏了，不仅嚷着让同学陪一本新书，还把他的行为告诉了老师，使得这位同学被老师批评了一顿。

当儿子回家把这件事告诉妈妈的时候，妈妈语重心长地说：“我知道你很喜欢那本书，但是谁都有不小心犯错的时候，如果是你不小心将同学的书碰掉到地上弄脏了，你的同学跟你采取一样的处理方法，你会作何感想？”苏子峰眨了眨眼睛说：“我当然会很难受了。”妈妈又说：“所以，我们要学会理解与宽容，时常站在别人的角度替他想一想。”第二天，苏子峰主动向那位同学道歉。

理解能带来宽容，宽容能带来和谐。要想让青春期男孩学会宽容，就要让他懂得换位思考，理解别人的难处，只有设身处地地为别人着想才能学会宽容，才能拥有一颗海纳百川的心。

给青春期男孩树立一个榜样

雷雷总是因为一点儿小事和同伴们打架。初一时，由于好奇，他染上了烟瘾，而且越陷越深，后来发展到偷家里的钱买烟。渐渐地，他觉得自己背着妈妈抽烟，还偷家里的钱的行为实在太可耻了。每当回想起来，都后悔万分。

当他终于忍受不了良心的谴责时，便把自己忏悔写在了日记上，并鼓足勇气交给了妈妈。雷雷以为，妈妈会狠狠地揍他一顿，甚至把他赶出家门。但是，结果却出乎他意料。妈妈看后，心情虽然十分沉重，但并没有责备他，反而自己流下了伤心的眼泪。雷雷是个要强的孩子,他看到妈妈痛苦的样子，愧疚地简直要死掉了。从此，他痛下决心，彻底改正了以往的错误，走上了正道。

我们不得不佩服这位明智的妈妈，她用比惩罚更有效的方式教育了自己的儿子。由此我们可以看出，在生活中要想让男孩学会宽容，身为妈妈首先要做的就是宽容你的孩子，用你的亲身示范来引导孩子，让他在潜移默化中受到教育。

细节97 “找篮子，放鸡蛋。”

——如何让男孩学会理财

俗话说“授人以鱼不如授人以渔”，妈妈不仅要给儿子积累财富，更重要的是培养男孩创造财富和管理财富的能力。更何况，在市场经济和商品社会中，一个人的理财能力直接关系到他一生的事业成功和家庭幸福。

不过，男孩学会理财的第一步，就是要对金钱有一个正确的认识，这样才能更好地理财。其实，对于绝大多数青春期男孩来说，他们对金钱最初的欲望都是体现在购买欲上。从刚懂事起,他们就开始向自己的妈妈要这要那。这时，他并不知道钱到底是什么，他认为钱就是从妈妈口袋里要出来的，可以用来购买很多他渴望的东西。

依上所述，妈妈给男孩上的理财第一堂“金钱教育课”，就应该告诉他们钱是怎么来的！接下来，妈妈不妨参考美国家长的一些教育孩子的理财方式，从中学习借鉴：

1. 教男孩认识各种货币的价值及其用途。

2. 教男孩养成储蓄观念并合理使用自己的积蓄。妈妈除了供给儿子最基本的生活必需品之外，有些消费让儿子用自己的积蓄去开支。例如，孩子想买网球拍、自行车等或去旅游，指导他用全部或一部分储蓄。

3. 在金钱的使用方面，教男孩乐于分享，体验捐献和助人的喜悦。

4. 学会精打细算，不乱花钱，不浪费钱财。并且教男孩学会通过正当手段去获得一些收入。

5. 有的家长也用金钱作为奖赏来养成孩子的良好行为。另外，妈妈应十分注意用自己的理财观念和消费行为来影响孩子。

当然，除了以上这些理财方法，妈妈还应根据自己家庭和儿子的情况作出其他方面的引导：

用“记账”的方式引导和提高男孩的理财意识

现实生活中的很多妈妈都会这样责怪自己的孩子：“钱在你手里怎么花得那么快！”这样的抱怨对于天生花钱就爱“大手大脚”的男孩的妈妈来说更是见怪不怪了。那么，孩子的钱到底花在了何处呢？几乎所有孩子针对这一问题的回答只是茫然地摇摇自己的小脑袋。面对这种情况，妈妈能有什么对策呢？有一个方法不妨尝试一下——教男孩记账。

13岁的男孩豆豆对金钱没有概念，因此也不懂得珍惜物品。上学一个月的时间，他就用了六七块橡皮，二十多支铅笔，还有五六支钢笔不知道哪去了。对于豆豆的这些毛病，他的妈妈用过各种办法帮他改正，但效果不佳。后来，他的妈妈听朋友介绍让孩子学会记账的方法，便决定试一试。

经过一段时间的记账学习，豆豆不但学会了节约花销，还学会了尊重劳动。而且，豆豆自从学会了记账，还改掉了吃饭时的浪费行为，有时还一副“老夫子”的样子“教育”妈妈说：“一颗汗珠掉在地上摔成八瓣，我们才有今天的饭菜，你们要懂得珍惜。”时不时豆豆还会抱着妈妈的脖子说：“谢谢妈妈给我煮饭！谢谢妈妈送我上学！”

转眼间，豆豆已经读初中三年级了，现在的他是一个艰苦朴素、不与人攀比的好孩子。

当男孩学会记账后，他就清楚自己的钱花在哪了，并慢慢意识到哪些钱是该花的，哪些钱又是不该花的。这对于培养男孩的“财商”很有益处，也有助于男孩从小养成良好的消费习惯。所谓“会记账的孩子最会理财”，说的正是这个道理。

教育界有一句经典的话：“一吨的口头教育也比不上一盎司的感性认识。”意思是说，千万句枯燥的说教怎么也比不上一次亲身经历的认识来得更深刻。所以，要想锻炼男孩的理财能力，妈妈要给青春期男孩一些独立运用金钱的机会，切切实实地让他弄明白金钱是如何流入流出的，并体会如何才能利用金钱为自己创造价值。记账，是让男孩参与自己消费活动的最直接的方式。

培养男孩的经济头脑，教儿子投资

在中国的传统观念中，是不鼓励让孩子过早地接触金钱的，认为这会让孩子的思想被铜臭气息所侵染，变得唯利是图。因此，很多与金钱有关的事情都被妈妈们包办、代劳了。反观现实社会，许多年轻人由于缺少经济头脑，只会花钱不会正确理财，更不用说让他投资生财了，导致他们生活窘迫，成为“啃老族”。

培养男孩的经济头脑，也就是培养他投资理财的能力。当你的男孩对金钱有了足够的认识并有了一定的储蓄时，不妨适时地教给他一些投资的方法和技巧，这对他今后的成长是十分必要的。

汤姆在他10岁生日时，要求妈妈送给他一台割草机。妈妈虽然有些疑惑，但还是爽快地答应了他的要求。至那年夏天为止，汤姆以替邻居割草赚得了500多美元。这时，爸爸建议他用这笔钱学做投资。于是，汤姆在爸爸的帮助下购买了耐克公司的股票并因此获得不小的收益。从此以后，汤姆对股市产生了浓厚的兴趣，开始阅读和学习相关财经知识，小小年纪就成为一个理财高手。

作为青春期男孩的妈妈，我们千万不要认为未成年人就没有必要培养他的经济头脑或是灌输他投资观念。男孩的探索欲是非常强烈的，当他知道可以用一些方法使财富变得更多更大时，他就会对理财充满兴趣，并为之积极努力起来。而且一个具有经济头脑、会投资的男孩在竞争激烈的社会中生存能力会更强，事业和生活的领域也会更加开阔。

细节98 “我不想表达！”

——如何让男孩成为一个沟通高手

随着社会的发展，人与人之间的交往日趋频繁，口才的重要作用也渐渐凸显出来。有位著名的演讲教练曾经说过：“每个人都有一张嘴巴，嘴巴有两个功能，一是吃饭，二是说话。但是要想吃好饭，先要说好话！”这句话是非常有道理的，现在是一个充满竞争的社会，一个人即使有过硬的专业技能，但是如果口才差的话，也很难把自己推销出去。而那些口才好的人，不仅更容易找到“伯乐”，也更容易拥有良好的人际关系，从而取得更大的成功。

对于青春期男孩来说，培养他们的口才是非常必要的。一位妈妈曾经带着懊悔的心情说出了下面的话：

我儿子是一个内向的人，不喜欢说话，更谈不上什么口才。他读的是重点高中，之后又上了重点大学，学识非常好，但是因为口才差，那些不如他的同学都找到了工作，但我儿子却找不到。后来他总算找到了一家小公司，但是因为口才不好，他总是得不到重用，一直停留在最基层的位置上，而和他一起来公司的5个人，已经有3个晋升到管理层了。现在我真后悔，早知道这样，在儿子小时候我就应该好好培养一下他的口才。

从上面这个事例可以看出，口才也是一种竞争力，对一个人的求职、晋升有很大的帮助。所以，我们要想让自己的男孩在将来能够立足于社会，就要在孩子小时候培养他们的口才，让他们成为一个能说会道的“演讲天才”。

培养男孩的语言表达能力

要想培养男孩的好口才，首先就要培养他们的语言表达能力，因为语言表达能力是口才中最基础的部分。所以，我们在男孩小时候就要培养他们的语言表达能力，为他们具有好口才打下坚实的基础，等他们进入青春期之后，还要引导他们多和别人接触、交流，加强对自己的语言训练。在培养男孩的语言表达能力方面，妈妈可以从小教他们朗诵儿歌、背诵绕口令，这些能够让他们吐字清晰、语言流畅。另外，妈妈还可以让他们复述故事或者电影、电视剧的情节，这有利于培养他们的语言逻辑性，让他们说话有条理。

锻炼男孩当众说话的胆量

可松今年13岁，是一个能说会道的男孩。前些天，他还在学校的演讲比赛上获了一等奖。

能够做到这些，和可松妈妈的教育是分不开的。在可松小时候，每当有亲朋好友来家里做客时，妈妈都会对可松说：“叔叔阿姨最喜欢你了，你昨天不是学会了一首唐诗吗，快给叔叔阿姨背诵一下。”等可松长大一些，妈妈还带他参加了一些电视节目。可松见识了这些“大场面”，遇到其他场合自然就不会怕生了。

一个口才好的人，在任何场合都不怕生，都能把话说得圆圆满满。有很多男孩吐字清晰，语言表达能力也很强，但是一到公共场合就紧张得说不出话来。所以，妈妈要想男孩拥有出色的口才，锻炼他们当众说话的胆量也是一个很重要的方面。

细节99 “我会带好我们小组的！”

——如何让男孩拥有领导力

美国著名的体育运动心理中心主席安德逊教授认为：领导人不是天生的。他和那些运动员、学生、军校学员和公司经理一起工作相处过，于是他确信领导人是造就出来的。而男孩因为体内睾丸素的作用，天生就具有领导欲，假如妈妈能够好好开发和培养青春期男孩的领导能力，那么相信当诸多挑战与机遇降临到男孩的面前时，无论他是否处在领导者的职位，他都能凭借自身良好的能力巧妙地应对。

人们或许认为，有些男孩子是天生的“领导者”，而其他人注定是随从。但事实上，就像安德逊教授认为的那样，领导者不是天生的而是后天造就的，即一个男孩能不能成为“伟大的领袖”，这取决于他的妈妈如何正确引导和培养他。

一天，12岁的儿子看了西班牙斗牛表演，兴致盎然地对妈妈说：“长大了我要做个斗牛士。”妈妈却对此不屑一顾：“你难道不知道这有多危险吗？很容易丢掉性命的。”儿子任何不切实际的想法，都被妈妈打入“冷宫”，长此以往，他开始变得毫无主见，行为也越发地懒散和被动了。

由此可见，妈妈的引导对于青春期男孩领导能力的提高起着很重要的作用。因此，妈妈要善于抓住机会锻炼男孩，有意识地把男孩培养成“领头羊”。

鼓励男孩多学习一些知识

想要培养男孩的领导才能，首先应培养他们成为一个博学多才的人，只有这样，男孩才能在他人面前更有权威和号召力。不仅如此，男孩还能够将自己所学的知识运用到实践中去，更好地解决自己遇到的问题。

李博今年12岁，从小他的妈妈就有意识地培养他学习各类知识，经常带他去海洋馆、科技馆参观，还给他买了很多国内外的书籍。渐渐地，李博也养成了这种好学的精神，现在的李博在班里是个名副其实的“小百科”。

一次，学校准备挑选一批学生去香港与那里的学生进行交流学习，而李博因为博学多才轻松被选入，后来又被评选为本次学习交流小组的组长，而小组内其他的学生无一反对，因为，他们都认为，李博懂得非常多，能够胜任。

由此可见，妈妈若想培养男孩的领导能力，首先应引导男孩认真学习，不断地积累知识，并学会运用知识，成为一个博学多才的人。

要经常鼓励儿子多多表现自己

新来的班主任王老师要在班里选班长，当班长一直是帅帅的梦想。于是妈妈就鼓励他：“儿子，上课老师提问你要多思考，主动举手回答问题，给老师和同学们留一个好印象，这对你的竞选有帮助。”

一个星期后，帅帅竟然兴奋地告诉妈妈，老师选他当班长了。妈妈虽然笑着恭喜儿子，但是心里一直在犯嘀咕，王老师怎么这么快就选出班长了呢？后来老师家访的时候，妈妈才知道是怎么回事。

原来，老师告诉大家，选班长得通过大家平常的表现和平时作业完成的情况来评选。从那天以后，老师发现，帅帅在班里的表现明显地有了进步，上课也不做小动作了，还积极发言，作业也写得工整多了，再也没有不完成家庭作业的情况了。王老师对妈妈说：“本来想考察一段时间再定班长人选，一看这孩子这么出色，就让他做班长了。”

当上了班长，这对帅帅是一个极大的激励。从此他办事、学习变得更加积极、主动，还把班里同学们的学习积极性都带动了起来，课外时间，他还带大家搞一些文艺活动和公益活动，事事都走到了同学的前面，结果在学期末就被评为“市三好学生”。

这是一位聪明的妈妈，当面对儿子的想法时，她没有嘲讽或忽视，而是选择鼓励，让儿子多多表现自己，结果儿子没让妈妈失望，达成了自己的目标。所以，当有一天男孩说：“我要参加班里的班长竞选！”妈妈首先要肯定儿子的这种进取意识，然后让他多在班里发言，积极回答老师的问题，并且鼓励他和同学处好关系，在班里树立威信等。

久而久之，男孩会变得更积极主动，团结同学，而大家自然也愿意和他交朋友，拥护他，这无形中就培养了男孩的领导能力。

细节100 “我一个人也能行！”
——如何培养孩子的合作精神

一位教育家曾经说过：“21 世纪的成功者是全面发展的人、富有开拓精神的人、善于与他人合作的人。”这位教育家把合作能力当作成功者必不可少的一种素质，这是非常正确的。随着社会的发展，社会分工越来越细，人与人之间的合作也越来越多。现在无论是企业还是其他机构，都讲究团体作战，很少有单枪匹马战斗的了。所以，我们若想让孩子更好地适应这个社会的发展，在他们小时候就应该培养他们的合作能力。

但是，现在的孩子普遍缺乏合作能力，他们大多数都是独生子女，平时爸爸妈妈娇惯着，自我意识非常强烈，所以在和同学、朋友相处时，事事都以自我为中心，根本不会考虑他人的感受。

子晨今年 14 岁，是一个“不合群”的孩子。在学校里，每次老师让大家集体活动的时候，他都待在一边，一点儿也不积极主动。当小组安排他任务时，他也总是应付了事。有一次，学校组织合唱比赛，由于子晨不认真，唱歌时拉了一个长音，影响了本班的成绩。许多同学对子晨有意见，不过子晨一点儿也不在乎，依旧我行我素。

劳动课上，老师把全班同学分成了三组，让他们比赛栽种树苗，看哪一组最先把任务做好。可老师刚布置完任务，其中一个小组就有两个男生打了起来，原来他们在争同一把铁锹，谁也不肯让谁，最后他们这一组在规定的时间内没有把任务做完。

上面这些事例都是生活中经常出现的，这对孩子成长的消极影响非常大。一个社会学家曾经说过："一个人如果缺乏团结合作的精神，那么他不仅在事业上很难有所建树，甚至连适应社会都很困难。"这句话是非常有道理的，善于合作的人人际关系会比较好，在遇到困难时也会得到很多帮助；而那些不善于合作的人，即使在顺境中也常常会问题不断。所以，我们应该在小时候就培养孩子的合作能力，让他们学会在团体中发展、壮大自己。

现在的孩子缺乏合作精神，最大的原因就是妈妈平时对孩子比较娇惯，养成了他们强烈的自我意识。所以，我们若想培养他们的合作能力，就要让他们学会分享、体谅以及宽容。这样，他们才能学会接受别人，而不是总把自己放在第一位。

让男孩学会分享

要培养孩子的合作能力，首先就要让孩子学会分享。这样，他们在团体中才不会斤斤计较自己的得失，才能够和他人友好地相处。现在大多数的孩子都是独生子女，大人把好吃的、好玩的都留给他一个人，这就在无形之中强化了他的独享意识，慢慢地，他们会成为一个不懂得分享的人。所以，我们要对他们进行正确的引导，让他们从小学会分享。

一位妈妈曾经这样谈到自己的育子经验：

我儿子是一个"合群"的孩子，大家都非常喜欢他。每当有了好吃的，他会带给其他的孩子尝一尝；有了好玩的玩具，他也愿意和大家一起玩。正因为懂得和大家分享，我儿子的朋友特别多，人缘儿也特别好。

在儿子小时候，我就教育他要懂得分享。吃饭的时候，我让他学着给爷爷奶奶夹菜；有了好吃的，我鼓励他拿出来和朋友一起分享；坐公交车的时候，我教育他把座位让给老爷爷老奶奶。正是生活中的这些小事，让儿子成为一个懂得分享、关心他人的好孩子。

让儿子多参加一些团体活动

男孩生性好动，妈妈可以鼓励他们多参加一些团体活动，如足球、篮球、辩论赛等。通过这些团体活动，既可以培养男孩广泛的兴趣，又可以让他们认识到团结合作的力量，从而让自己更好地融入团体之中。此外，妈妈也应该告诉儿子团结合作的重要性，让他们知道一个人的力量是有限的，集体的力量才是无限的。等他们认识到了团结合作的重要意义，自然就愿意把自己融入集体中了。

让男孩学会体谅他人

一位妈妈曾经这样谈到自己的育子经验：

我儿子是一个自我意识非常强烈的小男孩，从来不肯体谅他人。有一天放学回家，儿子非常生气地对我说："芳芳真是太讨厌了。"芳芳是邻居的女儿，和儿子是同班同学，还是同桌。我问儿子："芳芳怎么了？"儿子说："芳芳这两天老是生病，害得我一个人擦黑板。而且老师还安排我给她补课，真是太麻烦了。"儿子班里有一个规定，每一桌为一组，轮流擦黑板。因为芳芳生病不能上课，所以这一天的黑板都是儿子擦的。我对儿子说："上次你参加运动会时不小心摔了一跤，休息了好几天，那些天不都是芳芳给你补课吗？你也应该换位思考一下，体谅一下别人。"儿子听了我的话有些惭愧，说："妈妈我知道了，现在我就给芳芳补课去。"

在合作过程中，难免会产生摩擦，所以让孩子学会体谅他人非常重要。只有他们学会了体谅别人，才能更好处理各种矛盾，从而更好地融入集体之中。

参考文献

[1] 穆阳.引导青春期男孩全书[M].北京：商务印书馆国际有限公司，2012.

[2] 云晓.10～18岁青春期，与男孩谈人生的100个细节[M].北京：朝华出版社，2011.

[3] 程文艳.青春期，做孩子最好的心理医生[M].北京：朝华出版社，2011.

[4] 格林伍德，考克斯.嗨！青春期，9~16岁男孩女孩专属读本[M].田科武，译.北京：高等教育出版社，2010.

[5] 云晓.10~18岁青春期，和男孩说说爸妈的心里话[M].北京：朝华出版社，2011.

[6] 尹炳文.10~18岁青春期，妈妈引导男孩的101个细节[M].北京：中国妇女出版社，2012.